Die 100 wichtigsten Werke der Ökonomie

Dietmar Herz/Veronika Weinberger (Hrsg.)

Die 100 wichtigsten Werke der Ökonomie

Von Adam Smith bis Paul Krugman

1. Auflage

Schäffer-Poeschel Verlag Stuttgart

Bibliografische Information der Deutschen Nationalbibliothek

Die Deutsche Nationalbibliothek verzeichnet diese Publikation in der Deutschen Nationalbibliografie; detaillierte bibliografische Daten sind im Internet über http://dnb.dnb.de abrufbar.

Print: ISBN 978-3-7910-4598-6 Bestell-Nr. 10348-0001
ePub: ISBN 978-3-7910-4599-3 Bestell-Nr. 10348-0100
ePDF: ISBN 978-3-7910-4600-6 Bestell-Nr. 10348-0150

Dietmar Herz/Veronika Weinberger
Die 100 wichtigsten Werke der Ökonomie
1. Auflage, Juli 2019

www.schaeffer-poeschel.de
service@schaeffer-poeschel.de

Bildnachweis (Cover): © stockstation, shutterstock

Produktmanagement: Frank Katzenmayer
Lektorat: Bernd Marquard

Schäffer-Poeschel Verlag Stuttgart
Ein Unternehmen der Haufe Group

Inhaltsverzeichnis

Vorwort

»Ein schmales Buch« stelle er sich vor, »mit wenigen, sehr wichtigen Werken, die es zu erläutern gilt« – dies war die Idee, die Dietmar Herz, damals Professor an der Rheinischen Friedrichs-Universität in Bonn, am Telefon skizzierte –, und ob ich mir vorstellen könne, ein solches Buch im Verlag Wirtschaft und Finanzen herauszubringen. Mein Interesse war sofort geweckt, bei einem ersten Treffen vertieften wir die Idee, sehr schnell wurde aber deutlich, dass der Vorsatz, eine Auswahl von »wenigen, sehr wichtigen Werken« zu treffen, kaum einzuhalten wäre.

Welche Autoren und welche ihrer Werke waren »sehr«, welche weniger wichtig? Haben diese Autoren über ihre Zeit hinausgewiesen oder sind sie ihrer Gegenwart verhaftet geblieben? Wie wirkungsmächtig, wie bedeutungsschwer waren ihre Schriften letztlich? Wen haben sie beeinflusst? Haben sie Denkschulen begründet, neue Traditionen geformt? Haben sie Kontroversen ausgelöst oder Paradigmenwechsel eingeleitet?

Die ersten, von Dietmar Herz und seiner wissenschaftlichen Assistentin Veronika Weinberger entworfenen Listen wurden länger und länger – auch vonseiten der Autoren, die um Beiträge zum Lexikon gebeten wurden, kamen immer neue Anregungen. Das »schmal« geplante Lexikon ökonomischer Werke (Arbeitstitel LöW) versprach, ein Mammut-, ein Großprojekt zu werden – Streichungen wurden unumgänglich. Der ursprüngliche Zeitplan war bald Makulatur. Aus der 1998 anvisierten Entwicklungsphase von 18 bis 24 Monaten wurden 8 Jahre, in denen das ganze Projekt nicht nur einmal auf der Kippe stand. Als das LöW schließlich im Herbst 2006 veröffentlicht wurde, hatten 206 Ökonomen, Politik- und Rechtswissenschaftler, Soziologen, Historiker und Theologen aus aller Welt Beiträge zu 650 wegweisenden Schriften von der Antike bis ins 20. Jahrhundert verfasst. Dies zu organisieren, zu korrigieren und schließlich in eine satztechnisch verarbeitbare Form zu bringen, war ohne die Unterstützung vieler williger Lehrstuhlmitarbeiter von Dietmar Herz nicht möglich. Ihnen sei an dieser Stelle noch einmal gedankt.

Die Mitherausgeberin Veronika Weinberger hat die Vollendung des LöW nicht mehr erlebt, sie starb im Frühsommer 2004 auf tragische Weise. Dietmar Herz, der Spiritus Rector des LöW, wechselte während der Entstehungszeit von seinem Bonner Lehrstuhl nach Nashville/USA und dann nach Erfurt. Hier hatte er bis zu seinem überraschenden Tod im März 2018 den Lehrstuhl für Vergleichende Regierungslehre inne; über einen Zeitraum von sechs Jahren diente er darüber hinaus als Staatssekretär im Thüringer Justizministerium.

Die jetzt vorliegende Auswahl aus dem LöW greift den ursprünglichen Editionsplan wieder auf, »wenige, sehr wichtige Werke«, ihre Wirkung und ihre Autoren in Kurzbiografien vorzustellen: 100 Schriften, die seit Adam Smith's Begründung der ökonomischen Klassik mit seinem Wealth of Nations (1776) entstanden sind. Die Auswahl will kein »Kanon« sein, doch gelten zahlreiche dieser Schriften uns heute als Marksteine der Politischen Ökonomie.

Die Reihe der Gedanken und Ideen in der Geschichte der ökonomischen Wissenschaft ist lang. Unser heutiger Wissensstand und seine Ausprägungen in den modernen Staats- und Wirtschaftsformen sind ohne sie nicht denkbar. Oft genug erweisen sich selbst in Vergessenheit geratene Texte bei ihrer Wiederentdeckung von erstaunlicher Aktualität. Und wie in allen Geisteswissenschaften gibt es auch in der Ökonomie klassische Texte, die ihre Zeit überdauert haben und als »ferne Spiegel« nach wie vor wichtige Quellen der Erkenntnis darstellen.

Studierende der ökonomischen Wissenschaften finden hier reiche Anregungen zum vertiefenden Studium klassischer wie jüngerer Texte, vom 18. bis ins 20. Jahrhundert. So wird die Auswahl dem vielerorts und fächerübergreifend vorhandenen Interesse an der Geschichte des ökonomischen Denkens gerecht. Zugleich vermag sie auch dem nicht wissenschaftlich ausgerichteten Leser als Anregung und Quelle zur Erweiterung seines Wissens zu dienen.

Krefeld, Januar 2019

Michael Tochtermann

Akerlof, George Arthur

George A. Akerlof wurde am 17. Juni 1940 in New Haven (USA) geboren. Nach dem Studium an der Yale University folgten im Jahre 1966 die Promotion am MIT und mehrere Forschungsaufenthalte an renommierten Institutionen, u. a. an der Harvard University und der LSE. Er ist emeritierter Professor für Volkswirtschaftstheorie an der University of California (Berkeley), wo er für die Bereiche Makroökonomie und Geldtheorie zuständig war. Sein Forschungsschwerpunkt war die Theorie der Arbeitslosigkeit. Im Jahre 2001 wurde Akerlof zusammen mit Michael Spence und Joseph Stiglitz »für ihre Analyse von Märkten mit asymmetrischer Information« mit dem Nobelpreis für Wirtschaftswissenschaft ausgezeichnet.

The Market for »Lemons«

Quality Uncertainty and the Market Mechanism

EA: in: *Quarterly Journal of Economics*, 84, 1970, S. 488–500. **AA:** in T. Cowen/E. Crampton (Hg.): *Market Failure or Success. The New Debate*, Cheltenham: E. Elgar, 2002, S. 66–78.

Ein Hauptinteresse von Akerlofs frühen Arbeiten lag auf Märkten mit asymmetrisch verteilten Informationen zwischen den Marktteilnehmern und der daraus resultierenden Unsicherheit. Bereits im Alter von dreißig Jahren untersuchte er die Besonderheiten solcher Märkte in seinem Aufsatz »The Market for ›Lemons‹. Quality Uncertainty and the Market Mechanism«. Im Gegensatz zur heute als Unsicherheitsökonomie bezeichneten Forschungsrichtung, bei der die sogenannte technische Unsicherheit der Marktteilnehmer exogen über den möglichen Eintritt von Umweltzuständen hervorgerufen wird (unvollständige Informationen), resultiert die sogenannte Marktunsicherheit aus dem Verhalten der Marktteilnehmer bei ungleich (asymmetrisch) verteilten Informationen. Die Informationsökonomie befasst sich somit mit Unsicherheitszuständen, die marktendogen bestimmt werden. Die Arbeit von Akerlof beschäftigte sich mit Märkten, in denen die Nachfrager und Anbieter unterschiedliche Informationen über die Qualitätseigenschaften von Gütern besitzen. Behandelt werden insbesondere Situationen, in denen die Nachfrager nicht in der Lage sind, zwischen guten und schlechten Qualitäten zu unterscheiden, da eine Beurteilung der Eigenschaften vor dem Tausch technisch oder ökonomisch nicht möglich oder sinnvoll ist (sogenannte Erfahrungseigenschaften). Die Folge dieser Situation ist das Problem der »Adverse-Selection« (auch: Fehlauswahl/Negativauslese), das Akerlof am – heute als klassisch geltenden – Beispiel des Gebrauchtwagenmarktes verdeutlicht. Dabei geht er von folgenden Annahmen aus: (a) Die Qualitäten der (Gebraucht-)Wagen sind nicht homogen; (b) die Anbieter kennen diese Qualitäten zwar, die Nachfrager können jedoch vor dem Tausch nicht zwischen ihnen unterscheiden, sondern gehen, da sie die Wahrscheinlichkeitsverteilung der Qualitäten kennen, von einer Durchschnittsqualität aus; (c) Kommunikation (*Signaling und Screening*) ist mit prohibitiv hohen Kosten verbunden und eine Informationsübertragung somit nicht möglich. Aufgrund dieser Annahmen folgert Akerlof, dass alle Autos zu einem identischen Preis angeboten und nachgefragt werden. Wenn alle Gebrauchtwagen zu einem einheitlichen Preis gehandelt werden, ist ein Verkauf für den Besitzer eines schlechten Gebrauchtwagens (»lemon«) besonders attraktiv. Dies hat zur Folge, dass Verkäufer guter Qualitäten sich als Anbieter vom Markt zurückziehen, da sie keinen wertentsprechenden Preis erzielen. Nur Anbieter schlechter Qualitäten sind bereit, ihr Angebot aufrecht zu erhalten, was zu einer weiter sinkenden Durchschnittsqualität führt. Diese preisinduzierten Qualitätseffekte begründen entweder ein informationsbedingtes Marktversagen oder ein Gleichgewicht mit niedrigerem Qualitätsniveau, da in Analogie (allerdings nicht vollständiger) zu Greshams Gesetz die Anbieter guter Qualitäten durch die Anbieter schlechter Qualitäten verdrängt werden.

Die allgemeine Einsicht, dass asymmetrische Information zu ineffizienten Zuständen führen kann, ist auch für das Verständnis von Versicherungs- und Kreditmärkten oder von statistischer Diskriminierung (z. B. auf Arbeitsmärkten) relevant. Der »Lemons«-Aufsatz hat maßgeblich dazu beigetragen, dass sich die moderne Informationsökonomik entwickeln konnte. Er ist heute einer der meistzitierten ökonomischen Aufsätze überhaupt. An diesem Aufsatz lässt sich aber auch zeigen, wie schwer es neue, bahnbrechende Ideen oft haben. Akerlof verfasste den Aufsatz 1966 und schickte ihn zuerst an die *American Economic Review* (abgelehnt, da »trivial«), dann zum *Journal of Political Economy* (abgelehnt, da »falsch«), weiter zur *Review of Economic Studies* (abgelehnt, da »trivial«). Schließlich wurde der Aufsatz 1970 im *Quarterly Journal of Economics* veröffentlicht. Obwohl die empirische Überprüfung der Untersuchung bis heute nicht gelungen ist, hat Akerlof mit seiner Analyse die theoretische Forschung auf besondere Weise bereichert und auf die Notwendigkeit der Betrachtung von *Signaling und Screening* zum Abbau von Marktunsicherheit aufmerksam gemacht.

Lit.: M. Hopf: *Informationen für Märkte und Märkte für Informationen*, Frankfurt a.M.: Barudio & Hess, 1983; H. Milde: »Die Theorie der adversen Selektion«, in: *Wirtschaftswissenschaftliches Studium*, 17/1, 1988, S. 1–6.

Arnd Busche/Michael Welling

Alchian, Armen Albert

Armen Albert Alchian, geboren am 12.4.1914 in Fresno, Kalifornien, gestorben am 19.2.2013 in Los Angeles, war von 1958 bis 1985 Professor an der University of California, Los Angeles; 1996 wurde er »Distinguished Fellow« der American Economic Association. Neben seinen Arbeiten zur evolutionären Perspektive der Wirtschaft lieferte Alchian u. a. wichtige Beiträge zur ökonomischen Analyse des Rechts, zur Thematik der Transaktionskosten und zur Organisationstheorie.

Uncertainty, Evolution, and Economic Theory

EA: in: *Journal of Political Economy*, 58, 1950, S. 211–221. **AA:** in: U. Witt (Hg.): *Evolutionary Economics*, Aldershot: Brookfield, 1993, S. 65–75 (Nachdr.).

Ein häufiges Thema in Alchians Werken ist das Bild des rational handelnden und die Zukunft antizipierenden Individuums. Dabei sieht er rationales Handeln von Individuen oder Unternehmen als Ergebnis und nicht als Voraussetzung des Wirtschaftsprozesses. Diese evolutionäre Betrachtungsweise findet sich auch in seinem Artikel »Uncertainty, Evolution, and Economic Theory«. Alchian unterstellt hier – in Abgrenzung zur orthodoxen ökonomischen Theorie – unvollständige Information und Unsicherheit und verweist auf die Schwierigkeiten, die mit dem Versuch verbunden sind, diese Annahme in ein Modell der herkömmlichen Theorie zu integrieren. Ebenso lehnt er die Standardannahme des profitmaximierenden Verhaltens der Unternehmen ab: In einer unsicheren Welt kann Profitmaximierung keine sinnvolle Beschreibung von Verhaltensweisen sein, weil die Handlungsergebnisse dem Entscheidungsträger nicht von vornherein mit Sicherheit bekannt sind. In Anlehnung an die biologischen Prinzipien der Evolution und natürlichen Selektion entwickelt Alchian ein Modell des Wirtschaftssystems als Mechanismus, der bestimmte Verhaltensweisen *ex post* als überlebensfähig selektiert und andere ablehnt. Selektionskriterium ist nicht die Maximierung von Profiten, vielmehr müssen Unternehmen, um zu überleben, lediglich »positive Profite« erwirtschaften. Positive Profite können somit analog zu den Kriterien der natürlichen Selektion in der Biologie betrachtet werden: Unternehmen, die Gewinne erwirtschaften, werden von der Umwelt ausgewählt und angenommen, andere scheiden aus und gehen unter. Für diesen Mechanismus ist es zunächst gleichgültig, ob die Unternehmen bewusst das Ziel der Gewinnerwirtschaftung verfolgen oder ob ihr Verhalten ziellos und zufällig ist. Denn auch im extremen Fall eines vollständig zufälligen Verhaltens aller Wirtschaftseinheiten werden einige Unternehmen relativ erfolgreicher sein als andere, mithin Gewinne erwirtschaften und überleben. Solche Firmen werden aufgrund ihrer Gewinne ein Wachstum verzeichnen, während nicht erfolgreiche Firmen schrumpfen bzw. aus dem Markt ausscheiden. Damit werden die zufällig entstandenen, aber von der Umwelt favorisierten Verhaltensweisen und charakteristischen Eigenschaften einzelner Firmen in der Gesamtpopulation der Unternehmen einen höheren Anteil haben, als in der Ausgangsposition. Ohne intentionales Verhalten eines einzigen Wirtschaftssubjekts hat sich damit die Struktur der Unternehmenslandschaft in die Richtung höherer ökonomischer Effizienz entwickelt. Die zusätzliche und realistische Annahme vom adaptiven und intentionalen Verhalten der Unternehmen erweitert das extreme Modell des vollständig zufälligen Verhaltens und lässt die Erklärung von intendierten Verhaltensweisen unter Unsicherheit zu. Wenn Firmen unter Unsicherheit den Versuch machen, Gewinne zu erwirtschaften, haben sie ein klares Motiv, Verhaltensweisen anderer, die sich in der Vergangenheit als erfolgreich erwiesen haben, zu adaptieren. Dies erklärt die Entstehung von Verhaltensregeln als Imitation erfolgreicher Strategien. Hierin findet sich eine weitere Begründung für die Ausbreitung effizienter Verhaltensweisen in der Gesamtpopulation der Unternehmen. Das Nachahmungsverhalten der Unternehmen übernimmt in Alchians Modell die Rolle der genetischen Vererbung. Im Zuge dieser Imitation von Verhaltensweisen kommt es auch zu nicht-intendierten Innovationen, wenn etwa die Verhaltensweisen nicht exakt kopiert oder in einen anderen Kontext übertragen werden. Zusammen mit den intendierten, risikobehafteten innovativen Handlungen bildet diese Art der Innovationen die Analogie zur Mutation in der Biologie. Beobachtbare Muster bei der Verbreitung von Verhaltensweisen sind im Rahmen von Alchians Modell in Abhängigkeit von der Wahrscheinlichkeit vorhersagbar, dass erstens eine bestimmte Verhaltensweise ausprobiert wird, und diese zweitens auch zu Erfolgen führt. Vieles spricht in diesem Kontext dafür, dass die Wahrscheinlichkeit für das Ausprobieren eines Handlungsmusters von der Wahrscheinlichkeit seines Handlungserfolgs abhängt. Der Evolutionsmechanismus bringt also Reaktionen auf Umweltbedingungen in Form der Ausbreitung effizienter Handlungsmuster innerhalb der Population der Unternehmen hervor, die in Einklang mit den Vorhersagen der orthodoxen Theorie stehen. Seine Argumentationslinie sieht Alchian als vernünftigen Leitfaden für den Einsatz von Standardwerkzeugen der ökonomischen Analyse.

Alchians Idee, obwohl mit Zustimmung bedacht, fand in der orthodoxen ökonomischen Theorie wenig Niederschlag. Sogar Alchian selbst geht in vielen seiner späteren Arbeiten zur Firmentheorie wieder vom Bild des profitmaximierenden Unternehmens aus. Dagegen ist Alchians Aufsatz für die moderne evolutorische Ökonomik von hoher Bedeutung, insbesondere als direkter Vorläufer von Nelsons und Winters evolutorischer Theorie der wirtschaftlichen Entwicklung (Nelson/Winter 1982).

Lit.: A.A. Alchian: »Reliability of Progress Curves in Airframe Production«, in: *Econometrica*, 31, 1963, S. 679–693; R.R. Nelson/S.G. Winter: *An Evolutionary Theory of Economic Change*, Cambridge-London: Belknap Press, 1982; E.T. Penrose: »Biological Analogies in the Theory of the Firm«, in: *American Economic Review*, 42, 1952, S. 804–819.

Daniel Eissrich

Allais, Maurice

Maurice Allais (31.5.1911 bis 9.10.2010) begann 1931 ein Studium der Mathematik, das er 1933 erfolgreich abschloss. Nach einigen Jahren im Staatsdienst und einem Kriegseinsatz arbeitete er an seinen ersten wissenschaftlichen Veröffentlichungen, ohne allerdings seine Tätigkeit in der Verwaltung aufzugeben. Maurice Allais wurde 1988 mit dem Nobelpreis für Wirtschaftswissenschaften ausgezeichnet. *A la recherche d'une discipline économique* war sein Erstlingswerk.

A la recherche d'une discipline économique

EA: 2 Bde., Paris: Ateliers Industria, 1943; 2. erw. Aufl.: *Traité d'économie pure*, 5 Bde., Paris: Imprimerie Nationale, 1952. **AA:** Paris: Juglar, [3]1994 (Nachdr. der 2. erw. Aufl.).

Das Werk erschien zuerst in zwei Bänden, wobei der erste Band das Hauptwerk darstellt und der zweite die Anhänge enthält. Bei der zweiten Auflage wurden aus den ursprünglich zwei Bänden fünf, wobei sich aber die neue Auflage inhaltlich von der ersten nur durch eine 63-seitige Einführung unterscheidet. *A la recherche d'une discipline économique* entstand unter dem Einfluss von Walras und Pareto, und man kann mit Recht behaupten, dass Maurice Allais die Lausanner Schule weitergeführt hat. Er verband in dieser Arbeit das paretianische System mit den modernen Ansätzen der Wohlfahrtsökonomik. Zunächst beschäftigt sich Allais mit mikroökonomischer Theorie. Dabei geht er auf die Begriffe der Substituierbarkeit und Komplementarität von Größen ein. Er gibt eine alternative Interpretation zum neoklassischen Verständnis nach Slutsky und Hicks und zeigt, dass Komplementarität und Substituierbarkeit keine absoluten, sondern eher relative Konzepte sind. Wichtig sind des Weiteren die wirtschaftspolitischen Empfehlungen von Allais. So demonstriert er, dass natürliche Monopole unter staatliche Aufsicht zu stellen oder besser in staatliches Eigentum zu überführen sind. Eine weitere wirtschaftspolitische Forderung betrifft Renten (d. h. Einkommen), die nicht aufgrund marktlicher Aktivitäten entstanden sind. Die Entstehung derartiger Renten ist nach Allais zu bekämpfen. Allais beschäftigt sich auch – ganz der walrasianischen Theorie verpflichtet – mit der Frage, wie sich die Wirtschaft auf neue stabile Gleichgewichtssituationen zubewegt. Im Gegensatz zu seinen Vorläufern war sich Allais bewusst, dass die Stabilität in der Gleichgewichtssituation äußerst fragil und komplex ist. Allais erachtete die Gleichgewichts- und Stabilitätsbedingungen von Walras als zu statisch. Er trat für eine Dynamisierung des *Tâtonnement*-Prozesses im Sinne von Walras ein. Nach Allais war dessen Hypothese, dass im Fall der Zerstörung einer Gleichgewichtssituation auf einem Teilmarkt der Preismechanismus und Rückwirkungen von anderen Märkten ein neues (stabiles) Gleichgewicht herbeiführen, eher ein Spezialfall und an restriktive Prämissen geknüpft. Er zeigt, dass die walrasianische Theorie nur dann gilt, wenn die Angebots- und die Nachfragefunktionen homogen hinsichtlich Preis und Einkommen sind. Allais »rettet« Walras' Homogenitätsprämisse aber, indem er von der Behauptung eines einzigen ökonomischen Gleichgewichtspunktes abrückt und Gleichgewichtsfelder einführt, die mehrere Gleichgewichtspunkte in unmittelbarer Nachbarschaft zulassen.

Allais' Erstlingswerk erreichte zwar nie den Bekanntheitsgrad seiner entscheidungstheoretischen Schriften, die das sogenannte Allais-Paradoxon behandeln, aber sein Einfluss auf die neo-walrasianische Theorie sollte nicht unterschätzt werden. Auch der Stellenwert, den der Verfasser selbst diesem Werk beimaß, ist beachtlich. Das Buch war nur als Teil eines umfassenden monumentalen Werkes geplant. Vorgesehene weitere Teile waren eine Zins- und Geldtheorie, eine Theorie des internationalen Handels, eine Theorie des ökonomischen Ungleichgewichts und schließlich eine Rekonstruktionstheorie, die den Wiederaufbauprozess der europäischen Wirtschaft zum Thema haben sollte. Das vorliegende Werk ist gerade auch insoweit von außerordentlicher Bedeutung, als es zwei seiner Schüler, Gérard Debreu und Edmond Malinvaud, maßgeblich anregte, die neowalrasianische Theorie weiter zu entwickeln und als Schule zu etablieren.

Lit.: B. Murier (Hg.): *Markets, Risk and Money. Essays in Honour of Maurice Allais*, Dordrecht-London: Kluwer, 1993; M. Boiteux (Hg.): *Marchés, capital et incertitude. Essais en l'honneur de Maurice Allais*, Paris: Economica, 1986; M. Allais/O. Hagen (Hg.): *Cardinalism. A Fundamental Approach*, Dordrecht-London: Kluwer, 1994.

Thomas Pfahler

Arrow, Kenneth Joseph

Kenneth J. Arrow, geboren am 23. August 1921 in New York, gestorben am 21. Februar 2017 in Palo Alto, war Professor für Wirtschaftswissenschaften an der Stanford University; zuvor lehrte er einige Jahre (1968–1979) in Harvard. Den Nobelpreis für Wirtschaftswissenschaften erhielt Arrow 1972 für seine Pionierleistung im Bereich der Allgemeinen Gleichgewichts- und der Wohlfahrtstheorie.

Richard Arnott

Social Choice and Individual Values

EA: New York: John Wiley & Sons, 1951. **AA:** 2. Aufl., New York: John Wiley & Sons, 1963.

Es kommt nicht oft vor, dass ein wissenschaftliches Werk eine neue eigenständige Disziplin begründet und gleichzeitig deren zentrales Resultat vorwegnimmt. Genau dies lässt sich von Arrows *Social Choice and Individual Values* behaupten. Die wissenschaftliche Disziplin, deren Grundlage das Werk legt, ist die moderne *Social-Choice*-Theorie; das zentrale Resultat, das im Mittelpunkt der Monographie steht, ist das sogenannte Arrowsche Unmöglichkeitstheorem (Arrow selbst spricht vom »general possibility theorem«, heute wird das Resultat aber üblicherweise als das *Un*möglichkeitstheorem bezeichnet). Worum es Arrow geht, ist *das* grundlegende Problem demokratischer Entscheidungsfindung in einer pluralistischen Gesellschaft: Nach welchen Verfahren soll unter mehreren möglichen Alternativen gewählt werden, falls die von der Entscheidung betroffenen Individuen unterschiedliche Präferenzen bezüglich dieser Alternativen haben? Anwendungsbeispiele dieses allgemeinen Problems sind politische Wahlen, die Auswahl von Amtsträgern aus einer Reihe von Kandidaten, aber auch alltägliche Gruppenentscheidungen in Verbänden, Vereinen oder der Familie. Dass es keine ganz einfache Lösung haben kann, lässt sich anhand des folgenden Beispiels illustrieren. Eine Gruppe aus drei Wählern *A*, *B* und *C* habe über die drei Alternativen *x*, *y* und *z* folgende Präferenzen: *A* bevorzugt *x* gegenüber beiden anderen Alternativen und außerdem *y* gegenüber *z*; *B* bevorzugt *y* gegenüber beiden anderen Alternativen und außerdem *z* gegenüber *x*; *C* schließlich bevorzugt *z* gegenüber beiden anderen Alternativen und *x* gegenüber *y*. Bei paarweiser Mehrheitsabstimmung würde *jede* der Alternativen gegen eine andere verlieren: Jeweils eine Mehrheit der Wähler bevorzugt *z* gegenüber *x*, *x* gegenüber *y* und *y* gegenüber *z*. Die paarweise Mehrheitsabstimmung lässt also in der angegebenen Situation keine konsistente Auswahl einer Alternative zu. Arrows Vorgehensweise ist *axioma-*

tisch, d. h. er überlegt zunächst, welche wünschenswerten Eigenschaften ein Wahlverfahren besitzen soll. (Die Darstellung folgt hier der 2. Ausgabe des Werks aus dem Jahr 1963.) Um Situationen wie die des obigen sogenannten »Wahlparadoxons« auszuschließen, fordert Arrow als Erstes, dass ein Wahlverfahren für jede denkbare Kombination individueller Präferenzen eine konsistente Rangordnung der Alternativen festlegen soll. Zweitens soll eine *einstimmige* Präferenz aller Individuen für *x* gegenüber *y* niemals zur Wahl von y führen. Drittens soll die Rangordnung zweier Alternativen nur von den individuellen Rangordnungen *dieser* beiden Alternativen abhängen. Das Unmöglichkeitstheorem besagt, dass die einzigen Wahlverfahren, die diese drei Bedingungen bei Vorliegen von mehr als zwei Alternativen erfüllen, *diktatorisch* sind, d. h. ein einzelnes Individuum bestimmt die Rangordnung der Alternativen unabhängig von den Präferenzen aller anderen Individuen. Diese Schlussfolgerung ist wenig ermutigend, besagt sie doch, dass es *kein* befriedigendes Wahlverfahren gibt, das mit vernünftigen Vorstellungen demokratischer Entscheidungsfindung vereinbar ist.

Arrows bahnbrechende Arbeit hat in den 1970er und 1980er Jahren eine intensive Auseinandersetzung mit dem Problem kollektiver Entscheidungen initiiert und damit den Grundstein der modernen formalen *Social-Choice*-Theorie gelegt. Die Forschung hat dabei insbesondere die außerordentliche Robustheit des Unmöglichkeitstheorems aufgezeigt. Aus ökonomischer Perspektive ist vor allem das eng verwandte »Gibbard-Satterthwaite-Theorem« von großer Bedeutung, das besagt, dass jedes nicht-diktatorische Wahlverfahren anfällig gegenüber strategischer Manipulation ist.

Lit.: A.K. Sen: *Collective Choice and Social Welfare*, San Francisco, CA: Holden-Day, 1970; J.S. Kelly: *Arrow Impossibility Theorems*, New York: Academic Pr., 1978; A.K. Sen: »Social Choice Theory«, in: K.J. Arrow/M. Intriligator (Hg.): *Handbook of Mathematical Economics*, Bd. III, Amsterdam: North-Holland, 1986; A. Mas-Colell/M.D. Whinston/J.R. Green: *Microeconomic Theory*, New York et al.: Oxford UP, 1995, Part V.

Clemens Puppe

Essays in the Theory of Risk-Bearing

EA: Amsterdam-London: North-Holland, 1970. **AA:** ^{3}1976.

Wenn Ökonomie-Nobelpreise nicht für das Lebenswerk, sondern (wie in den Naturwissenschaften) für Einzelleistungen vergeben würden, hätte Arrow wenigstens drei Preise erhalten: einen für die Grundlegung der *Social-choice*-Theorie, einen (zusammen mit Gerard Debreu) für die erste stringente Begründung des gesamtwirtschaftlichen Gleichgewichts (Theorie des allgemeinen Wettbewerbsgleichgewichts) und die Analyse seiner

Eigenschaften sowie einen für die zahlreichen Beiträge zur Ökonomie der Unsicherheit, die allesamt in dem vorliegenden Band versammelt sind.

Vor fünfzig Jahren begannen die Ökonomen, ein schemenhaftes Verständnis für die Bedeutung der Unsicherheit zu entwickeln; allerdings wurde es versäumt, dieses Konzept in die allgemeine ökonomische Theoriebildung einzubeziehen. Daher waren Arrows Arbeiten nicht nur für die Entwicklung, sondern auch für die Integration der »Ökonomie der Unsicherheit« in die Mainstream-Theorie wegweisend. Aufbauend auf die seinerzeit noch junge Theorie der »Entscheidung unter Unsicherheit«, die von John von Neumann und Oscar Morgenstern (1947) entwickelt worden war, integrierte Arrow in seiner ersten großen Veröffentlichung zu diesem Thema (zusammen mit Debreu) den Begriff der Unsicherheit in die Theorie des allgemeinen Wettbewerbsgleichgewichts. Ein Beispiel: Nehmen wir an, der Bauer Meier würde seine Ernte verlieren, wenn es morgen regnet; nun kann er sich heute gegen dieses Risiko mit dem Kauf von »Arrow-Debreu-Finanztiteln« absichern, die zum Wettbewerbspreis zu erwerben sind; wenn – und nur wenn – es regnet, wird er am nächsten Tag pro Titel einen Euro erhalten. Arrow zeigte, dass sich mit einem vollständigen Satz von Arrow-Debreu-Finanztiteln die Theorie des allgemeinen Wettbewerbsgleichgewichts unter Sicherheit unmittelbar auch auf die Bedingung unter Unsicherheit erstreckt. Er erkannte, dass weder die Annahme dieser Theorie, es sei möglich, sich gegen jeden denkbaren Schadensfall abzusichern, noch ihre Folgerung, die Wettbewerbsökonomie sei in der Lage, das Problem der Unsicherheit effizient und exklusiv durch den Markt zu lösen, mit der Empirie in Einklang stehen.

Arrows zweiter bedeutender Beitrag zur Ökonomie der Unsicherheit war etwas anders geartet: keine hehre Theorie, sondern eine (im Wesentlichen auf seine Beobachtung der Ökonomie der medizinischen Versorgung gegründete) brillante Spekulation darüber, wie die Wirtschaft tatsächlich mit Unsicherheit umgeht. Formalisiert wurden die von Arrow entwickelten noch formlosen Begriffe und Hypothesen von seinen Studenten Michael Spence, Richard Green, Mark Pauly und Jean-Jacques Laffont. Zusammengenommen legten ihre Werke den Grundstock für die Revolution durch die Theorie der asymmetrischen Informationsverteilung. Arrow konzentrierte sich auf asymmetrische Information (d. h. Situationen, in denen der Versicherer weniger Informationen als der Versicherte hat) als Ursache für fehlende Märkte, und er identifizierte zwei Haupterscheinungsformen: In der Situation *moral hazard/hidden action* (d. h. subjektives Risiko infolge einer versteckten, also für einen der Transaktionspartner nicht beobachtbaren Handlung), kann der Versicherer nicht feststellen, ob z. B. die Missernte des Bauern auf schlechtes Wetter oder aber ungenügende Leistungsbereitschaft zurückzuführen ist. In diesem Fall wird die Versicherungsprovision den Anreiz des Bauern zu produzieren dämpfen. In der Situation *adverse selection/hidden type* (d. h. Negativauslese infolge versteckter, nicht allen Transaktionspartnern bekannten Eigenschaften) ist der Versicherer nicht in der Lage festzustellen, ob – in unserem Beispiel – die Missernte auf schlechtes Wetter oder auf die intrinsische Unfähigkeit des Bauern zurückzuführen ist. Diese Negativauslese kann in einem Versicherungsmarkt zur Abwesenheit von Handel, zu fehlendem Gleichgewicht oder zur Überversicherung bei schlechten und Unterversicherung bei guten Risiken führen. Zudem vermutete Arrow, dass für den Fall, dass die konkurrierenden Versicherungsmärkte bei der Risikoverteilung scheitern, nicht-marktförmige Institutionen entstehen, die diese Mängel ausgleichen. Die Bereitstellung von Versicherungsleistungen durch die öffentliche Hand ist ein naheliegendes Beispiel; weniger naheliegende Beispiele sind etwa die Organisation der Produktion innerhalb von Unternehmen und die Rolle der ärztlichen Reputation in der medizinischen Versorgung.

Da Arrow als Erster den grundlegenden Einfluss der Unsicherheit auf die Wirtschaftsstrukturen erkannte und das Konzept der Unsicherheit in die breite ökonomische Theorie integrierte, hat man ihn zu Recht zum Vater der »Ökonomie der Unsicherheit« ausgerufen.

Lit.: J. von Neumann/O. Morgenstern: *Theory of Games and Economic Behaviour*, Princeton, NJ: Princeton UP, 1947 (Nachdr.: Düsseldorf: Wirtschaft und Finanzen, 2001).

Richard Arnott

Aus dem Englischen von Matthias Finke

Auspitz, Rudolf/Richard Lieben

Der Wiener Nationalökonom Rudolf Auspitz (7.7.1837 bis 10.3.1906), ein erfolgreicher Bankier und Geschäftsmann, stand der Österreichischen Schule der Nationalökonomie nahe. 1873 wurde Auspitz als Angehöriger der liberalen Partei Abgeordneter des Reichsrats. Sein ökonomisches Hauptwerk ist die *Untersuchungen über die Theorie des Preises*, das er zusammen mit seinem Schwager Richard Lieben verfasste.

Der Wiener Richard Lieben (6.10.1842 bis 1919) arbeitete mit seinem Schwager Rudolf Auspitz geschäftlich und wissenschaftlich eng zusammen. Die gemeinsam veröffentlichten *Untersuchungen über die Theorie des Preises*, einer der hervorragenden Beiträge zur Preistheorie im deutschen Sprachraum im 19. Jh., war das Ergebnis eines Jahrzehnts mühevoller Arbeit. Neben diesem Hauptwerk verfasste Lieben noch eine Reihe kleinerer Abhandlungen, insbesondere zu Fragen der Währungspolitik. Ein Augenleiden zwang Lieben in den Jahren vor seinem Tod zur Aufgabe der wissenschaftlichen Arbeit.

Untersuchungen über die Theorie des Preises

EA: Leipzig: Duncker & Humblot, 1889. **AA:** Düsseldorf: Verlag Wirtschaft und Finanzen, 1993 (Faks. d. EA).

Auspitz und Lieben entwickelten ein Instrumentarium zur fundamentalen Analyse der individuellen Optimierung und des partiellen Gleichgewichts. Im Unterschied zu den meisten anderen zeitgenössischen Preistheoretikern wählten sie als Ausgangspunkt ihrer Analysen nicht den Tausch zweier Güter und damit relative Preise, sondern den Tausch eines Gutes gegen Geldbeträge, also absolute Geldpreise. Sie verwendeten dazu ein graphisches Instrumentarium mit reziproken Nachfragekurven oder Tauschkurven. Diese Methodik hatte analytisch einige Vorteile, aber auch gewichtige Nachteile. Gerade der Tausch eines einzelnen Gutes gegen Geld lässt sich mit einfachen Angebots- und Nachfragekurven wesentlich leichter und deshalb effizienter analysieren als mit Tauschkurven, weshalb auch die spätere Preistheorie dem Marshallschen Kreuz den Vorzug gab. Eine Hauptstärke der Methode von Auspitz und Lieben liegt demgegenüber in der transparenten Darstellung von Konsumenten- und Produzentenrenten, was den beiden Österreichern glänzende Analysen unter anderem bei Monopolen, Kartellen und in der Außenhandelstheorie ermöglichte. So vermochten Auspitz und Lieben beispielsweise als erste das Optimum eines Monopolisten mittels Grenzerlös- und Grenzkostenkurven zu ermitteln oder durch Vergleich verbesserter Austauschverhältnisse mit ineffizienterem Faktoreinsatz Optimalzölle präzise zu bestimmen. Für die Graphiken und Ausführungen im Hauptteil der *Untersuchungen* bilden die vier mathematischen Anhänge gewissermaßen das analytische Gerüst des Werkes. In den Anhängen finden sich außerdem viele weitere theoriegeschichtlich äußerst bemerkenswerte Beiträge zur Mikroökonomie. Hervorgehoben seien das Konzept der ordinalen Nutzenmessung, eine klare Definition von Substituten und Komplementärgütern sowie die Integration der Partialanalyse in eines der ersten allgemeinen Gleichgewichtsmodelle.

Infolge des akademischen Außenseitertums und der über weite Strecken idiosynkratischen Darstellung wurden die *Untersuchungen* nur von wenigen Ökonomen beachtet. Dennoch ist die theoriegeschichtliche Bedeutung von Auspitz und Lieben nicht zu unterschätzen. Nebst dem Einfluss ihres Werkes auf Edgeworth und Pareto hatten die beiden Wiener ihren aufmerksamsten Leser in keinem Geringeren als Irving Fisher, der die *Untersuchungen* neben Jevons' *Theory of Political Economy* als eines der beiden Werke nannte, die ihn am meisten beeinflusst hätten. Fisher fand in den *Untersuchungen* Anregungen und Konzepte, die er für seine bahnbrechende Preistheorie anzuwenden verstand, und leistete damit den Übergang von der älteren Grenznutzentheorie zur modernen Indifferenzkurvenanalyse. Über Fisher flossen damit Pionierleistungen der Außenseiter Auspitz und Lieben in die Hauptrichtung der Preistheorie ein.

Lit.: S. Jäggi: »Die Preistheorie von Auspitz und Lieben«, in: Berner *Beiträge zur Nationalökonomie*, 63, Bern: Haupt, 1991; J. Niehans/S. Jäggi: *Rudolf Auspitz und Richard Lieben und ihre »Untersuchungen über die Theorie des Preises«. Vademecum zu einem Klassiker der Preistheorie*, Düsseldorf: Verlag Wirtschaft und Finanzen, 1993; dies.: »Auspitz and Lieben: The Appendices«, in: *History of Political Economy*, 27/2, 1995, S. 365–386.

Stefan Jäggi

Bagehot, Walter

Der britische Ökonom und Verfassungstheoretiker Walter Bagehot (23.2.1826 bis 24.3.1877) war ein brillanter und produktiver Autor, der u. a. *English Constitution* (1864), eine klassische Studie über die britische Verfassung schrieb, mit *Physics and Politics* (1857) einen frühen Versuch unternahm, zwischen Naturwissenschaften und Sozialwissenschaften zu unterscheiden, und zudem zahlreiche ökonomische Schriften verfasste. *Lombard Street* ist das ökonomische Hauptwerk von Bagehot, der von 1860 bis 1877 Herausgeber des *Economist* war – der noch heute existierenden Wochenzeitschrift, die sein Schwiegervater James Wilson 1843 gegründet hatte.

Lombard Street

A Description of the Money Market

EA: London: King, 1873. **AA:** Düsseldorf: Verlag Wirtschaft und Finanzen, 1996 (Faks. d. EA); New York et al.: Wiley, 1999. **DA:** Lombardstreet. Der Weltmarkt des Geldes in den Londoner Geldhäusern, Leipzig: 1874.

In diesem Buch erläutert Bagehot das Konzept des »lender of last resort«, der in einer finanziellen Krise freigiebig Geld verleiht, da das Erreichen von Begrenzungen die Märkte stört, der andererseits jedoch so hohe Zinssätze verlangt, dass Kreditnehmer und Diskontierer davon abgeschreckt werden, eine Liquidität anzustreben, die nicht wirklich notwendig ist. Kredite sollen Liquidität herstellen und nicht etwa Zahlungsunfähigkeit abwenden, obwohl beides nicht immer klar zu unterscheiden ist. Das Konzept des »lender of last resort« war von Henry Thornton und Sir Francis Baring während der Krisen der Napoleonischen Kriege theoretisch formuliert worden (und nicht von Ricardo, wie Bagehot in einem Artikel von 1856 behauptete). Im 18. Jh. wurde es von der Bank of England und dem britischen Finanzminister erstmals angewandt. In *Lombard Street* wird das Konzept jedoch erstmals wirklich erläutert.

Bagehot schrieb das Werk zu einer Zeit, als die Finanzkrise von 1866 und der Deutsch-Französische Krieg noch frisch in Erinnerung waren. Auch fanden zu dieser Zeit eine Reihe internationaler Finanzdiskussionen statt, die 1867 in Paris begannen, wo die Vorstellung eines »Universalgeldes« (wenn auch letztlich erfolglos) diskutiert wurde, das auf der Anpassung des Goldgehalts der Währungen verschiedener Länder beruhen sollte, um eine einfache Berechenbarkeit zu gewährleisten. So sollte das Pfund Sterling bei $5 und bei 25 Francs liegen. Bagehot war weniger von der Bequemlichkeit der

Umrechnung beeindruckt als von der Rolle eines solchen Universalgeldes als Recheneinheit, durch die Ausländer die englische »Preissprache« verstehen könnten. Und vorausschauend schrieb er bereits in seinem Aufsatz »Universal Money«, letztlich werde die Welt ein Handelsrecht haben, das durch ein einziges Geld symbolisiert werden würde.

Lit.: A. Buchan: *The Spare Chancellor. The Life of Walter Bagehot*, East Lansing: Michigan State UP, 1960; W. Irvine: *Walter Bagehot*, Hamden: Archon Books, 1970; N. St. John-Stevas: »Introduction«, in: ders. (Hg.): *The Collected Works of Walter Bagehot*, Cambridge, MA: Harvard UP, 1978, S. 11–83.

Charles P. Kindleberger

Aus dem Englischen von Wibke Reger

Becker, Gary Stanley

Gary S. Becker, geboren am 2.12.1930 in Pottsville, Pennsylvania, gestorben am 3.5.2014 in Chicago, studierte in Princeton und Chicago und promovierte 1955 an der Universität von Chicago. Zwischen 1957 und 1969 forschte und lehrte er an der Columbia University und arbeitete parallel für das National Bureau of Economic Research in New York City. Während dieser Zeit entstand sein Werk *Human Capital*. Seit 1970 wirkt er wieder an der Universität von Chicago; 1992 erhielt er den Nobelpreis für Wirtschaftswissenschaften. Becker hat die ökonomische Theorie um zahlreiche Aspekte des menschlichen Verhaltens erweitert, die bis dahin – wenn überhaupt – von sozialwissenschaftlichen Disziplinen wie der Soziologie, der Demographie und der Kriminologie untersucht wurden. Seine Forschung im Bereich des Humankapitals hat Becker 1957 begonnen und die Ergebnisse sieben Jahre später in seinem Werk *Human Capital* veröffentlicht.

Human Capital

EA: New York et al.: National Bureau of Economic Research, 1964. **AA:** Chicago-London: U of Chicago Pr., 3. erw. Aufl., 1993.

Human Capital gliedert sich in drei Teile. In Teil I entwickelt Becker eine allgemeine Theorie, welche die Auswirkungen von Humankapitalinvestitionen aufzeigen soll. Er geht auf verschiedene Arten der Humankapitalentwicklung ein, wie u. a. formelle Ausbildung, Berufserfahrung, medizinische Versorgung und Migration und erklärt das dadurch beeinflusste monetäre bzw. psychische Einkommen, auch unter Berücksichtigung des Zeitfaktors. Kosten und Nutzen der Investition in Humankapital entstehen seiner Meinung nach bei Individuen, Unternehmen und dem Staat. Diese theoretische Analyse führt zu einer empirischen Untersuchung in Teil II. Becker misst zahlreiche Effekte von Humankapitalinvestitionen. So werden die Einkommen von Collegeabsolventen mit deren Bildungsinvestitionen verglichen, wobei zwischen Geschlechtern, Hautfarbe und Wohnort differenziert wird (Kap. V). Auch die »rates of return« von Investitionen in eine High-School- Ausbildung werden untersucht (Kap. VII) und die Entwicklung von Bildungsinvestitionen mit Lebensalter und Wohlstand in Beziehung gesetzt (Kap. VIII). Becker kommt zu dem Ergebnis, dass im Allgemeinen eine enge positive Korrelation zwischen dem Humankapital und dem individuellen Einkommen und gesellschaftlichem Nutzen besteht. Am höchsten sind die »rates of return« einer High-School-Ausbildung. Innerhalb der einzelnen Ausbildungsarten bestehen jedoch beträchtliche Unterschiede. So beträgt die durchschnittliche »rate of return« von Investitionen in ein College-Studium 10 bis 12 % p.a., wobei sie für hellhäutige Männer aus der Stadt weit über dem Durchschnitt liegt. Auch innerhalb der jeweiligen Gruppen sind die Unterschiede hoch, was eine Prognose des individuellen Einkommens bei der Wahl der Humankapitalinvestition erschwert. In Teil III seines Buches beschäftigt sich Becker mit der Verbindung von Humankapital und der Entwicklung von Familien (Kapitel X), wobei eine intergenerative Nutzenmaximierung untersucht wird. Kapitel XI diskutiert sowohl intra- als auch intersektoral Fragen im Bereich Arbeitsteilung und Humankapital und Kapitel XII analysiert die Verbindung zwischen Humankapital, Fertilität und Wirtschaftswachstum.

Zu Zeiten der ersten Auflage seines Buches wurde die Bedeutung des Humankapitals für die wirtschaftliche Entwicklung gerade erst im Rahmen der neoklassischen Wachstumstheorie entdeckt. Die Zunahme von Kapital erklärte das Wirtschaftswachstum nur zu einem kleinen Teil. Andere Einflussfaktoren wurden untersucht und hochkontrovers diskutiert. Neben Becker haben sich Theodore Schultz und Jakob Mincer mit der Bedeutung des Humankapitals beschäftigt. Mittlerweile hat die Literatur zu diesem Themenbereich immens zugenommen und heute ist die Bedeutung des Humankapitals für die individuelle und gesellschaftliche Entwicklung unbestritten. Becker hat mit *Human Capital* einen wesentlichen Beitrag dazu geleistet. Seine mikroökonomisch fundierte Theorie ist in der Lage, auch Handelsströme zwischen einzelnen Staaten mit Hilfe des Humankapitalansatzes besser zu erklären als es über Unterschiede in der Realkapitalausstattung möglich war. Es ist ihm gelungen, Theorie und Empirie in sinnvoller Weise zu verbinden.

Lit.: J. Mincer: »Investment in Human Capital and Personal Income Distribution«, in: *Journal of Political Economy*, 66/4, 1958, S. 281–302; T.W. Schultz: »Education and Economic Growth«, in: N.B. Henry (Hg.): *Social Forces Influencing American Education*, Chicago: U of Chicago Pr., 1961; T.O. Davenport: *Human Capital. What It Is and Why People Invest It*, San Francisco: Jossey Bass, 1999; R.A. Swanson/E.F. Holton, III. (Hg.): *Human Resource Development Research Handbook. Linking Research and Practice*, San Francisco: Berrett-Koehler, 1997.

Werner Lachmann

Bertrand, Joseph Louis François

Der Mathematiker Joseph Bertrand (11.3.1822 bis 5.4.1900) wurde bekannt für vielfältige Anwendungen mathematischer Techniken (insbesondere der Differentialgleichungen) auf verschiedenste Gebiete wie z. B. die Thermodynamik. Auch seine Arbeiten zur statistischen Wahrscheinlichkeitsrechnung, zur Kurventheorie und der Oberflächentheorie begründeten seinen Ruf.

»Théorie mathématique de la richesse sociale« par Leon Walras. »Recherches sur les principes mathématiques de la théorie des richesses« par Augustin Cournot

EA: in: *Journal des Savants*, September 1883, S. 499–508.

In diesem wichtigsten volkswirtschaftlichen Beitrag Bertrands, einer allgemeinen Kritik an der damaligen mathematischen Ökonomie, führt er Wettbewerb in Preisen statt in Mengen ein. Der Artikel kritisiert Walras und Cournot, die beide in ihren Modellen von einem Mengenwettbewerb ausgehen. Die Einführung dieses neuen Wettbewerbsmodells (Bertrand-Wettbewerb) resultiert in der Vorhersage eines effizienten Gleichgewichtspreises. Walras ging von vielen wirtschaftlichen Akteuren aus, welche Mengen an Gütern oder Dienstleistungen angeben, die sie zu jedem möglichen Preis anbieten oder nachfragen. Ein (walrasianischer) Auktionator sammelt diese Angebote bzw. Nachfragen und legt einen Preis fest, bei dem sich Angebot und Nachfrage genau ausgleichen (Walras-Gleichgewicht). Keiner der Akteure kann durch Änderung seiner Nachfrage oder seines Angebotes diesen Preis beeinflussen. Diese Allokation ist Pareto-effizient. Cournot verwies 1838 darauf, dass in der Wirtschaft oft Situationen auftreten, in denen ein oder mehrere Akteure durch Änderungen der angebotenen (nachgefragten) Mengen den Preis beeinflussen. Neben dem Monopol analysierte er dabei auch das Duopol (Oligopol). Das Cournot-Gleichgewicht beschreibt die Mengen, welche die Duopolisten anbieten. Unter seinen Annahmen ergibt sich eine Allokation, die nicht Pareto-effizient ist. Bertrand argumentiert nun, dass Akteure Preise und nicht Angebotsmengen wählen. Legt man dieses Modell zugrunde, so lässt sich zeigen, dass sich – bei Wettbewerb in Preisen (Bertrand-Wettbewerb) statt in Mengen (Cournot-Wettbewerb) – dieselben

Preise wie im Walras-Gleichgewicht ergeben. Demnach genügt eine geringe Zahl von konkurrierenden Anbietern (zwei), um eine effiziente Allokation zu erhalten.

Bertrands Modell ist von großer Bedeutung in der modernen Industrieökonomie und wird in jedem Textbuch der Mikroökonomie oder Industrieökonomie besprochen. Es scheint realitätsnäher als Cournots Modell und ist teilweise analytisch leichter zu handhaben. Im Rahmen der neoliberalen Wirtschaftspolitik wird es häufig verwendet, um gegen die Regulierung von Oligopolen zu argumentieren (»In Chicago two is enough« – in Anspielung auf die Chicagoer Schule, welche insbesondere diesem Paradigma anhängt). Kritisiert wird an diesem Argument die Ausklammerung der Möglichkeit von Absprachen unter den Anbietern (Kartellbildung), um den Wettbewerb zu umgehen. Dieser Einwand ist aber gegenüber jeglichem Wettbewerb einer geringen Zahl von Anbietern möglich und verliert an Bedeutung, wenn die Zahl der Konkurrenten wächst (dies ist auch in Cournots Modell, welches als sich »selbst durchsetzende« Kollusion gedeutet werden kann, ersichtlich). Kreps und Scheinkman (1983) stützen Cournots Modell. Sie sehen zeitlich vorhergehende (längerfristige) Kapazitätsentscheidungen als Grund dafür, dass in vielen Fällen ein Wettbewerb in Angebotsmengen herrscht und die Preise sich somit in Abhängigkeit der Mengen (bzw. Kapazitäten) ergeben. Auch diese Arbeit, 100 Jahre nach Bertrands Aufsatz veröffentlicht, hat erheblichen Anklang gefunden und belegt damit die Bedeutung von Bertrands Beitrag. Abschließend sei noch erwähnt, dass nicht wenige Autoren die Beiträge Cournots und Bertrands als wesentlich für die Entwicklung der Spieltheorie ansehen.

Lit.: D. Kreps/J. Scheinkman: »Quantity Precommitment and Bertrand Competition Yield Cournot Outcomes«, in: *Bell Journal of Economics*, 14, 1983, S. 326–337; J. Roberts: »Perfectly and Imperfectly Competitive Markets«, in: J. Eatwell/M. Milgate/P. Newman (Hg.): *The New Palgrave. A Dictionary of Economics*, New York-London: Macmillan, 1989; J. Tirole: *Industrieökonomik*, München: Oldenbourg, ^{2}1999.

Uwe Dulleck

Bhagwati, Jagdish N./Vangal Krishnamachari Ramaswami

Der US-Ökonom Jagdish Bhagwati gilt seit Jahren als Kandidat für den Nobelpreis für Wirtschaftswissenschaften. Bhagwati, geboren am 26.7.1934 in Mumbai/ Indien, studierte im englischen Cambridge, am MIT in Boston und in Oxford, um schließlich eine Professur für Außenhandel in Delhi anzutreten. Er kehrte dann als Ford International Professor für Ökonomie ans MIT zurück und lehrt heute als Arthur Lehman Professor für Ökonomie und Professor für Politische Wissenschaft an der Columbia University in New York. Bhagwati beriet die WTO, GATT und die Vereinten Nationen und ist seit 2002 Chefberater der Vereinten Nationen in Fragen der Globalisierung. Er hat mehr als 50 Bücher geschrieben oder daran mitgearbeitet. Einfluss auf den wirtschaftspolitischen Reformprozess Indiens gewann das mit seiner Frau Padma Desai bereits 1970 verfasste Buch *India: Planning for Industrialization*.

Helge Hesse

Domestic Distortions, Tariffs, and the Theory of Optimum Subsidy

EA: in: *Journal of Political Economy*, 71/1, 1963, S. 44–50.

Dieser Artikel entstand zu einer Zeit, als die relevante analytische Literatur der Überlegenheit von Handel im Vergleich zu autarken Systemen sehr ambivalent gegenüberstand. Irwin (1997) erzählt die faszinierende Entstehungsgeschichte von *Domestic Distortions, Tariffs, and the Theory of Optimum Subsidy*: Im Jahr 1961 musste Samuelson wegen einer Erkrankung in der Familie eine Einladung zur International Economics Conference in Brissago in der Schweiz absagen. Der erst 27-jährige Bhagwati wurde gebeten einzuspringen. Sein Überblick über die internationale Handelstheorie fand viel Anklang. Viele Zuhörer fanden jedoch seine auf Haberlers Werk (1950) beruhende Schlussfolgerung irritierend, dass in Zeiten des Marktversagens weder dem Freihandel noch einer geschlossenen Wirtschaft eindeutig der Vorzug gegeben werden könne. Diese Reaktion brachte Bhagwati dazu, das Thema näher zu untersuchen.

Nachdem Bhagwati 1961 dem Ruf an die Delhi School of Economics gefolgt war, tat er sich mit einem anderen brillanten jungen Wissenschaftler zusammen, der zwar als Beamter arbeitete, in seiner Freizeit jedoch akademischen Fragestellungen nachging: V.K. Ramaswami. Zusammen schrieben sie mit dem hier besprochenen Artikel einen Klassiker. Nach Ramaswamis frühem Tod prägte Bhagwati in den 1960er und 1970er Jahren das Feld der Handelstheorie und in den 1980er und 1990er Jahren die Handelspolitik.

Ausgehend von einem allgemeinen Gleichgewichtsmodell stellen die Autoren die Frage nach der Überlegenheit von Freihandel gegenüber einer geschlossenen Wirtschaft vor einem Hintergrund innerstaatlicher »Verzerrungen«. Dabei zeigten sie, dass, wenn die Maximierung des nationalen Wohlstands das Ziel ist, die Grenzrate der Substitution (DRS) der Grenzrate der Transformation (DRT) und der auswärtigen Rate der Transformation (FRT) entsprechen muss. Das zweite und vielleicht wichtigste Verdienst des Artikels lag in dem Nachweis der Autoren, dass im Kontext einer kleinen, offenen Wirtschaft der Freihandel wieder zur optimalen Lösung wird, wenn die vorhandenen innerstaatlichen »Verzerrungen« durch angemessene politische Maßnahmen beseitigt werden. Im dem von Haberler (1950) beschriebenen Fall, der von der Existenz externer Ökonomien ausgeht, ist die Ausgangssituation durch ein Ungleichgewicht gekennzeichnet: FRT = DRS ≠ DRT. Durch eine angemessene Subvention des Outputs wird die Verzerrung beseitigt, so dass die Gleichung wieder aufgeht: FRT = DRS = DRT. Schließlich stellen die Autoren den Gedanken eines Maßnahmen-Rankings vor. Auf der Basis eines Modells der Lohnverzerrungen unterscheiden sie zwischen drei Instrumenten – Lohnsubventionen, Outputsubventionen und Zöllen – und ordnen diese bezüglich ihrer Fähigkeit, den Wohlstand zu steigern.

Für die Beschäftigung mit Handelspolitik im Kontext innerstaatlicher Verzerrungen spielte der Artikel eine Schlüsselrolle. Neben vielen anderen Werken war er auch der Auslöser für Johnsons (1965) zentralen Beitrag zu diesem Feld, welcher wiederum die Grundlage für ein wichtiges Kapitel von Cordens (1974) viel gelesenem Buch bildete. Vor allem aber machte der Artikel Jagdish Bhagwati zum Hauptvertreter des Freihandels im 20. Jh. und leistete einem liberaleren Welthandelssystem Vorschub.

Lit.: J. Bhagwati: »The Generalized Theory of Distortions and Welfare«, in: ders. et al. (Hg.): *Trade, Balance of Payments and Growth: Papers in International Economics in Honor of Charles P. Kindleberger*, Amsterdam: North-Holland, 1971, S. 69–90; W.M. Corden: *Trade Policy and Economic Welfare*, Oxford: Oxford UP, 1974; G. Haberler: »Some Problems in the Pure Theory of International Trade«, in: *Economic Journal*, 55/238, 1950, S. 223–240; D. Irwin: »Profile: Jagdish Bhagwati«, in: *Review of International Economics*, 5/4, 1997, S. 508–515; H.G. Johnson: »Optimal Intervention in the Presence of Domestic Distortions«, in: R.E. Caves/P.B. Kenen/H.G. Johnson (Hg.): *Trade, Growth and the Balance of Payments: Essays in Honor of Gottfried Haberler*, Amsterdam: North-Holland, 1965, S. 3–34; A. Panagariya: »Bhagwati and Ramaswami: (Un)Justly Celebrated?«, University of Maryland, Center for International Economics (ungedruckt).

Arvind Panagariya

Aus dem Englischen von Wibke Reger

Bliss, Christopher J.

Christopher Bliss, geb. 1940 in London, studierte Wirtschaftswissenschaften im englischen Cambridge und am MIT in Boston. Nachdem er mit einer Arbeit über die Rolle des Kapitals in Wachstumsmodellen in Cambridge promoviert worden war, lehrte Bliss am dortigen Christ's College, bis er 1971 einen Ruf der Universität Essex erhielt. Von 1977 bis 2007 war Bliss Nuffield-Professor für Internationale Ökonomie an der Universität Oxford.

Capital Theory and the Distribution of Income

EA: Amsterdam-Oxford: North Holland, 1975.

Dieser Band präsentiert eine umfassende Abhandlung über Kapitaltheorie, ausgehend von der Analyse intertemporaler und zeitlich beschränkter Gleichgewichte. Sie beruht auf der Vorstellung, dass der »wesentliche Bestandteil« von Kapital Zeit ist – in dem Sinn, dass eine Vorstellung von Distanz auf der Zeitachse als der allgemeine Rahmen für all jene Fälle betrachtet werden kann, in denen »Auslagen für Arbeit oder der Verzicht auf Konsum zu einem bestimmten Zeitpunkt geschehen und der Nutzen daraus zu jeweils anderen Zeitpunkten erwächst«. Bliss verwirft die Auffassung der Österreichischen Schule, Kapital könne als »eine Quantität von Zeit« gemessen werden. Insbesondere verweist er auf die Komplexität und Unterschiedlichkeit realer produktiver Prozesse und auf die damit zusammenhängende Notwendigkeit, Kapital als eine »heterogene Ansammlung von Gütern« zu begreifen und nicht als eine einzelne, aggregierte Größe. Den analytischen Leitfaden bildet die Suche nach Erweiterungen der statischen allgemeinen Gleichgewichtstheorie, die zu einer zufrieden stellenden Behandlung des Kapitals führen. Dabei befasst Bliss sich insbesondere damit, wie die Zeit in das Modell einbezogen werden kann, indem er das Lieferdatum in die Vorstellung eines Gutes inkorporiert. Damit ergibt sich das Problem des »Tausches« von gegenwärtigen gegen zukünftige Verpflichtungen, so dass die Kreditwürdigkeit wirtschaftlicher Subjekte eine notwendige Bedingung des intertemporalen Gleichgewichts wird. Bliss argumentiert, dass unter der Annahme einer vollständigen Reihe von Terminmärkten und wenn der Handel zu Preisen abgewickelt wird, die den Markt vollständig räumen, bei der Ersetzung des Gleichgewichts einer zeitlosen Wirtschaft durch ein intertemporales Gleichgewicht keine neuen analytischen Probleme auftreten. Eine realistischere Theorie des Kapitals lässt sich daher einführen, indem man zwar die Annahme vollständiger Terminmärkte aufgibt, jedoch die Annahme beibehält, dass man Kaufkraft mittels eines bestimmten, nicht verderblichen Gutes (Bliss wählt Kakao als Beispiel) von einer Periode zu einer anderen transferiert. Vor diesem Hintergrund, »sind Terminpreise für Kakao für jeden Akteur genauso gut wie ein vollständiges System von Terminmärkten«. Existierende Märkte fungierten als »Stellvertreter« für nicht existierende (Termin-) Märkte und intertemporale, über verschiedene Wirtschaftsakteure hinweg konsistente Pläne würden (direkt oder indirekt) die Preise für die gegenwärtige oder zukünftige Lieferung aller Güter reflektieren. Das Gleichgewicht wäre zeitlich beschränkt (in dem ursprünglich von Hicks und Lindahl erwogenen Sinn), da die Pläne der Akteure normalerweise (von einer »Woche« zur nächsten) revidiert würden, während sich Besitz, Präferenzen und Erwartungen ändern. Auf diese Weise kann das grundlegende Problem der Kapitaltheorie auf die Bestimmung eines Satzes von gegenwärtigen Preisen und von Preisen für Optionsscheine für Kakao (*cocoa futures*) reduziert werden, so dass intertemporale Pläne insofern untereinander konsistent wären, »als [solche Pläne] den Handel in gegenwärtigen Gütern und den Handel in Optionsscheinen für Kakao beeinflussen«.

Da in der Literatur insbesondere der semi-stationäre Zustand im Fall des intertemporalen Gleichgewichts Interesse gefunden hat, worin »die Wirtschaft zu verschiedenen Zeiten dieselbe ist – mit der Ausnahme des Maßstabs«, untersucht Bliss ein allgemeines Modell semi-stationären Wachstums und unternimmt einen Vergleich unter alternativen dynamischen Verläufen der betrachteten abstrakten Wirtschaft. In diesem Zusammenhang beweist er ein »Goldene Regel«-Theorem, welches besagt, dass optimales Wachstum mit Gleichgewicht assoziiert wäre – semi-stationäres Wachstum, dessen Wachstumsrate dem einheitlichen Zinssatz entspricht. Auch beweist Bliss, dass der Zinssatz in einer semi-stationären Wirtschaft nicht als Knappheitspreis der Kapitalnutzung verstanden werden kann. Spezifische Eigenschaften des semi-stationären Wachstums werden untersucht, indem eine vereinfachte »zerlegbare« semi-stationäre Wirtschaft betrachtet wird – das heißt, ein ökonomisches System solcher Art, dass »die Irritationen, die von dem interdependenten Netzwerk von Einflüssen herrühren«, dadurch umgangen werden, dass bestimmte Variablen vor allen anderen und unabhängig von ihnen bestimmt werden. Die Kapitaltheorie hat sich oft mit der Frage auseinandergesetzt, wie »die Beschreibung einer Ansammlung von Inputs oder Outputs in einem einfachen, skalierbaren Maß komprimiert werden könnte«. In diesem Zusammenhang unternimmt Bliss die Analyse der allgemeinen Bedingungen für die Aggregierung heterogener Objekte. Schließlich wird die Frage intertemporaler Effizienz aufgegriffen und ihre Beziehung zur Existenz von Produktionspreisgleichgewichten untersucht. Zu diesem Zweck betrachtet er die Geschichte der Kapitalakkumulation und versucht zu bestimmen, in welcher Reihenfolge die Wirtschaft eine Sequenz stationärer Zustände durchschreiten wird. Die Annahme optimaler Kapitalakkumulation (dem klassischen Beitrag Frank Ramseys folgend) führt zu der Entdeckung, dass in diesem besonderen Fall »der Zinssatz bei fortschreitender Kapitalakkumulation fällt«, wie von der orthodoxen Meinung behauptet. Die Annahme semi-stationären Wachstums wird in den abschließenden

Kapiteln teilweise verworfen. Bliss diskutiert auch die reine Investitionstheorie im Rahmen des allgemeinen Gleichgewichts einer intertemporalen Wirtschaft und kommt zu dem Schluss, dass sie in diesem Fall als direkte Anwendung der statischen Produktionstheorie gesehen werden kann, die durch Verallgemeinerung auch das Fortschreiten der Zeit einbezieht. Allerdings räumt er ein, dass für die Investitionstheorie insbesondere Fragen der Unvollständigkeit oder gar Nichtexistenz von Terminmärkten von Interesse sind, d. h. Entscheidungen, die nicht im Kontext eines intertemporalen Gleichgewichts getroffen werden. Der Investor muss sich insbesondere eine Meinung »über relative Preise von Gütern [bilde-n], für die keine Terminmärkte mittels des Gutes oder der Güter operieren«. Und hier stoßen wir auf ein grundlegendes Problem der Kapitaltheorie. Ein Ansatz zur Untersuchung des Investitionsverhaltens, dem ein zeitlich beschränktes Gleichgewicht zugrunde liegt, legt nahe, dass man die Annahme eines stationären Zustands oder semi-stationären Wachstums fallen lassen sollte. Insbesondere sollten Systeme, die einen gleichbleibenden Zinssatz zugrunde legen, durch Systeme von Preisen ersetzt werden, in denen die Struktur einer ganzen Reihe verschiedener Zinssätze Berücksichtigung findet. In diesem Fall würden Erwartungen, die den kurzfristigen Zinssatz zum Gegenstand haben, einen wesentlichen Einfluss auf die ganze Struktur der Zinssätze ausüben. Bliss untersucht daraufhin das zeitlich beschränkte Gleichgewicht innerhalb eines analytischen Rahmens, der durch die zentrale Rolle spekulativen Verhaltens charakterisiert wird und kommt zu dem Schluss, dass ein zeitlich beschränktes Gleichgewicht mit Termingeschäften und Spekulation vereinbar sein könne. Daraus folgt, dass die Behandlung von Kapital und Zeit ausgehend vom Konzept eines zeitlich beschränkten Gleichgewichts mit Keynes' Ansicht vereinbar ist, dass Terminhandel und Spekulation in Wertpapiermärkten nicht notwendigerweise die Arbeitslosigkeit förderten.

Roberto Scazzieri

Aus dem Englischen von Christoph Heumann

Böhm-Bawerk, Eugen von

Eugen Ritter von Böhm-Bawerk wurde am 12. Februar 1851 in Brünn geboren. Nach dem frühen Tod des Vaters 1856 zog Böhm-Bawerk nach Wien, wo er sich noch zu Schulzeiten mit Friedrich von Wieser anfreundete, der später nicht nur sein Schwager, sondern auch sein Mitstreiter in der Österreichischen Schule werden sollte. Böhm-Bawerk studierte von 1868 bis 1872 in Wien Jura und wurde Verwaltungsbeamter. Nach seiner Promotion 1875 ermöglichte Carl Mengers Empfehlung ihm das Studium in Deutschland bei Knies in Heidelberg, Roscher in Leipzig und Hildebrand in Jena. Nach seiner Habilitation 1880 unterbrach Böhm-Bawerk seine Karriere am Finanzministerium und lehrte bis 1889 an der Universität Innsbruck. In diesen Jahren entstand sein *opus magnum*, das zweibändige *Kapital und Kapitalzins*. Nach Erscheinen des zweiten Bandes übernahm er ein Regierungsamt, um als Finanzminister die österreichische Steuerreform durchzuführen. Auch während seiner Amtszeit erwiderte Böhm-Bawerk die Kritik an seinem Werk, das er in den folgenden beiden Auflagen umfangreich ergänzte (Bd. 1: 2. Aufl. 1900, 3. Aufl. 1914; Bd. 2: 2. Aufl. 1902, 3. Aufl. in 2 Bänden 1909–1912). Böhm-Bawerk starb während eines Genesungsurlaubs am 27. August 1914 in Tirol.

Kapital und Kapitalzins

EA: Erste Abtheilung: *Geschichte und Kritik der Kapitalzins-Theorien*, Innsbruck: Verlag der Wagner'schen Universitätsbuchhandlung, 1884; Zweite Abtheilung: *Positive Theorie des Kapitals*, Innsbruck: Verlag der Wagner'schen Universitäts-Buchhandlung, 1889. **AA:** Faksimileausg., Düsseldorf: Verlag Wirtschaft und Finanzen, 1991 und 1994.

Schon während seines Studiums in Deutschland entwickelte Böhm-Bawerk die Idee der Wertdifferenz zwischen gegenwärtigen und künftigen Gütern, des sogenannten Zeitagio. Weder die Gründe dieser Wertdifferenz noch die objektive Zahlungsfähigkeit der Zinsen waren zu dieser Zeit untersucht. Böhm-Bawerks Bestreben war zunächst eine kritische Prüfung der bisherigen Zinstheorien. In seiner Habilitationsschrift (*Rechte und Verhältnisse vom Standpunkte der volkswirtschaftlichen Güterlehre*, 1881) definiert er das ökonomische Wesen der Güter als das Ganze der Nutzleistungen, die sie dem Menschen über ihre Lebensdauer bringen, was jener Nutzentheorie widersprach, die neben dem Wert von Gütern einen zusätzlichen Wert für Kapitalnutzung annimmt. Im ersten Band gliedert er ca. 100 Kapitalzinstheorien in die Gruppen: farblose Theorien, Produktivitätstheorien, Abstinenztheorie, Arbeitstheorien und Marxsche Ausbeutungstheorie. In Böhm-Bawerks Theorie ist das Verhältnis von Unternehmern zu Arbeitern nichts anderes als ein Tausch von gegenwärtiger Lohnsumme gegen künftige Produkte und die Differenz beider Werte ist nicht ungerecht, da gegenwärtige Produkte in der Regel wertvoller sind als »Zukunftsware«. Böhm-Bawerks Zeitagio-Theorie wurde erst 1889 im zweiten Band des Werks ausgearbeitet. Ihre Bedeutung besteht nicht zuletzt in Böhm-Bawerks Auffassung der zeitlich aufwendigen Produktionsprozesse, die zu seiner Definition von Kapital als »Inbegriff von Zwischenprodukten« führt. Er schlägt daher die nach dem Einsatz der originalen Güter (Arbeit) gewichtete *durchschnittliche Produktionsperiode* als Maß des Kapitals (Maß des Produktionswegs) vor. Er stellt eine Produktionstabelle vor, in der die Produktivität mit jeder neuen Produktionsperiode steigt, die Zuwachsrate jedoch abnimmt. Mit anderen Worten: Böhm-Bawerk schuf eine Grenzproduktivitätstheorie des »ursprünglichen Kapitalzinses« (der natürlichen Gewinnrate), den Zeitaufwand betreffend. Allerdings setzt diese Kapitaltheorie nicht notwendigerweise die subjektive Werttheorie voraus. Böhm-Bawerk überlässt es seinen Lesern, einen konsistenten Zusammenhang zwischen dieser Auffassung des »kapitalistischen Produktionsprozesses« und der subjektiven Agio-Theorie herzustellen. In der *Positiven Theorie* werden drei Gründe für die Wertdifferenz zwischen gegenwärtigen und künftigen Gütern genannt: 1. Unterschiede im Verhältnis von Bedarf und Deckung; 2. die Unterschätzung künftiger Bedürfnisse; 3. die technische Überlegenheit der gegenwärtigen Güter. Im letzten Kapitel der *Positiven Theorie* konstruiert Böhm-Bawerk ein synthetisches Modell, das gleichzeitig die Höhe von Lohn und Kapitalzinsen determinieren kann.

Seit Erscheinen der *Positiven Theorie* wurde diese viel und kontrovers diskutiert. Nach der Annahme der Grenznutzentheorie der Österreichischen Schule ist es plausibel, dass in einer Wirtschaft mit einer wachsenden Einkommenstendenz eine positive Zinsrate herrscht; dies gilt jedoch nicht für eine Wirtschaft unter stationärem Gleichgewicht. Zwar kann die Unterschätzung künftiger Bedürfnisse unabhängig von den anderen genannten Gründen eine positive Zinsrate begründen, jedoch auf der Basis der Annahme kurzsichtiger Schätzung. Der dritte Grund steht im Zusammenhang mit der erwähnten Mehrergiebigkeit des produktiven Kapitals. Wenn die Nachfrage des produktiven Kapitals auf dem Markt auf das Angebot von Kapital trifft, das einen höheren Zins als das psychologische Zeitagio seines Besitzers sucht, dann besteht eine positive Zinsrate, die ein Marktgleichgewicht schafft. Der Zwiespalt der Böhm-Bawerkschen Theorie ist auch in der späteren Entwicklung der Kapitaltheorie spürbar. Während kontinentale Theoretiker wie Wicksell und Hayek Böhm-Bawerks Konzept der Zeitstruktur des Produktionsprozesses übernahmen, gingen angelsächsische Theoretiker wie Irving Fisher von einer reinen Markttheorie aus, in der die gegenwärtigen und künftigen Güter ausgetauscht werden. Böhm-Bawerks *Kapital und Kapitalzins* ist ein Klassiker der Kapitaltheorie, der der modernen Forschung viele Ansätze bot.

Lit.: T. Shigeki: *Eugen von Böhm-Bawerk. Ein großer österreichischer Nationalökonom zwischen Theorie und Praxis*, Marburg: Metropolis, 1994; K.H. Hennings: *The Austrian Theory of Value and Capital. Studies in the Life and Work of Eugen von Böhm-Bawerk*, Cheltenham: E. Elgar, 1997.

Kiichiro Yagi

Buchanan, James M./Gordon Tullock

James McGill Buchanan (geboren am 3.10.1919 in Murfreesboro, Tennessee, gestorben am 9.1.2013 in Blacksburg, Virginia) ist der Begründer der sogenannten *Public-Choice*-Theorie der Ökonomie. Er studierte an der University of Tennessee und später an der University of Chicago, wo u. a. Knight zu seinen Lehrern gehörte. 1948 wurde er dort promoviert. Nach seiner Promotion lehrte Buchanan Wirtschaftswissenschaften u. a. an der University of Tennessee (Knoxville), an der University of Virginia (Charlottesville) und am Virginia Polytechnic Institute & State University (Blacksburg). 1969 wurde er Direktor des von ihm dort gemeinsam mit Gordon Tullock (s. u.) begründeten Center for Study of Public Choice. Auch nach der Verlegung des gesamten Instituts 1983 an die George Mason University in Fairfax, Virginia, behielt er zunächst diese Funktion. Für seine Arbeiten im Bereich der *Public-Choice*-Theorie wurde ihm 1986 der Nobelpreis für Wirtschaftswissenschaften verliehen. Seit 1988 war Buchanan Advisory General Director des Instituts, an dem er bis zur Emeritierung auch weiterhin als Professor für Wirtschaftswissenschaften tätig war.

Gordon Tullock wurde am 13.2.1922 in Rockford, Illinois, geboren. Er studierte Wirtschafts- und Rechtswissenschaften an der University of Chicago (J.D. 1947). Von 1987 bis 1999 war er Karl Eller Professor of Economics and Political Science an der University of Arizona, von 1999 bis 2008 war er Professor für Law and Economics an der George Mason University. Gordon Tullock starb am 3.11.2014 in Des Moines, Iowa.

The Calculus of Consent

Logical Foundations of Constitutional Democracy

EA: Ann Arbor: U of Michigan Pr., 1962. **AA:** Ann Arbor: U of Michigan Pr., ^{17}2001.

Die Handlungsfähigkeit und -legitimation eines Gemeinwesens stellt den Mittelpunkt der ökonomischen Verfassungstheorie dar. Gibt es in einer Gesellschaft keine Regeln für das Verhalten der eigennutzorientierten Akteure, dann ist ein geregeltes Zusammenleben, insbesondere auch Handel und Tausch, unmöglich. Das Leben wird, wie es uns Hobbes beschreibt, »solitary, poore, nasty, brutish, and short«. Buchanan und Tullock zeigen in *Calculus of Consent* einen Weg aus dem Konflikt zwischen individueller Freiheit und kollektivem Handeln auf: Der Abschluss eines Gesellschaftsvertrages (einer »Verfassung«), der gesellschaftliche Regeln – insbesondere auch Strafen für regelwidriges Verhalten – etabliert, determiniert die Transaktionskosten individuellen Handelns. Mit einer Untersuchung gesellschaftlicher Institutionen, denen sich rational handelnde Individuen unterwerfen und dabei in Kauf nehmen, dass verbindliche Entscheidungen gegen den eigenen Willen fallen, wird nicht nur die Ökonomische Theorie der Verfassung, sondern die *Public-Choice*-Theorie insgesamt begründet. Im Mittelpunkt der Untersuchung steht der *Prozess*, der die eigenen Werte der Individuen zu einem Verfassungsvertrag bündelt. Buchanan und Tullock gehen von einem zweigeteilten gesellschaftlichen Entscheidungssystem aus. Die Entscheidungen, mit denen sich die Mitglieder täglich konfrontiert sehen (»postconstitutional choice«), sind Gegenstand des sechsten Kapitels des *Calculus*. Es wird die Suche von Individuen nach einer optimalen kollektiven Entscheidungsregel für eine bestimmte Entscheidungssituation dargestellt; dabei stehen die Kosten der Entscheidungsfindung im Mittelpunkt: Die *externen Kosten*, die einem Individuum aus den Entscheidungen der anderen Beteiligten entstehen, sind maximal im Fall der Initiativregel, bei der sich jede individuelle Präferenz durchsetzt, ein Einzelner also im Namen und auf Kosten der gesamten Gesellschaft handeln kann; sie sinken mit steigenden Mehrheitsanforderungen, bis hin zum Extremfall der einstimmigen Beschlussfassung. Die *Entscheidungs(findungs)kosten* steigen mit den Mehrheitsanforderungen, bis sie schließlich bei Einstimmigkeit ihr Maximum erreichen (ggf. unüberwindbar hoch werden). Das Individuum wird bereitwillig ein Steigen der Entscheidungs- oder Konsensfindungskosten in Kauf nehmen, bis deren Anwachsen schwächer ist als das Absinken der wahrscheinlichen externen Kosten. Die vertikal addierte Gesamtkostenfunktion (die Kosten der gesellschaftlichen Interdependenz) zeigt das Optimierungsproblem des Individuums mit einerseits dem Willen zur Durchsetzung der eigenen Ziele und andererseits der Absicht, nicht alle Entscheidungen der anderen Mitglieder realisiert sehen zu müssen. Wie muss aber der institutionelle *Urzustand* aussehen, in dessen Kontext überhaupt legitime Verfassungen ins Leben gerufen werden können (»constitutional choice«)? Die Wahl einer Verfassung ist die Wahl künftiger legitimer Entscheidungsregeln. Um einen unendlichen Legitimationsregress zu umgehen, wird bei der Entscheidung für eine Verfassung angenommen, dass sich die Individuen in Unsicherheit über die Auswirkungen *auf* die Gesellschaft und über ihre eigene künftige Rolle *in* dieser Gesellschaft befinden. Es wird dabei nicht – wie bei Rawls' »Schleier der Ungewissheit« – nach und nach mehr Information zugegeben, sondern Alltagsentscheidungen laufen hier unter vollständiger Information ab. Buchanan und Tullock stellen auf einen *realen* Konsens ab, da Einstimmigkeit nicht machbar ist, Rawls hingegen fordert einen *idealen* Konsens.

Die Ansätze von Buchanan, Tullock und Rawls werden heute oft zu einer Theorie verschmolzen. Entscheiden sich die Individuen unter diesen Bedingungen für eine Verfassung, so wird damit auf Ebene des *Verfahrens* der Konflikt zwischen individueller Freiheit und kollektivem Zwang gelöst. Durch die Zustimmung zum Verfahren legitimiert das Individuum von vornherein auch Entscheidungen, die seinen Präferenzen zuwiderlaufen

(»Legitimation durch Verfahren«). Damit wird eine Dominanz von Partikularinteressen verhindert, Wicksells Einstimmigkeitspostulat als normatives Kriterium etabliert. Gleichzeitig wird aber die Verwendung von Mehrheitsregeln für postkonstitutionelle Entscheidungen legitimiert, denn die Wahlentscheidungen sind *im Rahmen* der so entstandenen Verfassung legitimiert, auch wenn sie selbst nicht mehr einstimmig getroffen werden. Legitimes staatliches Handeln wird erst durch dieses Konstrukt möglich. Hier setzt auch die Hauptkritik am Vertragsansatz der Verfassung an: Die meisten Verfassungen sind eben *nicht* vertragsmäßig entstanden, sondern in der einen oder anderen Form aufgezwungen worden. Eine konsensuale Ur-Verfassung lässt sich allenfalls als abstraktes Konzept ableiten – kann sie dann aber eine Legitimation für tatsächliches Handeln in repräsentativen Demokratien liefern?

Lit.: J.M. Buchanan: »Constitutional Economics«, in: J. Eatwell/M. Milgate/P. Newman (Hg.): *The New Palgrave. A Dictionary of Economics*, Bd. I, London: Macmillan, 1987, S. 585–588; J.M. Buchanan: »Die Verfassung der Wirtschaftspolitik«, Nobel-Vorlesung vom 8. Dezember 1986, in: H.C. Recktenwald: *Die Nobelpreisträger der ökonomischen Wissenschaft*, Bd. II, Düsseldorf: Verlag Wirtschaft und Finanzen, 1989, S. 932–947; D. Bund: *Die Ökonomische Theorie der Verfassung*, Baden-Baden: Nomos, 1984; G. Brennan/J.M. Buchanan: *Die Begründung von Regeln*, Tübingen: Mohr, 1993.

Thomas Hart

Cassel, (Karl) Gustav

Gustav Cassel (20.10.1866 bis 14.1.1945) war zusammen mit Wicksell der Begründer der Schwedischen Schule der Nationalökonomik. Er begann seine akademische Ausbildung in Uppsala, wo er zunächst Mathematik studierte. Nach dem Abschluss seines Studiums lehrte er in Stockholm, ging dann aber nach Deutschland, um Nationalökonomie zu studieren. Trotz der Ausbildung in Deutschland war Cassel dem neoklassischen Gedankengut verhaftet, und seine theoretischen Ausführungen orientierten sich mehr an Walras als an der Historischen Schule. Cassel war aber nicht nur ein theoretischer Nationalökonom, er schrieb auch populärwissenschaftliche Artikel und offenbarte sich dabei als ein Anhänger freier Märkte und des freien Handels.

Theoretische Sozialökonomie

EA: Leipzig: Wintersche Verlagsbuchh., 1918 (Leipzig-Erlangen: Deichert, ^{2}1921, ^{3}1923, ^{4}1927, ^{5}1932). **EEA:** The Theory of Social Economy, 2 Bde., London: T. Fisher Unwin, 1923/ New York: Harcourt, 1924; 2. erw. Aufl.: 2 Bde., London: E. Benn/New York: Kelley, 1932. **AEA:** New York: Kelley, ^{3}1967. **ADA:** Darmstadt: Wiss. Buchges., ^{6}1968 (Nachdr. ^{5}1932).

Das Buch *Theoretische Sozialökonomie* ist vielleicht Gustav Cassels wichtigstes Werk. Aus theoretischer Sicht ist es auf den ersten Blick der walrasianischen Gleichgewichtstheorie verpflichtet, wenngleich die Ausführungen Cassels einfacher und damit auch verständlicher gehalten sind, was ihm schon zu Lebzeiten den Vorwurf von Wicksell einbrachte, dass seiner Theorie die Klarheit des walrasianischen Gleichungssystems fehle. Das Buch erfuhr mehrere Auflagen, Ergänzungen und Erweiterungen, wie etwa 1932, als umfangreiche Ausführungen zur Theorie der Kaufkraftparitäten und zur Theorie des internationalen Handels hinzugefügt wurden. Die *Theoretische Sozialökonomie* besteht aus vier Teilen. Cassel beginnt mit einem allgemeinen Überblick über die Volkswirtschaft, der die Grundlagen einer Tauschwirtschaft thematisiert. Der zweite Teil beschäftigt sich mit der Preisbildung der Produktionsfaktoren, die nahtlos an die Ausführungen zum Mechanismus der Preisbildung im ersten Teil anknüpft. Cassel kann dabei, vor allem, was die Darstellung der Zinstheorie angeht, auf frühere Veröffentlichungen zurückgreifen. Auch die Inhalte des dritten Teiles sind eine (allerdings ausführlicher geratene) Darstellung der vierten Vorlesung seines Buches *Fundamental Thoughts in Economics*. Der vierte Teil enthält eine Theorie der Konjunkturbewegung. Er stellt zunächst einen statischen Wirtschaftskreislauf vor, den er Schritt für Schritt zu einem Modell entwickelt, in dem Wachstum stattfindet. Cassel dynamisiert diesen Ansatz zu einem Konjunkturmodell, das eine realitätsnähere Erklärung wirtschaftlicher Abläufe zulässt. Wichtig für die sozialpolitische Sichtweise Cassels ist das achte Kapitel seines Hauptwerkes. Zunächst übt er kurz Kritik an älteren Lohntheorien wie etwa der Lohntheorie Ricardos, der Lohnfondstheorie und den Vorstellungen der Historischen Schule. Cassel geht davon aus, dass der Arbeitslohn der Preis des Produktionsfaktors Arbeit ist. Die Nachfrage nach Konsumgütern ist gleichzeitig mit einer Nachfrage nach dem Faktor Arbeit verbunden. Der Arbeitslohn ist damit ein Ausdruck der Schätzung der Arbeit durch den Konsumenten. Der Anteil des Arbeitseinkommens am Gesamteinkommen wird durch den Preisbildungsprozess bestimmt, der durch das Prinzip der Knappheit beherrscht wird. Auch das Arbeitsangebot ist bei Cassel von Knappheit gekennzeichnet, so dass der Arbeitgeber etwas bezahlen muss, damit er darüber verfügen kann. Reicht das am Markt erwirtschaftete Einkommen nicht aus, um ein menschenwürdiges Dasein zu gewährleisten, sind Unterstützungszahlungen seitens des Staates notwendig. Allerdings warnt Cassel davor, dass derartige Transferzahlungen das Ziel der Selbstverantwortlichkeit der Daseinsvorsorge unterlaufen. Problematisch ist nach Cassel auch die sozialistische Interpretation des Arbeitslohnes. Seiner Meinung nach wird die Theorie Ricardos von der Arbeitswertlehre der Sozialisten missbraucht, denn dass der Faktor Arbeit den ganzen Wert des Produktes als Lohn bekommen soll, ist aus der Tatsache, dass letztlich jedes Produkt auf den Einsatz des Faktors Arbeit zurückzuführen ist, nicht kausal ableitbar. In der Theorie der Konjunkturbewegungen fragt Cassel nach den Gründen für die Übernachfrage nach Arbeitskräften während des Aufschwungs und für das Überangebot an Arbeitskräften während der Rezession. Auch an dieser Stelle dominiert die Sichtweise von der aus dem Gütermarkt abgeleiteten Nachfrage nach Arbeitskräften.

Das Werk hat den Ruf von Gustav Cassel als Sachverständigem in wirtschaftlichen Angelegenheiten gefestigt. Man kann durchaus behaupten, dass es in der Konsequenz seiner Gedankenführung, der Geschlossenheit des Aufbaus und der theoretischen Durchdringung des Stoffes im deutschen Sprachraum einzigartig war und der neoklassischen Sichtweise zu einer weiten Verbreitung verhalf.

Lit.: A. Amonn: »Begriffliches und Grundsätzliches zur Wert- und Preislehre«, in: *Economic Essays in Honour of Gustav Cassel*, London: Cass & Co., 1967, S. 33–52; H.-M. Müller: *Gustav Cassel als Sozialpolitiker*, Dresden: H. Zetzsche, 1932; A. Predöhl: *Gustav Cassel, Joseph Schumpeter, Bernhard Harms. Drei richtungsweisende Wirtschaftswissenschaftler*, Göttingen: Vandenhoeck & Ruprecht, 1972.

Thomas Pfahler

Chamberlin, Edward Hastings

Edward H. Chamberlin wurde am 18.5.1899 in La Conner, Washington, geboren, er starb am 16.7.1967 in Cambridge, Massachusetts. Nach der Erlangung des Doktorgrades in Harvard im Jahr 1927 wurde er dort 1937 Professor. Er hatte von 1951 bis zu seiner Pensionierung im Jahr 1966 die David A. Wells-Professur inne und war Dekan der wirtschaftswissenschaftlichen Fakultät in ihrer »goldenen Zeit« von 1939 bis 1943. Von 1948 bis 1958 war er Herausgeber des *Quarterly Journal of Economics*.

The Theory of Monopolistic Competition

A Re-orientation of the Theory of Value

EA: Cambridge, MA: Harvard UP, 1933. **AA:** Cambridge, MA: Harvard UP, [8]1969 (Nachdr.).

Chamberlins Theorie des monopolistischen Wettbewerbs, eines der einflussreichsten, (mit acht Auflagen) erfolgreichsten und innovativsten ökonomischen Bücher des 20. Jhs. im Bereich der Mikroökonomie, erschien wenige Wochen vor Joan Violet Robinsons *Economics of Imperfect Competition*. Im englischen und amerikanischen Cambridge wurde unabhängig voneinander an ähnlichen Fragestellungen und Lösungen gearbeitet. Trotz Chamberlins Beharren auf der inhaltlichen Unterschiedlichkeit geht es in beiden Werken um die Behauptung und Analyse einer eigenständigen idealtypischen, aber dennoch in der Wirtschaftsrealität häufiger anzutreffenden Marktstruktur, die Elemente des Wettbewerbs (freier Markteintritt, eine große Zahl von Anbietern usw.) mit solchen des Monopols verbindet: Käufer haben klare Markenpräferenzen (Werbung), es bestehen mehr oder minder geringfügige Produktdifferenzierungen und es gibt im Regelfall räumliche Vor- oder Nachteile für jeweilige Wettbewerber. Kurzfristig mögen Unternehmen sich in einer monopolistischen Situation mit dem Cournotschen Punkt als Gewinnmaximierungsregel befinden. Langfristig allerdings führt der Markteintritt von durch die Extragewinne angelockten neuen Betrieben dazu, dass sich die Nachfragekurve (DD') des Einzelanbieters weiter nach links verschiebt, bis sie schließlich die Kostenkurve (PP') tangential schneidet (deshalb wird auch von Chamberlins Tangentenlösung gesprochen). Erst ab diesem Punkt sind keine Extragewinne mehr erzielbar. Chamberlins Analyse bewegt sich ganz im Rahmen des Marshallschen Analyseinstrumentariums. Der von ihm herausgearbeiteten Marktform gebührt seiner Meinung nach größere Realitätsnähe als der des Monopols und der vollkommenen Konkurrenz. Von letzterer unterscheidet sich das Gleichgewicht in der monopolistischen Konkurrenz dadurch, dass die gewählte Preis-Mengen-Kombination der Unternehmung nicht mehr im, sondern vor dem Durchschnittskostenminimum erfolgt, da gemäß der Gewinnmaximierungsregel gilt, dass der Punkt R als Schnittpunkt von Grenzkosten und Grenzertrag gewählt wird. Hieraus kann eine Kritik an Produktdifferenzierung und Werbestrategien abgeleitet werden, da beide zu einem suboptimalen Güterangebot führen, bei dem die Preise zu hoch und die angebotenen Mengen zu niedrig ausfallen. Zumindest in späteren Jahren hob Chamberlin den Eigenwert eines differenzierteren Produktangebots auch als Ausdruck der Präferenzen der Konsumenten hervor.

Chamberlins bleibendes Verdienst liegt in der Reorientierung des mikroökonomischen Interesses von der Branchen- auf die Betriebsebene und ihre vielfältigen Handlungsparameter, insbesondere Kosten, Produktvariationen, Preisgestaltungen und Versuche, über eine weitergehende Marktmonopolisierung Freiheitsspielräume z. B. im Bereich der Preisgestaltung zu erlangen. Aber auch seine Überlegungen zu interdependentem Oligopolverhalten und seine Rolle als Mitbegründer der modernen experimentellen Wirtschaftsforschung sind hervorzuheben.

Lit.: E.H. Chamberlin (Hg.): *Monopoly and Competition and Their Regulation. Papers and Proceedings of a Conference held by the International Economic Association*, London-New York: Macmillan, 1954; R.E. Kuenne (Hg.): *Monopolistic Competition Theory. Studies in Impact. Essays in Honor of Edward H. Chamberlin*, New York-London-Sydney: John Wiley & Sons, 1967; M. Blaug (Hg.): *Edward Chamberlin (1899–1967)*, Aldershot-Brookfield: E. Elgar, 1992.

Helge Peukert

Clark, John Bates

John Bates Clark wurde am 27.1.1847 in Providence, Rhode Island, geboren. Durch seine Studienaufenthalte in Heidelberg und Zürich lernte er Methode und Sichtweise der älteren Historischen Schule kennen. Clark lehrte an verschiedenen Hochschulen in den USA und war Gründungsmitglied (1885) sowie dritter Präsident (1893–1895) der American Economic Association. Zusammen mit Irving Fisher führte er die marginalistische Revolution in den USA ein. Als überzeugter Pazifist nahm Clark aktiv an der Friedensbewegung teil und leitete von 1911 bis 1923 die Abteilung »Ökonomik und Geschichte« des Carnegie Endowment for International Peace. Er starb am 23.3.1938 in New York.

The Distribution of Wealth

A Treatise of Wages, Interest and Profits

EA: New York-London: Macmillan, 1899. **AA:** Düsseldorf: Verlag Wirtschaft und Finanzen, 1999 (Faks. d. EA).

Gegen Ende des 19. Jhs. wurde die klassische Ökonomik von den amerikanischen Ökonomen zunehmend abgelehnt: Weder die ricardianische Rententheorie noch Malthus' Bevölkerungsprinzip konnten die wirtschaftliche Situation in den USA erklären. In *Philosophy of Wealth* (1886) kritisiert Clark die klassische Ökonomik und betont den organischen und sozialen Charakter von ökonomischen Vorgängen. Wettbewerb und Konflikt sollten durch Kooperation ersetzt werden. In seinen späteren Werken sieht er den Wettbewerb als Voraussetzung für Kooperation und Wohlstand. The *Distribution of Wealth* erhebt den ambitiösen Anspruch, Konsum und Produktion, Kapital und Arbeit, Zinsen, Löhne, Renten, Grenzproduktivität und Grenznutzen in ein theoretisches, komparativ-statisches System zu integrieren. Clarks Modell basiert auf der Annahme, dass die Erträge aus Arbeit (Löhne) und Kapital (Zinsen) in den produktiven Sektoren tendenziell gleich sind. Clark lehnt die Ausbeutungstheorien von Henry George und Karl Marx, nach denen Renten und Gewinne als Raub bezeichnet werden, ab und bringt eine moralisch-ethische Komponente in die Grenzproduktivitätstheorie ein: »It is the purpose of this work to show that the distribution of income to society is controlled by a natural law, and that this law, if it worked without friction, would give to every agent of production the amount of wealth which that agent creates.« In Teil I wird das ricardianische Rentenprinzip diskutiert und auf die Produktionsfaktoren Arbeit und Kapital angewendet. Der Boden ist Teil des Kapitalstocks, weil Löhne und Zinsen als Differentialerträge der Produktion die Bodenrente einschließen. Das Rentenprinzip gilt für die aggregierten Produktionsfaktoren: Die aggregierten Löhne sind Einkommen aus den gesellschaftlichen Arbeitsmöglichkeiten. Der Zins ist Einkommen aus dem gesellschaftlichen Kapitalstock. Clark stellt eine differenzierte Variante der Nutzentheorie vor: Die Güter repräsentieren »Nutzenbündel«, sie beinhalten verschiedene qualitative, sozial differenzierte Nutzenbestandteile. Die Individuen haben unterschiedliche Grenznutzen. Konsumentenrente und Bodenrente sind analoge Prinzipien und bilden die Grundlage des Verteilungsgesetzes: Die Konsumentenrente ist subjektiv und hängt von der Sensibilität des Verbrauches ab. Der Ertrag aus Grund und Boden ist objektiv feststellbar. Teil 2 behandelt die funktionale Einkommensverteilung auf der Basis der Grenzproduktivitätstheorie. Clark demonstriert das Gesetz des abnehmenden Grenzertrages am Beispiel einer stetig wachsenden Volkswirtschaft, in der mit Arbeit und Kapital produziert wird und Kapital schneller wächst als die Bevölkerung: Der Einsatz des Produktionsfaktors Arbeit wird so lange ausgedehnt, bis das Grenzprodukt dem Faktorpreis entspricht. Clark verallgemeinert das ricardianische Rentenkonzept und zeigt, dass die Grenzproduktivität der Arbeit deren Preis bestimmt. Die letzte Einheit des gesellschaftlichen Kapitals bestimmt durch ihren Ertrag das allgemeine Zinsniveau. Die Grenzproduktivität wirkt wie ein Naturgesetz, sie verbindet Produktion und Verteilung und gewährleistet, dass jede gesellschaftliche Klasse genau das erhält, was sie zum Output der Wirtschaft beiträgt.

John Bates Clark und Eugen von Böhm-Bawerk waren Kontrahenten in der frühen »Kapitalkontroverse«: Bei Clark geht das »permanente« Kapital wie jeder andere Faktor in die Produktionsfunktion ein. Sowohl Arbeiter als auch Kapitaleigner profitieren vom Kapital; Produktion und Konsum sind synchron. Clarks »Parabel« spielte in der Kapitalkontroverse der 1930er Jahre sowie im Gefolge der neoklassischen Wachstumsmodelle in der Cambridge-Kapitalkontroverse eine Rolle. Insbesondere stieß die Einschätzung der Grenzproduktivität als moralisches »Naturgesetz« auf Kritik. So schrieb Fritz Machlup: »Please forget or disregard what John Bates Clark wrote about marginal productivity, and do not blame modern theorists for what our predecessors may have ›intended‹. The intention of marginal productivity theories in modern theories is not the explanation of factor prices.« (Machlup, »Reply to Professor Takata«, in: *Osaka Economic Papers*, 4, 1955).

Lit.: M. Blaug (Hg.): *Pioneers in Economics*, Bd. 40: *Twentieth Century Economics*, Sect. 4: *John Bates Clark (1847–1938)*, Aldershot: E. Elgar, 1992; A.H. Clark/J.M. Clark: *John Bates Clark. A Memorial*, London-New York: Columbia UP, 1938; J.F. Henry: *John Bates Clark. Leben und Werk*, Düsseldorf: Verlag Wirtschaft und Finanzen, 1999; A.M. Sievers: *Revolution, Evolution, and the Economic Order*, Englewood Cliffs, NJ: Prentice-Hall, 1962.

Veronika V. Eberharter

Coase, Ronald Harry

Ronald H. Coase, geboren am 29.12.1910 in einem Vorort von London, gestorben am 2.9.2013 in Chicago, studierte Wirtschaftswissenschaften an der University of London. Ab 1935 lehrte er an der London School of Economics, während des Zweiten Weltkriegs war er als Statistiker für das British War Cabinet tätig. Ab 1951 lehrte Coase an verschiedenen Universitäten (Buffalo, Virginia) in den USA. Neben zahlreichen Ehrendoktorwürden und Fellowships in wirtschaftswissenschaftlichen Vereinigungen erhielt der Herausgeber des *Journal of Law & Economics* (1962–1982) den Nobelpreis für Wirtschaftswissenschaften. Coase war Clifton R. Musser Professor Emeritus der Chicago Law School. Zwei Artikel, fast ein Vierteljahrhundert auseinander liegend, sind es, die von der Königlich-Schwedischen Akademie bei der Verleihung des Wirtschaftsnobelpreises 1991 an Coase genannt wurden. Den ersten, »The Nature of the Firm«, veröffentlichte der damals noch nicht einmal 27jährige Coase 1937 und begründete damit die moderne Transaktionskostentheorie. Der zweite, »The Problem of Social Cost«, erschien 1960, wurde zum vermutlich meistzitierten ökonomischen Artikel aller Zeiten und markiert die Geburtsstunde der Neuen Institutionenökonomik ebenso wie der Ökonomischen Analyse des Rechts.

Thomas Hart

The Nature of the Firm

EA: in: *Economica*, 4, 1937, S. 386–405. **AA:** in: *Journal of Law, Economics, & Organization*, 4/1, 1988, S. 3–17.

In »The Nature of the Firm« erörterte Coase erstmals die Bedeutung der als Transaktionskosten bezeichneten Nachteile der Anbahnung und Abwicklung von Austauschbeziehungen in einem ökonomischen System. Ausgehend von der Beobachtung, dass in einer arbeitsteiligen Wirtschaft nicht alle Planungen auf den Preismechanismus zurückzuführen sind, sondern in Unternehmungen als hierarchischen Gebilden auch durch Anweisungen durchgeführt werden, untersuchte er die in der wirtschaftswissenschaftlichen Forschung jener Zeit kaum gestellte Frage nach den Gründen der Existenz und unterschiedlichen Größen von Unternehmungen. Ihm galten der Markt einerseits, Unternehmungen andererseits als unterschiedliche Koordinationsformen ökonomischen Handelns. Seine Frage war: Warum existieren Preismechanismus und Hierarchie als konkurrierende Koordinationsformen? Die Antwort gelang durch Aufhebung der in der traditionellen Theorie vorherrschenden Annahme, dass die Inanspruchnahme des

Marktsystems kostenlos ist: »The main reason why it is profitable to establish a firm would seem to be that there is a cost of using the price mechanism.« Die Ursachen der Nachteile sind, dass potentiellen Tauschpartnern die Preise nicht bekannt sind und somit Informationskosten entstehen; außerdem sind Vertragsanbahnung und -abschluss mit Verhandlungskosten verbunden. Durch die Etablierung einer Unternehmung wird die Anzahl der notwendigen Verhandlungen reduziert. Zusätzlich ist aufgrund unsicherer Zukunftsentwicklungen oftmals der Abschluss weniger langfristiger statt mehrerer kurzfristiger Verträge wünschenswert. Je länger die Vertragsperiode, desto geringer ist die Leistungsspezifikationsabsicht des Nachfragers. Folglich kommt es zu sehr allgemeinen Verträgen. Das langfristige Verfügen über Produktionsfaktoren innerhalb einer Unternehmung ist hingegen mit einem erhöhten Maß an Flexibilität und somit mit geringeren Kosten verbunden. Schließlich führt Coase aus, dass – Beispiel Umsatzsteuer – die unternehmensinterne Koordination vom Staat anders behandelt wird als die unternehmensexterne (marktliche) Koordination. Aber nicht nur die Marktinanspruchnahme, auch die Koordination in einer Unternehmung ist mit Kosten verbunden. Bei steigenden Unternehmensgrößen ist tendenziell mit abnehmenden Grenzerträgen und einer höheren Fehlerquote der internen Koordination zu rechnen. Auch kann es zu höheren Faktorpreisen kommen, wenn die Vorteile kleinerer Unternehmungen (z. B. größere Eigenverantwortung) beispielsweise durch höhere Löhne ausgeglichen werden müssen. Die ökonomische Konsequenz und Pointe dieser Überlegungen ist, dass Unternehmungen wachsen, bis die zusätzlichen Kosten der internen Koordination einer weiteren Transaktion gleich den Kosten der Marktinanspruchnahme für diese Transaktion sind: Die relativen Koordinationskostenunterschiede zwischen Markt und Unternehmung sind verantwortlich für die Koordinationsform.

Aufbauend auf diesen Gedanken von Coase ist es heute möglich, die in der Realität zwischen den Idealtypen »Markt« und »Hierarchie« anzusiedelnden Koordinationsformen auf einer theoretischen Basis zu analysieren und ihre Bedeutung ökonomisch zu erfassen. Dabei ist die Operationalisierung des Konstruktes der Transaktionskosten, d. h. ihre exakte Messung, immer mit Problemen verbunden.

Lit.: E. Bössmann: »Weshalb gibt es Unternehmungen? Der Erklärungsansatz von Ronald H. Coase«, in: *Zeitschrift für die gesamte Staatswissenschaft*, 137, 1981, S. 667–74; A. Picot: »Ronald H. Coase – Nobelpreisträger 1991 – Transaktionskosten. Ein zentraler Beitrag zur wirtschaftswissenschaftlichen Analyse«, in: *Wirtschaftswissenschaftliches Studium*, 21/2, 1992, S. 79–83.

Arnd Busche/Michael Welling

The Problem of Social Cost

EA: in: *Journal of Law & Economics*, 3/1, 1960, S. 1–44. **DA:** in: H.-D. Assmann/Ch. Kirchner/E. Schanze (Hg.): *Ökonomische Analyse des Rechts*, Tübingen: J.C.B. Mohr (Siebeck), 1993, S. 129–183.

»The Problem of Social Cost« wurde, obwohl der Artikel wesentlich später erschien als »The Nature of the Firm«, schneller zum Klassiker, da er einen grundsätzlicheren Ansatz verfolgt. »The Nature of the Firm« befasste sich letztlich auf empirischer Grundlage mit den Ursachen unterschiedlicher Unternehmensstrukturen. Dass Transaktionskosten hier maßgeblichen Einfluss haben, ist das Ergebnis. »Social Cost« dagegen stellt menschliche Interaktionsprozesse an sich in den Mittelpunkt der Betrachtung – und gelangt durch eine analytische Sackgasse in der Argumentation zu Erkenntnissen über die fundamentale Rolle von Verfügungsrechten (*property rights*) und Transaktionskosten. Die wohlfahrtsökonomischen Auswirkungen der Reichweite von *property rights* verdeutlicht Coase anhand des von einer Eisenbahn ausgehenden Funkenflugs, der das auf einem angrenzenden Acker wachsende Getreide entflammt (das Beispiel geht auf Pigou zurück): Hat der Feldeigentümer absolute Verfügungsrechte über sein Gut (das Getreide), so wird der Betreiber der Bahnlinie zu technischen Vorkehrungen gegen Funkenflug (oder sogar zur Einstellung dieser Linie) verpflichtet werden, um eine Verletzung der Rechte des Bauern zu vermeiden. Wurden dagegen dem Betreiber der Bahnlinie absolute *property rights* zugewiesen, so entstehen dem Feldbesitzer Kosten vor allem in Form von Ertragseinbußen durch die zerstörte Ernte. Die in dieser Situation entstehenden negativen Externalitäten würden in der traditionellen Wohlfahrtsökonomik mit Hilfe einer Pigou-Steuer internalisiert – also zu Lasten des Schadensverursachers Eisenbahn. Die Schäden könnten aber durch Maßnahmen *beider* Seiten verhindert werden: Die Bahn kann technische Vorkehrungen an ihren Zügen treffen; der Bauer kann weniger leicht entflammbare Getreidesorten anbauen. Könnte der Bauer seine Maßnahmen mit geringerem Kostenaufwand treffen als der Bahnbetreiber, dann wäre eine Steuer zu Lasten der Bahn gesellschaftlich wohlfahrtsmindernd. Coases Forderung lautet deshalb, dass aus der Schädigung des Eigentums von B durch A *nicht* zwingend die Konsequenz zu ziehen ist, dass A daran gehindert werden oder entschädigungspflichtig gemacht werden soll. Pigous Kausalitätsprinzip kann Wohlstand vernichten. »Wir haben es hier mit einem reziproken Problem zu tun. [...] Das Problem besteht darin, den jeweils schwerwiegenderen Schaden zu verhindern« und den *cheapest cost avoider* entschädigungspflichtig zu machen, schreibt Coase. Die ökonomische Betrachtung einer Schädigungssituation führt also – im Gegensatz zur positiv-rechtlichen Betrachtung – nicht zu einer allgemeingültigen Regel, sondern zu einer fallweise zu konkretisierenden. Bei (kostenlos) funktionierenden Märkten, so Coase, besteht keine Notwendigkeit für staatliches

Eingreifen, da die Parteien ihre Verfügungsrechte gemäß ihrer Präferenzintensitäten tauschen werden. Falls der Bahnbetrieb einen größeren Nutzen bringt als der Getreideanbau auf diesem Feld, dann wird der Bahnbetreiber bereit sein, den Bauern zu entschädigen. Bei umgekehrten Nutzenverhältnissen wird der Bauer die Bahn dafür kompensieren, dass diese den Funkenflug verhindert. Die Verfügungsrechte dienen als Medium der Nutzenzuweisung über den Markt. Dieser sorgt unabhängig von der ursprünglichen Verteilung der *property rights* für die effizienteste Verteilung. Das Ergebnis dieser Überlegungen ist als Coase-Theorem bekannt (Coase bietet lediglich Beispiele an, aus denen sich das Theorem erschließt – er selbst formuliert es nicht explizit): Unter der Annahme fehlender Transaktionskosten (also eines reibungslos funktionierenden Preissystems) führt der Tausch von Verfügungsrechten durch vertragliche Vereinbarungen bei jeder beliebigen Anfangsausstattung dazu, dass die Rechte im Ergebnis dem Akteur zugewiesen sind, bei dem sie den größten Nutzen bewirken.

Coases Ergebnisse fordern dazu auf, sich mit der Untersuchung von Transaktionskosten zu beschäftigen, um die Abweichung der theoretischen Fiktion von der Praxis zu ergründen. Er definiert Transaktionskosten durch die Annahme ihres Fehlens somit nicht hinweg, sondern thematisiert sie vielmehr als ökonomisches Kernproblem.

Lit.: R.H. Coase: »The Nature of the Firm«, in: *Economica*, 4, 1937, S. 386–404; ders.: »The New Institutional Economics«, in: *Journal of Institutional and Theoretical Economics*, 140, 1984, S. 229–231; T. Eggertsson: *Economic Behavior and Institutions. Principles of Neoinstitutional Economics*, Cambridge: Cambridge UP, 1990; O.E. Williamson: *The Economic Institutions of Capitalism*, New York-London: Free Pr., 1985.

Thomas Hart

Cournot, Antoine Augustin

Cournot (28.8.1801 bis 31.3.1877), ehemaliger Schüler der Ecole Normale Supérieure en Sciences in Paris, wurde 1834 Professor für Analysis und Mathematik an der Universität Lyon; ab 1835 nahm er verschiedene Funktionen in der Universitätsleitung wahr. Cournots umfassendes und bedeutsames Werk widmet sich verschiedenen Disziplinen: der Mathematik (besonders der Wahrscheinlichkeitsrechnung), der Geschichts- und Wissenschaftsphilosophie sowie der Ökonomie. Seinen Ruhm in diesem letztgenannten Bereich verdankt er vor allem den *Recherches*. Das Buch war seiner Zeit weit voraus und blieb daher weitgehend unverstanden. Cournot musste bis 1870 warten, ehe ihm Ökonomen wie Jevons oder Walras Anerkennung zollten.

Recherches sur les principes mathématiques de la théorie des richesses

EA: Paris: Hachette, 1838. **AA:** Düsseldorf: Verlag Wirtschaft und Finanzen, 1991 (Faks. d. EA).

Die *Recherches* sind ein recht kompakter wirtschaftswissenschaftlicher Traktat, der im Stile einer Abhandlung über Mechanik oder Hydrostatik abgefasst ist. Wo möglich, verwendet Cournot mathematische Formalisierungen und verzichtet weitgehend auf Rhetorik. Das Werk ist eine rein theoretische Arbeit, doch ist Cournot darauf bedacht, Begriffe zu verwenden, für die sich auch im wirklichen Leben entsprechende Beispiele finden lassen. Er versichert dem Leser, der mathematische Apparat enthalte nur die wenigen Grundbegriffe der Differential- und Integralrechnung, die jedem Ingenieur zugänglich seien. Besonders interessant wird das Buch ab dem vierten Kapitel, in dem Cournot das *loi du débit* oder »Nachfragegesetz« skizziert. An diesem Beispiel veranschaulicht er die Bedeutung des Phänomens der Elastizität und verdeutlicht damit das Verhalten der Produzenten, sobald sie in einem Markt agieren. Cournot bedient sich hierzu der Theorie der Maxima und Minima. Cournot geht davon aus, dass sich die Produzenten rational verhalten, um ihren Nettoertrag zu maximieren. Dabei untersucht er zunächst den »einfachsten« Fall, das Monopol, und weist im Verlauf einer bemerkenswerten Analyse die Grenzerlösfunktion nach. Daraufhin gestaltet er die Analyse durch die Intervention weiterer Produzenten komplexer. In Kapitel VII wird zunächst der Fall mit zwei Produzenten, das Duopol, erörtert. Dabei macht Cournot deutlich, dass es ihm nur um den Konfliktfall geht, bei dem keinerlei Absprachen zwischen den Produzenten gelten. Er konstatiert sodann eine Gleichgewichtssituation, deren Stabilität er nachweist, untersucht allerdings auch diejenigen Situationen, in denen dieses Gleichgewicht mangels

Absprachen instabil ist. In Kapitel VIII schließlich untersucht Cournot den Fall des »uneingeschränkten Wettbewerbs«, der durch eine große Anzahl von Produzenten charakterisiert ist.

Mit den Überlegungen des letzten Kapitels betritt Cournot ein Gebiet, das erst nahezu eineinhalb Jahrhunderte später von Wissenschaftlern wie John Nash (mit nichtkooperativen Gleichgewichten) oder Robert Aumann (im Bereich der Theorie der Knoten) vollständig erforscht werden sollte. Hier zeigt sich, dass Cournot ein erstaunlicher Wegbereiter zunächst der ökonomischen Mathematik, aber auch der Spieltheorie gewesen ist. Dass er von seinen Zeitgenossen nicht verstanden wurde, überrascht daher nicht.

Lit.: M. Shubik: »Cournot, Antoine Augustin«, in: *The New Palgrave. A Dictionary of Economics*, Bd. 1, London: Macmillan, 1987, S. 708–712.

Claude Jessua

Aus dem Französischen von Torsten Budäus

Debreu, Gérard

Gérard Debreu (geb. 4. Juli 1921 in Calais, Frankreich, gest. am 31. Dezember 2004 in Paris) studierte während des Zweiten Weltkriegs zunächst Mathematik, u. a. an der Ecole Normale Supérieure in Paris, später Wirtschaftswissenschaften an der Harvard University, der University of California in Berkeley, der University of Chicago und der Columbia University in New York. Von 1950 bis 1962 war er Mitarbeiter der Cowles Commission for Research in Economics, einer Stiftung, die v. a. mathematische und statistische Methoden für die Forschung in den Wirtschafts- und in verwandten Sozialwissenschaften entwickelt. 1962 wechselte er als Professor für Wirtschaftswissenschaften an die University of California, Berkeley. Debreu erhielt 1983 den Nobelpreis in Wirtschaftswissenschaften für die Inkorporation neuer analytischer Methoden in die Ökonomische Theorie und für die strenge Neuformulierung der Theorie des Allgemeinen Gleichgewichts.

Theory of Value: An Axiomatic Analysis of Economic Equilibrium

EA: New York: John Wiley, 1959. **AA:** New Haven et al.: Yale UP, 1987 (Nachdr.). **DA:** *Werttheorie: Eine axiomatische Analyse des ökonomischen Gleichgewichts*, Berlin: Springer, 1976.

Die *Theory of Value* ist das grundlegende Werk der Theorie des allgemeinen Wettbewerbsgleichgewichts; es war ein Meilenstein der Allgemeinen Gleichgewichtstheorie und leistete einen entscheidenden Beitrag zum Aufstieg der mathematischen Wirtschaftswissenschaften. Das Buch enthält eine präzise und vollständige Beschreibung einer besonderen Klasse abstrakter, geschlossener Ökonomien und untersucht deren Eigenschaften. Die drei wichtigsten Annahmen, die diese Klasse von Ökonomien auszeichnen, sind: Konvexität (von Konsumentenpräferenzen und Produktionsanlagen), sogenannten *Price-taking*-Verhalten (bei vollständiger Konkurrenz wird der Preis eines bestimmten Gutes durch die von einem einzelnen Produzenten angebotene Menge nicht beeinflusst) und Vollständigkeit des Marktes. Mit diesen und einer kleinen Zahl weiterer Annahmen bewies Debreu, dass für alle Ökonomien innerhalb dieser Klasse mindestens ein Wettbewerbsgleichgewicht existiert und dass diese Ökonomien sowohl den Vorgaben des Ersten Theorems der Wohlfahrtsökonomie (jede Allokation unter dem Wettbewerbsgleichgewicht ist Pareto-optimal) als auch des Zweiten Theorems der Wohlfahrtsökonomie (für jede Pareto-optimale Allokation existiert eine solche Verteilung von Gütern, dass diese Allokation zum Wettbewerbsgleichgewicht führt) entsprechen. Die ökonomische Literatur hatte sich spätestens seit Adam Smiths berühmten Ausführungen über die »Unsichtbare Hand« an diese Erkenntnisse herangetastet, doch veröffentlichte Debreu in seiner *Theory of Value* erstmals eine genaue Formulierung dieser Erkenntnisse und führte ihren strengen Beweis. In gewisser Hinsicht war Debreus Abhandlung sehr allgemein gehalten, z. B. sind Güter durch Ort, Zeit und natürlichen Zustand gekennzeichnet. In anderer Hinsicht ist die von ihm behandelte Klasse von Märkten sehr speziell. Märkte in der »richtigen Welt« sind geradezu mit Nicht-Konvexitäten überschwemmt; *Price-taking*-Verhalten von Produzenten ist eher die Ausnahme als die Regel, und von Vollständigkeit sind Märkte weit entfernt. Dennoch kommt dem Beitrag der *Theory of Value* zur wirtschaftswissenschaftlichen Diskussion höchste Bedeutung zu, denn das Werk stellt einen Maßstab oder Prüfstein zur Verfügung. Nehmen wir zum Beispiel an, dass das Erste Theorem der Wohlstandsökonomie nicht mehr gilt, wenn die Annahme X gelockert wird. Daraus lässt sich ableiten, dass Nicht-X die Ursache für ein Versagen des Marktes ist und dies erlaubt eine genaue Untersuchung, wie sich der Missstand am besten korrigieren lässt. Die Theorie der asymmetrischen Information ist nur einer von mehreren Zweigen der modernen ökonomischen Theorie, die sich daraus entwickelt haben.

Theory of Value hatte beachtlichen Anteil an der Revolution, die das Konzept des Allgemeinen Gleichgewichts in der Wirtschaftswissenschaft verursachte (wenngleich diese bereits vor der Veröffentlichung des Buches begonnen hatte) – es betrachtet ökonomische Probleme aus der Perspektive der gesamten Ökonomie anstatt aus der eines isolierten Marktes oder einer Gruppe von Märkten. Der Stil der *Theory of Value* war ebenso wegweisend wie die Substanz des Werkes. Es demonstrierte die Kraft (und Schönheit) der Anwendung des axiomatischen Ansatzes auf die ökonomische Analyse. Jede Annahme ist präzise in der Sprache der reinen Mathematik wiedergegeben. Samuelsons Mathematisierung der Ökonomie basierte auf Differentialrechnung und linearer Algebra, die Debreus auf Mengenlehre und Topologie. Reine Mathematik, der Genauigkeit und Allgemeingültigkeit förderlicher, ist heutzutage nicht nur die Sprache der mathematischen Wirtschaftswissenschaft, sondern der meisten ökonomischen Theorien; die *Theory of Value* bereitete den Weg.

Lit.: W. Hildenbrand (Hg.): *Contributions to Mathematical Economics: In Honor of Gerard Debreu*, Amsterdam: North-Holland, 1986; A. Mass-Colell: »The Determinacy of Equilibria 25 Years Later«, in: *Microeconomics*, Basingstoke: Macmillan, 1996, S. 182–189.

Richard Arnott

Aus dem Englischen von Matthias Finke

Dornbusch, Rüdiger

Rüdiger Dornbusch wurde 8.6.1942 in Krefeld geboren und verstarb nach kurzer Krankheit am 25.7.2002. Nach dem Abitur und dem Abschluss eines Lizentiats für politische Wissenschaften an der Universität Genf studierte er ab 1966 Wirtschaftswissenschaften an der University of Chicago und erwarb dort 1971 seinen Ph.D. Seit 1978 war er Full Professor am MIT (USA). Dornbuschs *Open Economy Macroeconomics* aus dem Jahr 1980 stellt die erste zusammenhängende Monographie mit Lehrbuchcharakter dar, die einerseits das Ende der Ära der 1960er und 1970er Jahre markiert, in denen das keynesianisch geprägte Fleming-Mundell-Modell die monetäre Außenwirtschaft dominiert hatte. Zum anderen steht sein Werk für den Beginn einer neuen Ära, in der die Weltwirtschaft von flexiblen Wechselkursen und einer stark ansteigenden internationalen Kapitalmobilität geprägt wird.

Open Economy Macroeconomics

EA: New York: Basic Books, 1980. **AA:** ^{2}1988.

Das Buch gliedert sich in fünf Teile mit insgesamt 14 Kapiteln. Im ersten Teil wird der Anspruch des Buches definiert: Dornbusch geht es v. a. darum, die Interaktionen zwischen Güter- und Finanzmärkten verschiedener Länder unter Berücksichtigung rationaler Erwartungen zu modellieren und andererseits die alte Dichotomie zwischen reiner und monetärer Außenwirtschaftstheorie »halbwegs« zu überwinden – und zwar durch den Einbezug relativer Preise in eine monetäre Welt. In diesem Sinne will er sowohl den sogenannten Monetarismus I als auch den Monetarismus II in die moderne monetäre Außenwirtschaft integrieren. Im zweiten Teil wird das keynesianische Einkommens-Ausgaben-Modell angereichert: um die relativen Preise in Gestalt der *Terms-of-trade*, so dass jetzt auch die bekannte Elastizitätenbetrachtung möglich wird, um die Aufschlagskalkulation der Produzenten und um eine mögliche Reallohnrigidität beim Arbeitsangebot. Schließlich werden internes und externes Gleichgewicht für die kleine »abhängige« Volkswirtschaft (*dependent economy*) betrachtet. Der dritte Teil bringt den Geldmarkt mit ins Spiel: Die Höhe der Kassenhaltung bzw. der Hortung determiniert jetzt (neben dem Einkommen oder zunächst ausschließlich) das Ausgabenniveau, die Höhe des Handelsbilanzsaldos und – bei festen Wechselkursen – die Verteilung der Weltgeldmenge zwischen In- und Ausland und das Weltpreisniveau. Inflationsexport wie -import können damit leicht erklärt werden. Dornbusch zeigt in der Modellerweiterung, dass Zahlungsbilanzprobleme zwar makroökonomischen Charakter haben, andererseits aber eine

Zahlungsbilanzkorrektur stets Änderungen in den relativen Preisen und in der Allokation, mithin auf der Mikroebene, impliziert. In Teil 4 kommen als *Assets* weltweit handelbare Wertpapiere (unterschiedlicher Substitutionalität) hinzu; Dornbusch zeigt zunächst die Grenzen der Stabilisierungspolitik unter den Bedingungen hoher Kapitalmobilität bei festen Wechselkursen auf. Durch die Einführung flexibler Wechselkurse gewinnt die Geldpolitik Einfluss zurück. Allerdings löst expansive Geldpolitik negative Beschäftigungseffekte im Ausland und ein Überschießen des Wechselkurses aus. Devisenmarktinterventionen endogenisieren die Geldmenge erneut. Der abschließende Teil 5 rundet die Betrachtung der offenen Volkswirtschaft durch Einbezug der Vermögens-, Portfolio- und Ausgabeneffekte von Leistungsbilanzsalden ab. Diese sind endogen und treten bei Diskrepanzen zwischen tatsächlichem und gewünschtem Vermögen (Kasse, Bonds, Unternehmensanteile) auf. Der Vermögensanpassungsprozess bestimmt dabei den Leistungsbilanzsaldo, der Wechselkurs folgt seinerseits dem Leistungsbilanzsaldo, die (rationalen) Wechselkursänderungserwartungen determinieren selbst wiederum das Vermögensgleichgewicht! Zum Ende seines Buches betrachtet Dornbusch Kapazitätseffekte: In einer wachsenden Volkswirtschaft führen anhaltende Leistungsbilanzdefizite langfristig über steigende Zinsen zu rückläufigen Investitionen und zu einer höheren privaten Sparquote. Seit dem Erscheinen von Dornbuschs Werk hat das sogenannte »australische Außenhandelsmodell« mit seiner Unterscheidung zwischen »*tradeables*« und »*nontradeables*« einen beispiellosen Siegeszug auf dem Gebiet der monetären Außenwirtschaft angetreten. »Überschießende Wechselkurse« gehören mittlerweile zur »eisernen Ration« der Wechselkurstheorie.

Lit.: E.-M. Claassen: *Monetäre Außenwirtschaftslehre*, München: Vahlen, 1996; G. Gandolfo: *International Economics II. International Monetary Theory and Open-Economy Macroeconomics*, Berlin-Heidelberg-New York: Springer, ^{2}1995; H.-J. Jarchow/P. Rühmann: *Monetäre Außenwirtschaft. 1: Monetäre Außenwirtschaftstheorie*, Göttingen: Vandenhoeck, ^{4}1994; K. Rose/K. Sauernheimer: *Theorie der Außenwirtschaft*, München: Vahlen, ^{13}1999; M. Willms: *Internationale Währungspolitik*, München: Vahlen, ^{2}1995.

Friedrich L. Sell

Downs, Anthony

Der US-amerikanische Wirtschafts- und Politikwissenschaftler Anthony Downs, geboren am 21. November 1930 in Evanston, Illinois, studierte am Carleton College und an der Stanford Universität, wo er im Jahre 1956 seinen Doktorgrad in Ökonomie mit der Arbeit *An Economic Theory of Democracy* erwarb. Von 1959 bis 1962 war Downs Assistent für ökonomische und politische Wissenschaft an der Universität von Chicago und arbeitete anschließend für verschiedene renommierte Forschungsinstitute bzw. »think tanks«: Downs war Mitarbeiter der RAND Corporation und für die Real Estate Research Corporation tätig, der er überdies von 1973 bis 1977 als Präsident vorstand. Seit 1977 ist er Senior Fellow bei der Brookings Institution in Washington, D.C., wo er u. a. auf den Gebieten Demokratie, Demographie und Urbanisierung forscht sowie Beratungstätigkeiten ausübt. Downs gilt als Mitbegründer der Ökonomischen Theorie der Politik.

An Economic Theory of Democracy

EA: New York: Harper & Brothers, 1957. **AA:** Reading, MA: Addison-Wesley, 1997. **DA:** *Ökonomische Theorie der Demokratie*, hg. von R. Wildenmann, Tübingen: Mohr, 1968.

In seinem Werk *An Economic Theory of Democracy* versucht Downs, demokratische Prozesse mittels wirtschaftswissenschaftlicher Analyse zu erklären, wobei er sich auf die Betrachtung des Parteienwettbewerbs sowie des Zusammenhangs von Regierungen, Parteien und Wählern konzentriert. Downs geht von mehreren Bedingungen aus, die erfüllt sein müssen, um überhaupt von einem demokratischen Regierungssystem sprechen zu können: die Existenz eines voll entwickelten Parteienwettbewerbs, die Vergabe von politischen Ämtern auf der Grundlage periodisch stattfindender Wahlen, das Vorhandensein eines – im Wesentlichen – allgemeinen und gleichen Wahlrechts sowie die grundsätzliche Akzeptanz der Wahlergebnisse seitens der Gewinner und der Verlierer. Der Wähler ist in erster Linie ein in die Sphäre des Politischen versetzter *homo oeconomicus*, dessen oberstes Ziel darin besteht, seinen Nutzen zu maximieren. Damit verhält sich der Downssche Wähler bei seiner Wahlentscheidung so wie ein Konsument bei seiner Kaufentscheidung: Er wägt Nutzen und Kosten gegeneinander ab und entscheidet sich dann für diejenige Alternative mit dem höchsten Nutzen, wobei u. a. vollkommene Information angenommen wird. Dabei orientiert sich der rationale Wähler am sogenannten erwarteten Parteiendifferential, d. h. der Differenz aus dem Nutzen, den er von einem Wahlsieg von Partei A, und dem Nutzen, den er von einem Wahlsieg von Partei B erwarten kann. Allerdings verweist Downs explizit auf den idealtypischen Charakter seines theoretischen Modells: Weil in der Realität vollkommene Information und Kenntnis aller Alternativen fehlten, richteten sich viele Wähler bei ihrer Wahlentscheidung nach den programmatischen Positionen der Parteien, die auf einer Links-Rechts-Achse angeordnet werden können, um so die anfallenden Informationskosten zu verringern. Das zweite wesentliche Element der Downsschen Konstruktion besteht in der Hypothese der Stimmenmaximierung der Parteien, die in einem Wettbewerb um den Zugang zur und um die Teilhabe an der Macht stehen. Von dieser Hypothese leitet Downs mehrere Aussagen ab, die wiederum die ökonomische Ausrichtung seiner Demokratietheorie veranschaulichen. So sieht er beispielsweise Parteien stets nach dem mit Machterwerb und Machterhalt verbundenen Nutzen streben, eine Einschätzung, die von der politischen Gestaltungswilligkeit der Parteien abstrahiert und in der Formulierung von politischen Programmen vornehmlich ein Mittel zum Zweck sieht. Daneben geht Downs – in einem Zweiparteiensystem – u. a. von einer weitgehenden programmatischen Konvergenz und einer fortschreitenden Entideologisierung der Parteien aus.

Downs' Werk *An Economic Theory of Democracy* ist innerhalb der Politikwissenschaft auf eine bemerkenswerte Resonanz gestoßen, die zwischen euphorischem Lob und vehementer Kritik schwankte, was angesichts der Radikalität der Schrift kaum verwundert. In manchen Teildisziplinen der Politikwissenschaft, wie etwa der Wahl- und Parteienforschung, hat Downs' Buch überdies wertvolle Anregungen zur Weiterentwicklung der Forschung geliefert.

Lit.: A. Bergson: »Rezension«, in: *The American Economic Review*, 48/3, 1958, S. 437–440; M. Diamond: »Rezension«, in: The Journal of Political Economy, 67/2, 1959, S. 208–211; C.D. Farris: »Rezension«, in: *The Journal of Politics*, 20/3, 1958, S. 571–573; G. Hardach: »Rezension«, in: *Zeitschrift für die gesamte Staatswissenschaft*, 125/3, 1969, S. 511–516; D. Marvick: »Rezension«, in: *The Western Political Quarterly*, 13/1, 1960, S. 214–215; J.R. Pennock: »Rezension«, in: *The American Political Science Review*, 52/2, 1958, S. 539–541.

Jörg Ramel

Eucken, Walter

Walter Eucken (17.1.1891 bis 20.3.1950) habilitierte sich 1921 bei Hermann Schumacher in Berlin. Von 1925 bis 1927 war er Ordinarius in Tübingen, danach in Freiburg, wo er die Freiburger Schule mit ins Leben rief. Eucken ist einer der Mitbegründer der Ordoliberalen Schule und zugleich einer der Väter des wirtschaftspolitischen Konzepts der Sozialen Marktwirtschaft. Sein Name ist daher in erster Linie mit der Ordnungstheorie und dem ORDO-Jahrbuch verbunden. Er hat – von der Historischen Schule kommend – in Deutschland einer stärker theoretisch orientierten Betrachtungsweise zum Durchbruch verholfen. Vor den ordnungstheoretisch geprägten Monographien (*Grundlagen der Nationalökonomie* 1940; *Grundsätze der Wirtschaftspolitik* 1952) hatte Eucken theoretische Arbeiten über Geld- und Währungsprobleme verfasst. Der Schwerpunkt seiner im engeren Sinne theoretischen Beiträge liegt aber auf dem Gebiet der Kapitaltheorie.

Ulrich Fehl

Die Grundlagen der Nationalökonomie

EA: Jena: G. Fischer, 1940. **AA:** Düsseldorf: Verlag Wirtschaft und Finanzen, 1990 (Nachdr. der Erstausgabe); Berlin et al.: Springer 1989.

Walter Euckens Hauptwerk *Die Grundlagen der Nationalökonomie*, das im Jahre 1940 erstmals erschien, beginnt mit der Auseinandersetzung des in der Nationalökonomie vor allem in der zweiten Hälfte des 19. Jhs. vorherrschenden Methodenstreites. »Die Zwiespältigkeit des Problems«, so Eucken, bestehe in der großen Antinomie, mit der die Nationalökonomie nach wie vor konfrontiert sei. Einerseits sei alles wirtschaftliche Geschehen in die jeweiligen historischen Umstände eingebettet, so dass die ökonomischen Probleme dementsprechend nach individuell-historischer Methode zu untersuchen seien. Andererseits reiche die geschichtswissenschaftliche Herangehensweise zur Lösung nationalökonomischer Probleme nicht aus. Denn die Nationalökonomie beschäftige sich mit Aspekten allgemein-theoretischen Charakters, verlange also nach gedanklichen Modellen, die – unabhängig von bestimmten historischen Konstellationen – allgemeine Gültigkeit beanspruchen können. Eucken versucht, diesem Dilemma zu entgehen, indem er die Wirtschaftsordnungen in den Mittelpunkt seiner Analyse rückt. Diese können entweder historisch entstanden sein oder aber bewusst implementiert werden. Er identifiziert zwei idealtypische Wirtschaftssysteme, die sich durch die Anzahl der Wirtschaftspläne unterscheiden: die zentral geleitete Wirtschaft (Staat als einzige

Planungsinstanz) und die Verkehrswirtschaft (Unternehmer und Haushalte als Planungsinstanzen). Daneben existierten keine weiteren Wirtschaftssysteme, jedoch träten beide Systeme in je unterschiedlichen Ausprägungen auf. So kann selbst die zentral geleitete Wirtschaft mit gewissen Freiheiten verbunden sein, wie zum Beispiel der freien Wahl von Konsumgütern oder des Arbeitsplatzes, oder sie tritt – sollte keinerlei Modifikation zu erkennen sein – als vollkommen zentral geleitete Wirtschaft in Erscheinung. Die eingehende Untersuchung der Verkehrswirtschaft und ihrer unterschiedlichen Erscheinungsformen führt schließlich zu Euckens berühmter Marktformenlehre. Obwohl in der Verkehrswirtschaft die Koordination der wirtschaftlichen Einzelpläne der Marktteilnehmer durch das Preissystem erfolgt, ist sie doch in starkem Maße von der jeweiligen Marktform (Konkurrenz, Teiloligopol, Oligopol, Teilmonopol, Monopol) abhängig. Kombiniert man die entsprechenden Erscheinungsformen der Angebots- und der Nachfrageseite, gelangt man zu insgesamt 25 verschiedenen Marktformen, von der vollständigen Konkurrenz auf der einen bis zum beiderseitigen Monopol auf der anderen Seite.

Euckens Hauptwerk wurde von der Fachwelt überwiegend positiv aufgenommen, so zum Beispiel von Heinrich von Stackelberg und Wilhelm Röpke.

Lit.: G. Gundlach: »Rezension«, in: *Gregorianum*, 34, 1953, S. 680–693; H.O. Lenel: »Walter Euckens ›Grundlagen der Nationalökonomie‹«, in: *Ordo*, 40, 1989, S. 3–20; H.v. Stackelberg: »Rezension,« in: *Weltwirtschaftliches Archiv*, 41, 1940, S. 245–286.

Jörg Ramel

Fisher, Irving

Irving Fisher wurde am 27.2.1867 in Saugerties, New York, geboren; er starb am 19.4.1947 in New York. Die Stätte seines wissenschaftlichen Wirkens war die Yale University. Er gilt als Amerikas erster mathematischer Ökonom und war Mitbegründer der Econometric Society und ihr erster Präsident (1930). Neben seinen etwa 2.000 Veröffentlichungen zu fast allen wesentlichen ökonomischen Grundproblemen trat er auch als sozialer Reformer hervor.

The Rate of Interest

Its Nature, Determination and Relation to Economic Phenomena

EA: New York: Macmillan, 1907. **AA:** Düsseldorf: Verlag Wirtschaft und Finanzen, 1994 (Faks. d. EA); London: Pickering and Chatto, 1997.

Bereits in Fishers *The Nature of Capital and Interest* spielte der Zins eine wesentliche Rolle bei der Bestimmung der Kapitalwerte durch das Abdiskontieren zukünftiger Einkommensströme. In *The Rate of Interest* (zur Einführung bietet sich die Lektüre des zusammenfassenden Kapitels 17 an) geht es um die Frage der genaueren Bestimmung des Zinssatzes und seiner Determinanten. Fisher steht ganz in der Tradition derer, die im Zins einen Ausdruck für produktive Leistungen und die Höherschätzung von Einkommensströmen in der Gegenwart vor solchen der Zukunft sehen; eine wesentliche Quelle der Inspiration war die Zinstheorie Böhm-Bawerks. Das Besondere dieses Buches besteht – im Vergleich zu heutigen Überlegungen – in seinem umfassenden sozialökonomischen Ansatz zur Zinsbestimmung und -theorie, die wesentlich von J. Raes (1796–1872) *The Sociological Theory of Capital* beeinflusst wurde. Fisher geht zunächst auf nominelle Variationen des Zinssatzes ein, d. h. Veränderungen des Wertstandards, in dem der Zinssatz ausgedrückt wird. Obwohl nominelle Veränderungen keine realökonomischen Veränderungen bewirken, sei es doch eine Tatsache, dass zumeist aufgrund von Vorhersagefehlern der Wirtschaftssubjekte eine Auf- und Abwertung des Standards nur zu einem gewissen Grad durch nominelle Zinsänderungen ausgeglichen werde, eine dreiprozentige Aufwertung des Standards etwa nur zu einer zweiprozentigen Zinssenkung führe. Ihr kämen insofern durch einen unerwarteten Gewinn der Kreditoren und Verlust der Debitoren realökonomische Wirkungen zu. Fisher führt sechs Einflussfaktoren an, die den Zinssatz weitgehend bestimmen. Zwei Faktoren unterliegen häufigeren Veränderungen und werden vorrangig von ihm untersucht: die den Wirtschaftssubjekten zur Auswahl stehenden verschiedenen Einkommensarten und die Abhängigkeit der

Zeitpräferenz vom erwarteten Einkommen. Die Wahl der Arten des Einkommens hängt im Wesentlichen vom bestehenden Kapitalstock und seiner Verteilung innerhalb der Bevölkerung ab. Bestehen differenzierte Wahlmöglichkeiten der Einkommenserzielung, so wird der Zinssatz ein eher stetiger sein. Liegen eher Möglichkeiten unmittelbarer Einkommenserzielung im Unterschied zu solchen in der entfernteren Zukunft vor, so tendiert der Zins dazu, niedrig zu sein. Der Zins steigt im Wesentlichen durch neue Ressourcen und Innovationen, da durch beide zunehmend *remotely future incomes* ermöglicht werden. Unstabile politische Bedingungen – Fisher hat ein klares Verständnis der Bedeutung der von ihm bereits so bezeichneten Eigentumsrechte – führen zu unmittelbarerer Einkommenserzielung, dies wird aber durch den Risikoaufschlag überkompensiert. Der zweite basale Faktor der Zinsbestimmung bezieht sich auf die stärker psychologisch-subjektive Dimension der Zeitpräferenz des Wirtschaftssubjekts. Sie hängt ab von: »(1) His foresight and self-control; (2) his love of offspring or regard for posterity; (3) the prospective length and certainty of his life; (4) habit; (5) fashion.« Diese fünf Faktoren beeinflussen die Präferenzen hinsichtlich des Verhältnisses von gegenwärtigem zu zukünftigem Einkommensstreben und somit auch den Zinssatz. Er hängt demnach z. B. ab von der Erziehung zur Sparsamkeit, dem Drang zu ostentativem Konsum, der Stärke der Familienbande usw.

Fishers sozialökonomische Zinstheorie bezieht auf originelle Weise institutionenökonomische, politische, innovatorische, psychologische und historische Faktoren ein, »many of which have their origin deep down in the social fabric and involve considerations not strictly economic«. Daher sei es kaum möglich, halbwegs zuverlässige Prognosen selbst der säkularen Zinsentwicklung vorzunehmen.

Lit.: B. Schefold (Hg.): *Irving Fisher: The Rate of Interest*, Düsseldorf: Verlag Wirtschaft und Finanzen, 1994; H.G. Monissen: »Irving Fisher«, in: J. Starbatty: *Klassiker des ökonomischen Denkens*, Bd. 2, München: Beck, 1989; H.E. Loef/H.G. Monissen (Hg.): *The Economics of Irving Fisher*, Cheltenham-Northampton: E. Elgar, 1999.

Helge Peukert

Fogel, Robert William

Robert William Fogel wurde am 1.6.1926 als Sohn russischer Einwanderer in New York geboren. Er studierte in Cornell (B.A. 1948), an der Columbia University (M.A. 1960) und wurde 1963 an der Johns Hopkins University in Baltimore promoviert. Er lehrte Wirtschaftswissenschaften u. a. an den Universitäten von Rochester, NY, Chicago (seit 1964) und Harvard (1975–1981). *Railroads and American Economic Growth*, ein Werk, das aus Fogels Dissertation entstand, hat entscheidend zu seiner Auszeichnung mit dem Nobelpreis 1993 beigetragen. Robert Fogel starb am 11.6.2013 in Oak Lawn, Illinois.

Railroads and American Economic Growth

Essays in Econometric History

EA: Baltimore: Johns Hopkins UP, 1964. **AA:** Ann Arbor, MI: Books on Demand, 1994.

Diese wirtschaftshistorische Untersuchung ist sowohl von inhaltlicher als auch methodischer Bedeutung. Inhaltlich weist Fogel nach, dass der Bau der Eisenbahnen in den USA in der Mitte des 19. Jhs. nicht der entscheidende Faktor für die sich beschleunigende Industrialisierung war. Methodisch demonstriert er, wie wirtschafts-historische Fragen anhand von quantitativer Analyse und zeitgemäßen statistischen Methoden angegangen werden können. Damit wurde dieses Buch ein zentrales Werk in der sich seitdem entwickelnden Cliometrie (quantitativer Wirtschaftsgeschichte). In der traditionellen wirtschaftshistorischen Sichtweise wurde dem Ausbau der Eisenbahnen in den USA eine entscheidende Rolle für die rasante Wirtschaftsentwicklung im 19. Jh. zugebilligt. Man verwies auf die Integration von Märkten, die regionale Spezialisierung der Produktion, die Ausweitung der gewinnbringend bewirtschaftbaren Anbauflächen und die erhebliche Nachfrage nach Kohle, Eisen und anderen Vorprodukten als die entscheidenden Impulse, die durch den Bau der Eisenbahnen der US-Wirtschaft insbesondere zwischen 1840 und 1870 gegeben wurden. Kurz, ohne die Eisenbahnen wäre diese rasante wirtschaftliche Entwicklung nicht möglich gewesen. Fogel versucht nun, die Größe dieser angeblichen Vorteile quantitativ zu bestimmen. Zuerst geht er der Frage nach, wie viel kostengünstiger das Transportmittel Eisenbahn gegenüber Alternativen, insbesondere der Binnenschifffahrt kombiniert mit Kutschentransport, war. Um dies zu bestimmen, berechnet er, wie viel teurer es gewesen wäre, die gesamte im Jahre 1890 von Eisenbahnen transportierte Ware per Schiff und Kutsche zu transportieren. Nach einer Reihe sorgfältiger Berechnungen, die auch die längere Dauer der alternativen Transportwege berücksichtigen, kommt er zu dem überraschenden Ergebnis, dass die Kostenersparnis durch die Eisenbahnen höchstens 6 % des Bruttoinlandsproduktes des Jahres 1890 ausgemacht habe. Diese Zahl würde noch erheblich kleiner ausfallen, wenn man bedenkt, dass ohne die Eisenbahnen wahrscheinlich erheblich mehr in den Bau von Kanälen und die Verbesserung von Straßen investiert worden wäre. Fogel kommt also zu dem Schluss, dass die Eisenbahnen zwar ein günstigeres Transportmittel als die möglichen Alternativen waren, aber die Kostenvorteile eher gering waren. Darüber hinaus berechnet er, dass die Impulse, die durch Vorprodukte der Eisenbahn ausgingen, ebenfalls eher gering waren. Die durch Eisenbahnen verursachte Nachfrage nach Eisen war nur halb so groß wie die jährliche Produktion von Nägeln, und auch die Nachfrage nach Kohle war nicht besonders hoch. Fogel zeigt also, dass die Eisenbahnen nur eine geringfügig bessere Technologie für den Transport von Gütern waren und die Effekte, die durch ihren Ausbau entstanden, nicht die schnelle wirtschaftliche Entwicklung in den USA in der Mitte des 19. Jahrhunderts erklären können. Diese ging, seiner Meinung nach, auf erhebliche Verbesserungen in Technologie, Arbeitsabläufen, Institutionen und Produktivität in einer *Vielzahl* von Industrien zurück, die *gemeinsam* die wirtschaftliche Entwicklung in den USA verursacht haben. Die Eisenbahnen allein seien es jedenfalls nicht gewesen.

Die inhaltlichen Ergebnisse haben die Debatte über die Rolle der Eisenbahnen erheblich vorangebracht und zu ähnlichen Studien in anderen Ländern geführt. Obwohl die meisten Wirtschaftshistoriker Fogels Argumentation folgen, stellt sich die Frage, ob er alle Vorteile der Eisenbahn genügend berücksichtigt hat. Insbesondere hat er die Ersparnis beim Passagiertransport durch die Eisenbahnen nicht berücksichtigt, die seine Berechnungen erheblich beeinflussen könnten. Methodisch hat sich aber seine Arbeit als Standardwerk der quantitativen Wirtschaftsforschung durchgesetzt. Insbesondere hat Fogel demonstriert, dass es auch in der Wirtschaftsgeschichte möglich ist, quantitative Berechnungen zur Untersuchung historischer Entwicklungen heranzuziehen, die zu erheblichen Revisionen der gängigen Ansichten führen können.

Lit.: J. Atack/P. Passell: *A New Economic View of American History*, New York: Norton, 1994; C. Goldin/H. Rockoff (Hg.): *Strategic Factors in 19th Century American Economic History. A Volume to Honor Robert W. Fogel*, Chicago: U of Chicago Pr., 1992; R. Fremdling: »Railroads and German Economic Growth«, in: *Journal of Economic History*, 37/3, 1977, S. 583–604; S. Fenoaltea: »Railroads and Italian Industrial Growth. 1861–1913«, in: *Explorations in Economic History*, 9/4, 1972, S. 325–351; P.D. McClelland: »Social Rates of Return on American Railroads in the Nineteenth Century«, in: *Economic History Review*, 25/3, 1972, S. 471–488.

Stephan Klasen

Friedman, Milton/Anna Jacobson Schwartz

Der am 31.7.1912 als Sohn armer Immigranten in New York geborene Milton Friedman nahm bereits mit 16 Jahren ein Mathematik- und Ökonomiestudium an der Rutgers University in New Jersey auf und wechselte dann an die Universität von Chicago. Nach seinem Studium arbeitete er zunächst zwei Jahre lang für das US-Finanzministerium, um dann von 1946 bis 1976 an der Chicago University zu lehren und den Begriff der Chicagoer Schule entscheidend mitzuprägen. Milton Friedman erhielt 1976 den Nobelpreis für seine Beiträge zur monetären Ökonomik. Im 20. Jh. dürfte Friedman nur in Keynes, gegen den er die sogenannte monetaristische Konterrevolution anführte, hinsichtlich der Breite der Arbeitsgebiete, der Schärfe klarer Positionen und der Öffentlichkeitswirksamkeit eine Parallele finden. Milton Friedman starb am 16.11.2006 in San Francisco.

Anna Jacobson Schwartz (11.11.1915 bis 21.6.2012) studierte Wirtschaftswissenschaften in New York, wo sie bereits im Alter von 19 Jahren ihr Master's Degree an der Columbia University erwarb (1964, fast zwanzig Jahre später, sollte sie an der Columbia University auch ihren Ph.D. machen). Seit 1941 arbeitete Anna Jacobson Schwartz für das National Bureau of Economic Research und unterrichtete seit 1952 an verschiedenen Colleges und Universitäten, u. a. der New York University.

A Monetary History of the United States

EA: Princeton, NJ: Princeton UP, 1963. **AA:** Princeton, NJ: Princeton UP, ^{9}1993.

Die engere empirische Fragestellung der *Monetary History* lautet, welche Wirkungen Veränderungen der Geldmenge, die Preise und das Volkseinkommen auf das reale und nominale Einkommen ausüben. Die dauerhafte Bedeutung der monumentalen Arbeit besteht allerdings in ihrem analytisch-narrativen Charakter, in dem die säkulare und zyklische monetäre Entwicklung seit dem amerikanischen Bürgerkrieg über ein Jahrhundert unter Einbezug wirtschaftsgeschichtlicher, institutioneller, ideengeschichtlicher und eher zufälliger Faktoren (wie der Zusammensetzung der monetären Entscheidungsgremien) verfolgt wird. Im Unterschied zu Friedmans konsumtheoretischen Arbeiten bleibt die (monetaristisch-quantitätsorientierte) theoretische Struktur eher implizit. Die Grundaussage des Werkes (in Kap. 13 resümierend zusammengefasst) lautet, dass die Geldmenge langfristig (d. h. bei einem Zeithorizont von mehr als drei Jahren) nur die Preise beeinflusst, kurzfristig aber auch wesentliche Auswirkungen auf den realen Output haben kann. Faszinierend ist die Diskussion der restriktiv-passiven Geldpolitik angesichts des dramatischen Schrumpfens der Geldmenge von 1929 bis 1933 als eigenständige Krisenursache. Ihr setzen die Autoren eine aktive Politik der Zinssenkungen und Geldmengenerhöhung durch Offenmarktgeschäfte der Zentralbank entgegen. Allgemein gilt: Monetäre Veränderungen haben oft einen vom ökonomischen Aktivitätsniveau unabhängigen Ursprung; monetäre Veränderungen bewirken klar nachweisbare und funktional stabile Veränderungen des nominalen Einkommens und der Preise. Aber: die Anpassung des Nominaleinkommens an ein steigendes Geldmengenwachstum ist durch Wirkungsverzögerungen charakterisiert, die zeitlich variabel ausfallen (können), weshalb eine antizyklische Geldpolitik nicht geraten scheint. Ferner beeinflusst eine Geldmengenerhöhung zwar zyklisch auch das Realeinkommen, hat aber säkular keinen Realeinkommenseffekt; stattdessen bestehe ein eindeutiger Zusammenhang zwischen Geldmengenwachstum und Inflationsrate. Mit diesen Aussagen stand Friedman in Opposition zu einigen keynesianischen Elementen der bei der Veröffentlichung des Buches vorherrschenden neoklassischen Synthese.

Die dauerhafte Bedeutung des Werkes besteht im engeren Sinn darin, dass es nach wie vor den überzeugendsten empirischen Beleg für den autonomen Einfluss des Geldes, insbesondere auf die Fluktuationen des Konjunkturzyklus bietet. Darüber hinaus ist es ein bleibendes Beispiel für Ökonomie als einer Wirklichkeitswissenschaft, die klare, abstrakte und gewagte Hypothesen aufstellt, diese empirisch überprüft, institutionenökonomisch untermauert und bei Bestätigung wirtschaftspolitisch bedeutende Folgerungen ableitet, die z. B. in der internationalen Millenniumsrezession sowohl von der amerikanischen Federal Reserve Bank als auch von der Europäischen Zentralbank beherzigt wurden. Selbst wenn sich zentrale Aussagen des Werkes zur Beziehung zwischen monetären Aggregaten und dem realen Output als nicht (mehr) zutreffend erweisen sollten, bleibt es als methodisches Beispiel ein Meilenstein in der ökonomischen Theoriegeschichte, das sich auch erfreulich abhebt vom trockenen Formalismus der den Monetarismus weiterführenden gegenwärtigen neoklassischen Makroökonomie.

Lit.: R.J. Gordon (Hg.): *Milton Friedman's Monetary Framework. A Debate With His Critics*, Chicago: U of Chicago, 1974; J.C. Wood/R.N. Woods (Hg.): *Milton Friedman*, 4 Bde., London: Routledge, 1990; M.D. Bordo (Hg.): *Money, History and International Finance. Essays in Honor of Anna J. Schwartz*, Chicago-London: U of Chicago, 1989; C.D. Romer/D.H. Romer: »Does Monetary Policy Matter? A New Test in the Spirit of Friedman and Schwartz«, in: P.J. Whiteley (Hg.): *Economic Policy*, Bd. 1, Aldershot-Brookfield: E. Elgar, 1998, S. 82–131.

Helge Peukert

Gossen, Hermann Heinrich

Hermann Heinrich Gossen wurde am 7. September 1810 in Düren geboren. Seine Jugendjahre verbrachte er in Köln und in Muffendorf bei Bonn, in einer zutiefst katholisch geprägten Umgebung. Auf nachdrücklichen Wunsch seines Vaters begann er im Herbst 1829 in Bonn Rechts- und Kameralwissenschaften zu studieren. 1834 legte er die Referendarprüfung in Bonn ab; 1841 folgte das zweite Examen. 1844 wurde Gossen zum Regierungsassessor ernannt. Er wurde zunächst der Regierung in Magdeburg zugewiesen und ein Jahr darauf nach Erfurt versetzt. Nach dem Tode seines Vaters 1842 gab er diese ungeliebte Stellung auf und zog nach Berlin. Sein Vertrauen in die Anwendung mathematischer Verfahren auf soziale Fragen mag es gewesen sein, die ihn bewog, 1849 eine leitende Position in einem Kölner Versicherungsunternehmen gegen Hagelschlag und Viehsterben zu übernehmen. Schon im Jahr darauf endete das Unterfangen in einem Fiasko. Erst 1850 begann er, die ökonomischen Ideen zu Papier zu bringen, die ihn bereits geraume Zeit beschäftigt hatten: Sein Werk »ist [...] nicht wie Pallas Athene aus dem Haupt des Zeus entsprungen«, wie Beyerhaus (1926) ganz richtig bemerkt; und er fügt hinzu, dass wir vom »Anschluß des Berufsstudiums (1834) bis zum Ausreifen der wissenschaftlichen Persönlichkeit eine verschärfte Periode innerer Kämpfe anzusetzen« haben. 1853 schloss Gossen sein Buch *Entwickelung der Gesetze* ab. Noch im gleichen Jahr wurde seine Gesundheit durch eine schwere Typhuserkrankung nachhaltig erschüttert, in deren Gefolge sich rasch verschlimmernde Symptome von Lungentuberkulose auftraten. Das Buch erschien im Juli 1854. Während sich Gossens Gesundheitszustand weiter verschlechterte, schrieb er noch zwei weitere, nie veröffentlichte Arbeiten: Die eine, ohne Überschrift, ist eine Rezension von Raus *Grundsätzen der Volkswirtschaftslehre*, die andere ein ausgearbeiteter Entwurf zu einer in Form einer Aktiengesellschaft zu gründenden Darlehenskasse. Gossen starb am 13. Februar 1858 in Köln.

Entwickelung der Gesetze des menschlichen Verkehrs, und der daraus fließenden Regeln für menschliches Handeln

EA: Braunschweig: Vieweg, 1854. **AA:** Nachdr., Düsseldorf: Verlag Wirtschaft und Finanzen, 1987.

Gossen hat mit der *Entwickelung*, wie er in der Vorrede sagt, »das Resultat eines 20jährigen Nachdenkens« der öffentlichen Beurteilung übergeben. Er glaubte das Gesetz gefunden zu haben, das die Gemeinschaft der Menschen mit naturgesetzlicher Unausweichlichkeit zu stiften in der Lage sei und die Fortbildung des Menschengeschlechts unaufhaltsam bewirke. Sein Ruhm beruht vornehmlich auf seiner Theorie der Bedürfnisse und der Klassifizierung der Güter: Er geht davon aus, dass Menschen den Produkten Wert verleihen, indem sie sie besitzen wollen und bereit sind, hierfür Opfer zu erbringen – sei es durch eigene Arbeitsleistung, sei es durch Veräußerung eigener Produkte oder Geld. Die in Nutzenfunktionen wiedergegebenen Präferenzen von Menschen sind also der Ausgangspunkt. Das Nutzenmaximierungsprinzip, die Vorstellung vom abnehmenden Grenznutzen und die Nutzenmaximierungsbedingungen bei Einhaltung von Budgetbeschränkungen stammen von Gossen. Im Mittelpunkt seiner Lehre steht dabei seine Genusslehre: Unter »Genuss« versteht Gossen, was die Ökonomen heute »Nutzen« nennen. Das fundamentale Gesetz ist das Abnahmegesetz des Genießens, das »Gesetz des abnehmenden Grenznutzens« bezogen auf die Zeit: »Die Größe eines und desselben Genusses nimmt, wenn wir mit Bereitung des Genusses ununterbrochen fortfahren, fortwährend ab, bis zuletzt Sättigung eintritt« (Erstes Gossensches Gesetz). Gossen betont, dass man einen zur Verfügung stehenden Zeitraum zunächst mit einem Teil jenes Genusses ausfüllen soll, der die höchste Anfangsintensität hat, und stellt sich folgendes Problem: Wenn der verfügbare Zeitraum nicht ausreicht, um zwei oder mehrere Genüsse vollständig, wohl aber, um jeden von ihnen teilweise auszukosten – in welchem Verhältnis ist dieser Zeitraum mit »Atomen« jener zwei oder mehrerer Genüsse auszufüllen, damit ein Maximum an Genuss entsteht? In seiner Antwort auf diese Frage formuliert Gossen das sogenannte Zweite Gossensche Gesetz: »Der Mensch, dem die Wahl zwischen mehreren Genüssen frei steht, dessen Zeit aber nicht ausreicht, alle vollaus sich zu bereiten, muß, wie verschieden auch die absolute Größe der einzelnen Genüsse sein mag, um die Summe seines Genusses zum Größten zu bringen, bevor er auch nur den Größten sich vollaus bereitet, sie alle teilweise bereiten, und zwar in einem solchen Verhältniß, daß die Größe eines jeden Genusses in dem Augenblick, in welchem seine Bereitung abgebrochen wird, bei allen noch die gleiche bleibt.« Gossen veranschaulicht seine Güterlehre mit graphischen Abbildungen; seine Tauschlehre beschreibt er analytisch unter Zuhilfenahme des algebraischen Apparats. In seinem wirtschaftspolitischen Programm macht Gossen einen Vorschlag, wie weltweit das Nutzenmaximum herbeigeführt werden könne. Um die Erde zum »Paradies« zu machen, schlägt er spezifische Maßnahmen in den Bereichen Erziehung, Geldwesen, Privateigentum, Organisation der Kreditinstitute, Verstaatlichung von Grund und Boden und Verpachtung an den Höchstbietenden vor.

Gossens Werk blieb unbeachtet; er zog es daher Anfang 1858 zurück. Vermutlich war es die mangelnde Würdigung des wissenschaftlichen Wertes und die geringe Anzahl der abgesetzten Exemplare, die ihn zu diesem Entschluss bewogen. Es waren Jevons und Walras, die die *Entwickelung* als Erste würdigten. Auch einer der führenden Köpfe der italienischen Nationalökonomie der zweiten Hälfte des 19. Jhs., Maffeo Pantaleoni (1857–1924), erfasste Gossens Leistungen. In seinen *Principii di Economia Pura* (1889, engl. *Pure Economics*, 1898) stellt er die Menger-Jevons-Walrassche Wert- und Preistheorie dar und unterstreicht den Beitrag Gossens, indem er schreibt, dass bei ihm »the doctrine of final degree of utility is set forth so perfectly that until now very little has been added to, or modified in, his exposition«. Die deutschen Ökonomen des 19. Jhs. haben Gossen erst sehr viel später gelesen und gewürdigt: Roscher erwähnt Gossen in seiner *Geschichte der National-Oekonomik* nicht. Auspitz und Lieben (1889) bezeichneten Gossen als aufgeweckten Vorläufer von Jevons und Walras und belegten ihre Einschätzung mit Zitaten all jener Autoren, die sich mit dem Thema der Maximierung des individuellen Nutzens beschäftigten. Sie machten auch auf andere Resultate aufmerksam, die von jenem originellen Denker noch unvollständig dargestellt wurden, und nicht zuletzt übernahmen sie Gossens Begriff des »Lebensgenusses«. Die Anwendung der Differentialrechnung und die Bestimmung des Grenznutzens sind die Grundbausteine der Lehre Gossens. Diese Ansätze sind im Rahmen der subjektiven Werttheorie, die sich am Ende des 19. Jhs. allmählich durchsetzte, weiterentwickelt worden.

Lit.: Ch. Baloglou: *Die Vertreter der mathematischen Nationalökonomie in Deutschland zwischen 1838 und 1871*, Marburg: Metropolis, 1995; F. Behrens: *Hermann Heinrich Gossen oder die Geburt der »Wissenschaftlichen Apologetik« des Kapitalismus*, Berlin: Bibliographisches Institut, 1949; G. Beyerhaus: »Hermann Heinrich Gossen und seine Zeit«, in: *Zeitschrift für Volkswirtschaft und Sozialpolitik*, 5, 1926, S. 522–529; E. Kauder: *A History of Marginal Utility Theory*, Princeton, NJ: Princeton UP, 1965; H.-C. Recktenwald/W. Krelle: *Gossens Gesetze. Leitmuster moderner Nutzentheorie*, Wiesbaden: Steiner, 1988; H. Riedle: *Hermann Heinrich Gossen 1810–1858. Ein Wegbereiter der modernen ökonomischen Theorie*, Diss., Winterthur, 1953; R. Theocharis: *The Development of Mathematical Economics. The Years of Transition. From Cournot to Jevons*, London: Macmillan, 1993; L. Walras: »Un économiste inconnu. Hermann Henri Gossen«, in: *Journal des Économistes*, 4. Reihe, 30, 1885, S. 60–90 [abgedruckt in: L. Walras: *Etudes d' économie sociale*, Lausanne et. al.: Rouge, 1896, S. 351–74; (dt. Übers. von E.E. Claassen, in: H.-C. Recktenwald (Hg.): *Geschichte der Politischen Ökonomie*, Stuttgart: A. Kröner, 1971, S. 286–293)].

Christos P. Baloglou

Haavelmo, Trygve Magnus

Trygve Magnus Haavelmo, norwegischer Volkswirtschaftler und Statistiker, wurde am 13.12.1911 in Skedsmo bei Oslo geboren. Er stellte die These auf, dass auch von einem ausgeglichenen Staatshaushalt unter bestimmten Bedingungen expansive Wirkungen auf den Konjunkturverlauf ausgehen können (Haavelmo-Theorem). Nach Studium und Promotion an der Universität von Oslo hatte er dort von 1948 bis 1979 eine Professur für Ökonomie und Statistik inne. 1989 erhielt er für seine Leistungen den Nobelpreis für Wirtschaftswissenschaften. Haavelmo starb am 26.7.1999.

The Probability Approach in Econometrics

EA: in: *Econometrica*, Supplement, 12. Juli 1944, S. I-VIII und 1–118.

The Probability Approach in Econometrics war eine bahnbrechende Studie. Sie ermöglichte es fortan Ökonometrikern, die aus ökonomischen Theorien abgeleiteten Mehrgleichungsmodelle – die im allgemeinen lineare Relationen über eine gegebene Menge endogener (im Modell erklärter) und vorherbestimmter (verzögerter oder exogener) Variablen darstellen – in die axiomatisch begründete Wahrscheinlichkeitstheorie einzubetten. Damit war der Weg frei, methodisch saubere statistische Schätz- und Testverfahren in wirtschaftsempirischen Studien anzuwenden, um unbekannte (zeitinvariante) ökonomische Parameter mittels Punkt- oder Konfidenzschätzung zu ermitteln (zu »schätzen«) bzw. empirisch gehaltvolle ökonomische Hypothesen auf der Grundlage der damals neuen Neyman-Pearson-Testtheorie zu überprüfen (zu »testen«). Dazu war allerdings ein Umdenken oder Paradigmenwandel notwendig, und es musste ein Preis für diese methodisch saubere Vorgehensweise gezahlt werden. Das Umdenken beruhte auf der Sichtweise, die Daten als einen Beobachtungspunkt in einem p-dimensionalen Daten- oder Stichprobenraum aufzufassen, der von den vorgegebenen p ökonomischen Variablen aufgespannt wird. Heute sieht man in diesem damals so innovativen Ansatz einen Spezialfall von Super-Populationsmodellen. Technisch gesehen prägte man seinerzeit die Stochastik nicht unmittelbar den ökonomischen Variablen auf, sondern den Fehlervariablen in den Gleichungen, die als additive Störgrößen in jede Einzelgleichung des Gleichungssystems übernommen wurden. Auf diesem (metrischen) Raum definierte Haavelmo konsequenter weise eine p-dimensionale, parametrische gemeinsame Wahrscheinlichkeitsverteilung f. Diese hängt von den konkreten technischen, ökonomischen und gesellschaftlichen Bedingungen ab, die dem ökonomischen Modell unterliegen. Die beobachteten Daten waren damit eine Realisation des Zustandsvektors – wenn man so will, eine von unendlich vielen möglichen Realisationen oder Stichproben. Der dafür zu zahlende Preis bestand nun darin, dass die gemeinsame Wahrscheinlichkeitsverteilung vom (parametrischen) Typ her spezifiziert werden musste. Es lag für die damalige klassische Statistik nahe, zur Familie der mehrdimensionalen Gauß-Verteilung zu greifen, die über Spezialformen der Zentralen Grenzwertsätze mittels mikroökonomischer Argumente auch heute noch oftmals plausibel zu begründen ist. Heutzutage kann man alternativ diese Verteilungswahl auf Entropie-Argumente im Sinne »minimaler Information« stützen oder auf eine analoge Vorgehensweise der modernen Kontrolltheorie: lineares System, multivariate Gaußverteilung und quadratisches Fehlerkriterium. Diese kühne Vorgehensweise von Haavelmo, die auf die im Ausbau befindliche multivariate Statistik mit Schätz- und Testtheorie gestützt war, brachte noch einen weiteren großen Vorteil. Dank Haavelmo konnten fortan die unbekannten Parameter (Koeffizienten des Gleichungssystems) mittels *Maximum-Likelihood*-Verfahren simultan geschätzt werden. Unter der Normalverteilungshypothese sind diese Schätzfunktionen die besten, die man unter allen Schätzern finden kann. Wegen der simultanen Schätzung konnte so fortan der sogenannte Haavelmosche Eingleichung-Schätzungsbias vermieden werden. Weiterhin kam die Neyman-Pearsonsche Testtheorie zusammen mit den Waldschen Beiträgen zur Anwendung, um Signifikanztests einzelner ökonomischer Parameter durchzuführen. Derartige Parametertests dominieren alle anderen unverfälschten Tests bei zusammengesetzten Hypothesen hinsichtlich des Verlaufs ihrer zugehörigen Gütefunktionen – vorausgesetzt allerdings, dass der Störvektor einem Gauß-Regime folgt.

Moderne ökonometrische Verfahren bemühen sich, aus der »Normalverteilungs-Zwangsjacke« etwas zu entkommen, um mehr Verteilungsrobustheit zu gewinnen.

Lit.: T. Amemiya: *Advanced Econometrics*, Cambridge: Harvard UP, 1985; J. Andel: *Statistische Analyse von Zeitreihen*, Berlin: Akademie-Verlag, 1984; P. Dhrymes: *Time Series, Unit Roots and Cointegration*, New York: Academic Pr., 1998; C. Granger/P. Newbold: *Forecasting Economic Time Series*, New York: Academic Pr., [2]1996; W.H. Greene: *Econometric Analysis*, Prentice Hall: Upper Saddle River, [5]2003; H. Schneeweiß, *Ökonometrie*, Würzburg: Physika, 1974; P. Schönfeld: *Methoden der Ökonometrie*, Bd. 1, Berlin: Vahlen, 1969; Bd. 2, München: Vahlen, 1971

Hans-Joachim Lenz

Haberler, Gottfried

Gottfried von Haberler (20.7.1900 bis 6.5.1997) wurde in Purkersdorf bei Wien geboren. Er war ein Schüler von Ludwig von Mises, emigrierte 1936 in die USA und unterrichtete bis zu seiner Emeritierung im Jahr 1971 an der Harvard University. Zusammen mit Joseph A. Schumpeter gilt er als Mitbegründer der Schule der »Harvard Economics«. Haberler war ein Verfechter des internationalen Freihandels; trotz seiner Wurzeln in der Österreichischen Schule vertrat er differenzierte Standpunkte in der Konjunkturtheorie.

Gerhard Huber

Der internationale Handel

Theorie der weltwirtschaftlichen Zusammenhänge sowie Darstellung und Analyse der Außenhandelspolitik

EA: Berlin: Springer, 1933. **AA:** Berlin-Heidelberg-New York: Springer, 1970.

Haberler verbindet in diesem Lehrbuch – für die damalige Zeit ungewöhnlich – Theorie und Politik von Außenhandel und Währung, womit er die Interdependenzen der beiden außenwirtschaftlichen Bereiche deutlich macht. Schwerpunkte bilden der Zahlungsbilanzausgleich in Abhängigkeit vom Währungssystem, das vor dem historischen Hintergrund wichtige Transferproblem, die Außenhandelstheorie im engeren Sinne, Zollargumente, nichttarifärer Protektionismus und Handelsvertragspolitik. Haberler tritt für ein liberales Außenhandelsregime ein, ohne zu verkennen, dass innerhalb einer Volkswirtschaft der Übergang zu einem solchen Regime Gewinner und Verlierer hervorbringt, was die politische Durchsetzbarkeit des Regimewechsels beeinflusst. Nur unter engen Voraussetzungen (z. B. externe Effekte) hält er Protektionsmaßnahmen für vertretbar. Um die gesamtwirtschaftliche Vorteilhaftigkeit des Außenhandels unter realitätsnahen Voraussetzungen zu zeigen, stellte er die Theorie der komparativen Vorteile auf eine neue Basis, indem er Ricardos restriktive Arbeitswertlehre durch einen Opportunitätskostenansatz ersetzte. Dadurch konnte er die Gesamtheit aller Produktionsfaktoren für die Erklärung von Außenhandel erfassen. Er führte hierzu eine Produktionsmöglichkeits- oder Transformationskurve (er selbst nannte sie Substitutionskurve) ein, die auch heute noch in der Außenhandelstheorie – insbesondere zur Darstellung des Außenhandelsgewinns – üblich ist.

Haberler hatte die bis heute gebräuchliche Neuformulierung der Theorie der komparativen Kosten, die sich in Ansätzen schon bei früheren Autoren findet, zwar schon drei Jahre vorher in einem Aufsatz veröffentlicht, durch sein Buch fand sie aber sehr starke Verbreitung. Dies rührte nicht zuletzt daher, dass er sie zur Widerlegung der meisten üblichen Argumente für protektionistische Maßnahmen heranzog. Eine absolute Neuerung stellte jedoch die Anwendung von Angebots- und Nachfragekurven für die Analyse des Devisenmarktes und der Zahlungsbilanzausgleichsmechanismen dar. Der Erfolg des Buches, das in mehrere Sprachen übersetzt wurde, führte dazu, dass Haberler vom Völkerbund den Auftrag bekam, eine Übersicht über den Stand der Konjunkturtheorie zu schreiben. Haberler befasste sich in der Folgezeit wieder verstärkt mit außenwirtschaftlichen Fragen, für die er immer wieder innovative Antworten fand.

Lit.: F. Haslinger: »Haberler, Gottfried«, in: H. Hagemann/C. Krohn (Hg.): *Biographisches Handbuch der deutschsprachigen wirtschaftswissenschaftlichen Emigration nach 1933*, Bd. 1, München: Saur, 1999; W. Kohler: »Zum Tode von Gottfried Haberler«, in: *Wirtschaftspolitische Blätter*, 42/3–4, 1995, 300–303; A. Maneschi: *Comparative Advantage in International Trade: A Historical Perspective*, Cheltenham-Northampton: E. Elgar, 1998, S. 159–167.

Bernhard Duijm

Hansen, Alvin Harvey

Alvin Harvey Hansen, geboren 23.8.1887 in Viborg, South Dakota, gestorben 6.6.1975 in Alexandria, Virginia, lehrte politische Ökonomie in Harvard (1937–62) und gilt als amerikanischer Hauptvertreter Keynesscher Ideen in der Mitte des 20. Jhs. Darüber hinaus erweiterte er das Keynessche Paradigma um eigenständige Arbeiten zur Multiplikatoranalyse und zur Stagnationstheorie reifer Volkswirtschaften.

Business Cycles and National Income

EA: New York: Norton, 1951.

Hansens Arbeit über Konjunkturzyklen und Volkseinkommen ist ebenso voluminös wie ambitioniert. Sie versucht, wie im Vorwort angekündigt, auf rund 640 Seiten nichts Geringeres als für ein besseres Verständnis der gegenwärtigen makroökonomischen Theorie sowie der geschichtlichen Entwicklung der Makroökonomik in all ihren Ausprägungen – namentlich den Konjunkturzyklen, dem Volkseinkommen, der modernen Beschäftigungstheorie und der Entwicklung des dazugehörigen ökonomischen Denkens – zu sorgen. Ausgangspunkt der Theoriepräsentationen sind die Erfahrungen nach dem Ersten Weltkrieg von der kurzen Phase der Prosperität über die Große Depression und den New Deal bis hin zur Kriegs- und Nachkriegswirtschaft der 1940er Jahre. Hansen beginnt seine in vier große Abschnitte gegliederte Untersuchung mit einem Überblick über die in den USA seit Mitte des 19. Jhs. ablaufenden Konjunkturzyklen. Diese werden vor allem geprägt durch langfristig wirksame Basisveränderungen, wie z. B. den Eisenbahnbau und die damit einhergehenden Industrialisierungszyklen und Wanderungsbewegungen der Erwerbsbevölkerung. In Anlehnung an Schumpeters Vier- Phasen-Modell des Konjunkturzyklus aus Prosperität, Rezession, Depression und Wiederaufschwung werden die Konjunkturzyklen vor dem Hintergrund langanhaltender, technisch determinierter Entwicklungsphasen als regelmäßig wiederkehrende Schwankungen der Wirtschaftstätigkeit mit einer durchschnittlichen Zyklusdauer von vier Jahren typisiert. Der zweite Teil wendet sich der Einkommens- und Beschäftigungstheorie zu. Ganz in Keynesscher Tradition konzentriert sich Hansen hierbei auf die Bestimmungsgrößen der inländischen Güterverwendung, des Konsums und der Investition. Lehrbuchartig stellt er eine aus einer Unterkonsumtionshypothese abgeleitete Konsumfunktion, die Multiplikatoranalyse, das Akzelerationsprinzip, die Grenzleistungsfähigkeit des Kapitals und die Rolle des staatlichen Budgets für die Gestaltung der gesamtwirtschaftlichen Nachfrage vor. Der dritte Teil vermittelt einen historischen Überblick über die Entwicklung der Konjunkturtheorien. Gemeinhin wird dem Keynesschen Denken ein Bruch mit der Dogmengeschichte der Ökonomie attestiert. Hansens Anliegen hingegen ist es, die Keynessche Theorie eher als eine Synthese denn als Neubeginn ökonomischen Denkens zu Beginn des Jhs. zu begreifen. Keynes' Wurzeln der Konsumtheorie ließen sich, nach Hansen, auf das frühe 19. Jh. zurückführen, namentlich auf Lord Lauderdale und Malthus. Ebenso wenig bekannt seien die Arbeiten von Wicksell, Tugan-Baranovskij, Spiethoff, Schumpeter und Cassel zur Theorie der Investitionsnachfrage. Sie enthielten bereits die von Keynes später aufgegriffenen Überlegungen zur Grenzleistungsfähigkeit des Kapitals sowie die Grundlagen der Akzeleratorhypothesen und seien von ihm in seine Theorie der effektiven Nachfrage eingebaut worden. Es sei somit der Erkenntnisstand der Konjunkturtheorien zu Beginn des 20. Jhs., der erst zum Verständnis der Keynesschen Ökonomie hinleite. Keynes' *General Theory* sei somit beileibe kein Bruch mit der Tradition ökonomischen Denkens – so Hansens Fazit. Eine weitere Schlussfolgerung, die Hansen aus der Aufarbeitung des Stands der Konjunkturtheorien zieht, ist die Erkenntnis, dass man Zyklen nicht als pathologischen Zustand einer Marktwirtschaft betrachten dürfe, sondern als einen überlebensnotwendigen Bestandteil ihrer Dynamik. *Built-in*-Arrangements der ökonomischen Institutionen, vor allem eine progressive Steuertarifgestaltung, aber auch eine bewusst antizyklische Politik sind die eher pragmatischen Antworten auf die notwendigen, wenn auch dämpfungsbedürftigen Zyklen wirtschaftlicher Entwicklung. Das Repertoire konzentriert sich dabei, wie Hansen in seinem abschließenden Kapitel ausführt, auf die Regulierung der effektiven Nachfrage, genauer gesagt auf die IS-Gleichgewichte, die in einem durch den Gütermarkt bestimmten Arbeitsmarkt zugleich die Vorbedingungen für eine wirksame Beschäftigungspolitik bilden. Die Instrumente sind eine geeignete Steuer- und Budgetpolitik sowie Lohn-, Zins- und Geldmengenpolitik. Worum es gehe, so Hansen, sei die Stimulierung und Einschränkung der effektiven Nachfrage der Marktteilnehmer zur Erreichung eines Güter- und Geldmarktgleichgewichts, keineswegs deren Ersatz durch ein Regime staatlich administrierter Nachfrage. Wirtschaftspolitik habe sich in den Dienst einer Wohlfahrts- und Wohlstandspolitik zu stellen, die allen Marktteilnehmern den gleichen Zugang zu wirtschaftlichen Entfaltungsmöglichkeiten garantieren müsse.

Mit seiner Betonung der aktiven Rolle der Stabilisierungspolitik auf dem Feld der Beschäftigungspolitik hat Hansen der Wirtschaftspolitik in den USA während der Kennedy/Johnson-Ära sowie in den sozialdemokratisch regierten Ländern Europas nach dem Zweiten Weltkrieg weitreichende Impulse gegeben. Wo Keynes eher eine Kritik des marktwirtschaftlichen *Laissez faire* und eine Theorie interventionistischer Wirtschaftspolitik in ihren Fundamenten entworfen hat, sind Hansens Arbeiten eher pragmatisch-praktische Antworten auf Marktungleichgewichte im Prozess der zyklischen und langfristigen Dynamik.

Lit.: R.M. Solow/J.B. Taylor: *Inflation, Unemployment, and Monetary Policy* (The Alvin Hansen Symposium on Public Policy, Harvard University), Cambridge, MA-London: MIT Press, 1998.

Detlev Ehrig

Harrod, Roy Forbes

Der britische Ökonom Roy Forbes Harrod (3.2.1900 bis 8.3.1978) war ein ausgesprochen produktiver Autor, der nicht nur wirtschaftswissenschaftliche, sondern auch philosophische Werke verfasste. Er entwickelte innovative Konzepte und analytische Werkzeuge für Bereiche wie die Theorien der unvollkommenen Konkurrenz, des internationalen Handels und der Wirtschaftsdynamik. Heute sind vor allem seine bahnbrechenden Beiträge zur Wachstumstheorie in Erinnerung, insbesondere sein Buch *Towards a Dynamic Economics* (1948).

Towards a Dynamic Economics

Some Recent Developments of Economic Theory and their Application to Policy

EA: London: Macmillan, 1948. **DA:** *Dynamische Wirtschaft. Einige neuere Entwicklungen der Wirtschaftstheorie und ihre Anwendung auf die Wirtschaftspolitik*, übers. v. L. Bosse, Wien: Humboldt-Verlag, 1949. **AA:** Westport: Greenwood Press, 1980 (Nachdr. 1948).

In seinem bekanntesten Werk *Towards a Dynamic Economics* entwickelte Harrod die Argumentation eines fast unbemerkt gebliebenen Artikels von 1939 weiter. Die wohlbekannte Formel $G = s/v$, die die Wachstumsrate eines Wirtschaftssystems zu einem bestimmten Zeitpunkt als Verhältnis der Sparquote zum Zuwachs des Kapitalertragsverhältnisses beschreibt und aus der Interaktion von Multiplikator- und Akzelerationsprinzip resultiert, lässt drei Deutungen zu. Sie repräsentiert die *tatsächliche* Wachstumsrate, wenn s und v Werte sind, die ex-post ermittelt werden. Sie repräsentiert die garantierte (Gleichgewichts-) Wachstumsrate, wenn s und v Werte sind, die das System dazu bringen, sich im selben Verhältnis zu reproduzieren. Und sie repräsentiert die maximale aufrecht zu erhaltende (»natürliche«) Wachstumsrate, wenn s und v Mengen bezeichnen, die eine optimale Ressourcennutzung bedeuten (abhängig von Bevölkerungsveränderungen, Technologie etc.). Harrod argumentierte, dass die Divergenz zwischen der tatsächlichen und der befriedigenden Rate kumulativ ist. Unter der Voraussetzung, dass nichts ein anwachsendes Gleichgewicht garantiert, da Wachstum Veränderungen sowohl in s wie v auslöst (reichere Gemeinden neigen dazu, im Verhältnis einen größeren Anteil ihres Einkommens zu sparen, während technologische Veränderungen – verursacht durch einen steigenden Zinssatz bei Wirtschaftswachstum – die Kapitalmenge verändern, die für eine Produktionseinheit benötigt wird), wird die Dynamik des Systems durch die Gleichgewichtsinstabilität bestimmt, die in Schwankungen zwischen einer durch die natürliche Rate gegebenen Obergrenze und einer durch die Notwendigkeit des Ersatzes von Maschinen begründeten Untergrenze resultiert. Die Wendepunkttheorie schließt die endogenen Schwankungen in die natürliche Rate ein, abhängig von den Veränderungen von *s* und *v*, die durch Fluktuationen des Outputs verursacht werden.

Towards a Dynamic Economics erregte viel Aufmerksamkeit, allerdings nicht aus den Gründen, die Harrod sich erhofft hatte. Kritiker ignorierten weitgehend Harrods Bemerkungen zum Handelszyklus (die zugegebenermaßen in nur wenige Absätze komprimiert waren) und seinen Anspruch, die Theorie der Wirtschaftsdynamik zu begründen (was durch den Titel seines Buches unterstrichen wurde) und konzentrierten sich stattdessen auf den Beweis der Instabilität und auf die Wachstumsmodelle, die auch nach Domar benannt wurden (für einen detaillierten Vergleich der Unterschiede zwischen Harrod und Domar s. Asimakopulos 1986). In beiden Fällen wurde Harrods Formel unter Bezug auf seine nicht immer stimmige und klare textliche Behandlung von Ungleichgewichts-Positionen auf einen langen Zeitraum angewandt, ohne die Veränderungen der Koeffizienten in Betracht zu ziehen. Unterschiedliche Interpretationen von Harrods Aussagen führten zum Gebrauch unvereinbarer Formeln, die sich auf einander nachfolgende Zustände des Systems bezogen und folglich zu abweichenden Schlussfolgerungen über seine Stabilität kamen (Hahn und Matthews 1964, Besomi 1998). Insbesondere die neoklassische wie die neo-keynesianische Deutung übersahen Harrods Bedingungen und interpretierten das Instabilitätsprinzip (von Solow »Wachstum auf des Messers Schneide« genannt und als solches trotz Harrods Protests in die Lehrbücher eingegangen) als Ergebnis der Starrheit des Zinssatzes, respektive der Sparfunktion.

Lit.: A. Asimakopulos: »Harrod and Domar on Dynamic Economics«, in: *Banca Nazionale del Lavoro Quarterly Review*, 39, Sept. 1986, S. 275–298; W.J. Baumol: »Notes on Some Dynamic Models«, in: *Economic Journal*, LVIII, Dez. 1948, S. 506–521; D. Besomi: »Failing to Win Consent. Harrod's Dynamics in the Eyes of his Readers«, in G. Rampa/L. Stella/A. Thirlwall (Hg), a. a. O., S. 38–88; ders.: *The Making of Harrod's Dynamics*, London: Macmillan, 1999; R.M. Goodwin: »The Nonlinear Accelerator and the Persistence of the Business Cycle«, in: *Economcetrica*, 19/1, Jan. 1951, S. 1–17; F. Hahn/R.C.O. Matthews: »The Theory of Economic Growth. A Survey«, in: *Economic Journal*, LXXIV, Dez. 1964, S. 779–902; R.F. Harrod: *The Trade Cycle. An Essay*, Oxford: Clarendon Pr., 1936; ders.: »Harrod after Twenty-One years. A Comment«, LXXX, Sept. 1970, S. 737–741; N. Kaldor: »Mr. Hicks on the Trade Cycle«, *Economic Journal*, LXI, Dez. 1951, S. 833–847; ders.: »A Model of Economic Growth«, in: *Economic Journal*, LXVII, Dez. 1957, S. 591–624; R.M. Solow: »A Contribution to the Theory of Economic Growth«, in: *Quarterly Journal of Economics*, LXX, 1, Feb. 1956, S. 65–94; J.V. Robinson: »Harrod after Twenty-One Years«, in: *Economic Journal*, LXXX, Sept. 1970, S. 731–737; ders.: »Harrod's Knife-edge«, in: *Collected Economic Papers*, Bd. III, Oxford: Blackwell, S. 52–55.

Daniele Besomi

Aus dem Englischen von Wibke Reger

Harsanyi, John C./Reinhard Selten

John C. Harsanyi wurde am 29.5.1920 in Budapest geboren. Als Sohn eines Apothekers studierte er anfänglich Pharmazie, schloss aber sein Studium an der Universität Budapest mit einem Doktortitel der Philosophie ab und war von 1947 bis 1948 Assistent am dortigen Institut für Soziologie. Aus politischen Gründen musste er zunächst diese Stellung aufgeben und schließlich 1950 nach Australien emigrieren. Da seine ungarischen Abschlüsse nicht anerkannt wurden, arbeitete er drei Jahre in einer Fabrik und studierte nebenbei Ökonomie an der University of Sydney, wo er 1953 den M.A. erhielt. 1954 wurde er Lecturer in Economics an der University of Queensland. Von 1956 bis 1958 hielt er sich als Rockefeller Fellow an der Stanford University (USA) auf und erhielt dort 1959 den Ph.D. in Ökonomie. In dieser Zeit studierte er auch Mathematik und Statistik, was für seine späteren Arbeiten bedeutsam war. Von 1959 bis 1961 hatte er eine Forschungsstellung an der Universität in Canberra inne. Um die australische Isolation von der spieltheoretischen Forschung in den USA zu überwinden, ging er 1961 als Professor für Ökonomie nach Detroit (USA) und schließlich 1964 an die Business School der University of California nach Berkeley, wo er bis zur Emeritierung blieb. Harsanyi, den eine mehr als zwanzigjährige Kooperation mit Reinhard Selten verband, erhielt 1994 zusammen mit John Forbes Nash und Reinhard Selten den Nobelpreis für Wirtschaftswissenschaften für seine Beiträge zur Behandlung der unvollständigen Information in der nicht-kooperativen Spieltheorie. Er starb am 9.8.2000 in Berkeley.

Reinhard Selten wurde am 5. Oktober 1930 in Breslau geboren. Nach dem Mathematikstudium in Frankfurt, das er 1957 mit dem Diplom abschloss, war er bis 1967 Wissenschaftlicher Mitarbeiter bei Heinz Sauermann, einem Frankfurter Ökonomen, der sich u. a. mit experimenteller Wirtschaftsforschung beschäftigte. 1961 wurde er an der Universität Frankfurt am Main zum Dr. phil. nat. promoviert. 1968 habilitierte sich Selten mit einer volkswirtschaftlichen Arbeit. *The Chain Store Paradox* wäre bereits vorher von einer Reihe hochrangiger Zeitschriften angenommen worden, wenn Selten bereit gewesen wäre, sich auf das Paradox zu beschränken. Dass er auf seine informelle Skizze des menschlichen Entscheidungsprozesses nicht verzichten wollte, zeigt die Unabhängigkeit seines Geistes – auch gegenüber Konventionen des Faches. 1967 bis 1968 hielt er sich als Gastprofessor an der Business School in Berkeley (USA) auf. 1969 bis 1972 war er Professor für Volkswirtschaftslehre an der FU Berlin und 1972 bis 1984 Professor am Institut für Mathematische Wirtschaftsforschung an der Universität Bielefeld tätig. Seit 1984 war er Professor an der Universität Bonn und hatte dort einen Lehrstuhl für Wirtschaftliche Staatswissenschaften inne. Selten, den eine mehr als zwanzigjährige Kooperation mit John C. Harsanyi verband, erhielt als bisher einziger deutscher Ökonom 1994 zusammen mit Harsanyi und John Forbes Nash den Nobelpreis für Wirtschaftswissenschaften für seine Beiträge zur Analyse dynamischer strategischer Interaktionen in der nicht-kooperativen Spieltheorie. Reinhard Selten starb am 23. August 2016 in Posen.

Rüdiger Dragendorf

A General Theory of Equilibrium Selection in Games

EA: Cambridge, MA-London: MIT, 1988. **AA:** Cambridge, **MA:** MIT Press, 1992.

Die allgemeine Theorie der Gleichgewichtsauswahl in Spielen ist das Ergebnis von annähernd 20 Jahren gemeinsamer Forschungsarbeit der beiden Spieltheoretiker John C. Harsanyi und Reinhard Selten. Harsanyi gelingt die Lösung von Spielen mit unvollständiger Information, indem er sie als bayesianische Spiele formuliert. Sein gesamtes Werk ist geprägt von dem Versuch, verschiedene spieltheoretische Lösungskonzepte zu kombinieren und zu einer einheitlichen Theorie der Lösung von kooperativen und nichtkooperativen Spielen zu verallgemeinern. Selten, der erste deutsche Wirtschaftsnobelpreisträger, ist ein methodischer Dualist; seine normativen Arbeiten befassen sich mit der Verfeinerung des Gleichgewichtskonzepts in dynamischen Spielen. Seine deskriptiven Theorien erklären in Laborexperimenten beobachtbares, eingeschränkt rationales Verhalten durch kognitive und Motivations-Beschränkungen.

Mit ihrer gemeinsamen Theorie der Gleichgewichtsauswahl lösen die Autoren ein Problem, das besteht, seitdem Nash 1950 ein Gleichgewichtskonzept für nichtkooperative Spiele formuliert hat. Nash postuliert, dass das Gleichgewicht nur dann ein natürliches Ergebnis der Interaktion vollkommen rationaler Individuen sein kann, wenn es für jede Situation eine eindeutige Handlungsvorschrift generiert. Harsanyi und Selten konstruieren in diesem Werk als Erste eine allgemeine, kohärente Theorie der Gleichgewichtsauswahl, die für jedes kooperative und nichtkooperative Spiel eine eindeutige Lösung formuliert. Jedes Spiel wird zunächst in seine »Standard-Form« überführt, in der die Struktur, aber nicht die sequentielle Ordnung der Strategien repräsentiert ist (Kap. 2). Das Lösungskonzept wird auf die uniform gestörten Formen des Spiels angewandt, wobei jedes gestörte Spiel in strategisch unabhängige Teilstrukturen (Zellen) zerlegt wird. Inferiore und mehrfach vorkommende Wahlmöglichkeiten werden eliminiert (Kap. 3). Besitzt das reduzierte Spiel keine Teilstrukturen, die gewisse Abgeschlossenheitseigenschaften bezüglich bester Antworten haben, kann dieses Problem mit der *Tracing*-Prozedur gelöst werden. Diese definiert einen Prozess konvergierender Erwartungen, bei dem Erwartungen des Spielers so lange mit den besten Reaktionen auf diese abgeglichen werden, bis jeder Spieler vollkommene Sicherheit über das Verhalten der anderen Spieler hat (Kap. 4). Sind noch weitere Teilstrukturen im reduzierten Spiel vorhanden, so werden für jede Basisstruktur Lösungen ermittelt. In einem Substitutions- und Eliminationsprozess werden diese dann nach Kriterien wie Auszahlungs- und Risikodominanz so lange paarweise miteinander verglichen, bis nur noch eine Lösung in der ursprünglichen Kandidatenmenge verbleibt (Kap. 5). Die übrigen Kapitel stellen Anwendungen des Lösungskonzeptes auf Verhandlungen mit Transaktionskosten und unvollständiger Information dar.

Die bedeutendste Implikation dieser Theorie ist der Beweis, dass es möglich ist, rationales Verhalten im spieltheoretischen Kontext eindeutig und vollständig durch mathematische Konstrukte zu beschreiben. Die formale Rigorosität und die strikte Normativität des Ansatzes beschränken die Möglichkeiten der Anwendbarkeit. Die Theorie vereinigt aber eine reiche Fülle spieltheoretischer Ideen, darunter prominente Beispiele wie Seltens Perfektheits-Konzepte, Harsanyis *Random-utility*-Modell und seinen bayesianischen Ansatz. Diese einzelnen Bestandteile sind prägend insbesondere für die moderne Industrieökonomie und bilden einen Referenzpunkt für viele aktuelle spieltheoretische Arbeiten.

Lit.: J.C. Harsanyi: *Papers in Game Theory*, Dordrecht: D. Reidel, 1982; D.M. Kreps/R. Wilson: »Sequential Equilibria«, in: *Econometrica*, 50, 1982, S. 863–894; R. Selten: »Reexemination of the Perfectness Concept for Equilibrium Points in Extensive Games«, in: *International Journal of Game Theory*, 4/1, 1975, S. 25–55.

Claudia Lawrenz

Hayek, Friedrich August von

Friedrich August von Hayek wurde am 8.5.1899 in Wien geboren und starb am 23.3.1992 in Freiburg. Er studierte Rechts- und Wirtschaftswissenschaften in Wien und lehrte als Professor für Nationalökonomie bzw. »Social and Moral Sciences« in London, Chicago und Freiburg. Nach einem einjährigen Aufenthalt in den USA gründete er in Wien zusammen mit Ludwig von Mises 1927 das Österreichische Institut für Konjunkturforschung, dessen erster Leiter er wurde. Mit monatlichen Berichten über die aktuelle Wirtschaftsentwicklung ist er einer der Pioniere der angewandten Konjunkturforschung in Europa.

1974 erhielt er zusammen mit Gunnar Myrdal den Nobelpreis für Wirtschaftswissenschaften. Die Weiterentwicklung einer liberalen Gesellschaftskonzeption ist eines der zentralen, wiederkehrenden Themen in Hayeks Werk. Nach *The Constitution of Liberty* (1960), seinem ersten Hauptwerk zu dieser Problematik, hat Hayek seine Überlegungen außer in einer Reihe von Aufsätzen vor allem in dem dreibändigen Werk *Law, Legislation and Liberty* (1973 bis 1979) noch einmal wesentlich theoretisch vertieft behandelt und damit grundlegend erweitert.

Hans Jörg Hennecke/Wolfgang Kerber

The Constitution of Liberty

EA: Chicago, IL: U of Chicago Pr., 1960; London: Routlege & Kegan Paul, 1960. **DA:** *Die Verfassung der Freiheit*, Tübingen: J.C.B. Mohr (Siebeck), ^{3}1991.

Im Verlaufe der 1930er Jahre gerät Hayek unter die »keynesianische Lawine« (Brian McCormick) und kann trotz seiner umfangreichen Schrift *The Pure Theory of Capital* (1942) die Meinungsführerschaft von Keynes in der Geld- und Konjunkturtheorie nicht erschüttern. Mit seinem wirkungsvollsten und populär geschriebenen Buch *The Road to Serfdom* (1944) und der darin vertretenen These, dass sich England mit einigen Jahrzehnten Verzögerung auf demselben verhängnisvollen Wege in den Totalitarismus wie soeben Deutschland befinde, erlangt er aber kurzfristig einen großen Bekanntheitsgrad in Großbritannien und den USA. In Hayek wächst das Bedürfnis, seine massive Zeitkritik durch einen positiven Entwurf für eine freiheitliche Gesellschafts- und Wirtschaftsordnung zu ergänzen. Unter dem Titel *The Constitution of Liberty* bildet die Schrift nicht nur die intellektuelle Summe seiner Jahre in Chicago (1950–1962), sondern gilt zugleich als der klassische Text des liberalen Ordnungstheoretikers, zu dem Hayek sich seit Ende der 1930er Jahre wandelt. Die auffälligste Veränderung gegenüber Hayeks frühen ökonomischen Arbeiten liegt in der Zentralität des Freiheitsbegriffs, der von ihm in systematischer Weise analysiert wird und in einer straffen Definition als »Abwesenheit von Zwang« scharf von anderen Begriffsdeutungen wie politischer Freiheit im Sinne von Partizipation oder materieller Freiheit im Sinne von wohlfahrtsstaatlicher Zuerkennung ökonomischer Ansprüche abgegrenzt wird. Die Mechanismen der Preisbildung und des Währungssystems werden von Hayek als Beispiele eines Gebildes verstanden, für das er zunehmend den Begriff der spontanen Ordnung als Kategorie herausbildet, in der »Freiheit« zum konstitutiven Begriff wird. Der starke Akzent, den er auf die ideen- und verfassungshistorische Herleitung des Freiheitsbegriffs legt, ist unverkennbar von den Erfahrungen und Anwendungen im Wirtschafts-, Handels- und Privatrecht geprägt, wobei er in dem sich spontan herausbildenden und verändernden *Common Law* eine kongeniale Rechtsauffassung entdeckt. Besonderen Wert legt er auf die Interpretation des Gesetzesbegriffs als einer allgemeinen Regel, weil nur der allgemeine Charakter des Gesetzes Gerechtigkeit vermittle und insbesondere allein geeignet sei, das rechtliche und ökonomische Signalsystem zu begründen, dessen das Individuum in der spontanen, freiheitlichen Ordnung bedarf. Dieser Gedankengang, der in den Spätschriften ausgestaltet wird, verweist auf Hayeks tiefe Verwurzelung in dem subjektivistischen, geradezu anthropologischen Verständnis der Wirtschaftstheorie im Sinne Carl Mengers. Während die beiden ersten Teile des Buches »Der Wert der Freiheit« und »Freiheit und Gesetz« die zentralen verfassungstheoretischen Gedanken entwickeln, behandelt der dritte Teil »Freiheit im Wohlfahrtsstaat« vielfältige Einzelprobleme von der Währungspolitik zum Wohnungswesen, vom Erziehungssystem zur sozialen Sicherung. Eines dieser Detailprobleme, das Hayek intensiv beschäftigt und von vielen Vertretern der sogenannten »constitutional economics« aufgegriffen worden ist, ist die Auseinandersetzung mit der progressiven Besteuerung.

In den 1960er Jahren wurde das Werk nur von einer liberalen Minderheit rezipiert, während Hayek vielen anderen als »Paläoliberaler« (Alexander Rüstow) gilt. Erst in den 1970er Jahren, als Hayek seine Renaissance erlebt und zu einer intellektuellen Reizfigur wird, beginnt sich das Buch mit seinen klassischen Formulierungen als repräsentatives Werk des Liberalismus im 20. Jh. durchzusetzen. In der Wirtschaftspolitik fand Hayek insbesondere in Margaret Thatcher und Václav Klaus, in Deutschland bei Franz Josef Strauß (»Freiheit statt/oder Sozialismus«) und Otto Graf Lambsdorff einflussreiche Anhänger.

Lit.: B.J. Caldwell: *Hayek's Challenge: An Intellectual Biography of F.A. Hayek*, Chicago: U of Chicago Pr., 2004; H.J. Hennecke: *Friedrich August von Hayek. Die Tradition der Freiheit*, Düsseldorf: Verlag Wirtschaft und Finanzen, 2000; A. Seldon (Hg.): *Agenda for a Free Society*, London: Institute of Economic Affairs, 1961; J. Shearmur: *Hayek and After. Hayekian Liberalism as a Research Programme*, London-New York: Routledge, 1996; Ch. Zeitler: *Spontane Ordnung, Freiheit und Recht. Zur politischen Philosophie von Friedrich August von Hayek*, Frankfurt a.M. et al.: Peter Lang, 1995.

Hans Jörg Hennecke

Hicks, John Richard

John R. Hicks (8.4.1904 bis 20.5.1989) studierte mithilfe von Stipendien für Mathematik in Oxford, wo er 1922 auch seine akademische Karriere begann. Im Jahr 1926 wurde er Dozent an der London School of Economics, wo er sich auf Arbeitsmarktökonomik spezialisierte. 1935 nahm er seine Lehrtätigkeit in Cambridge auf. 1938 erhielt Hicks die Stanley-Jevons-Professur für Politische Ökonomie an der Universität Manchester. 1946 schloss sich ein Forschungsaufenthalt am Nuffield College in Oxford an, wo er einen Lehrstuhl für Politische Ökonomie erhielt. Zusammen mit Kenneth J. Arrow erhielt Hicks 1972 den Nobelpreis für Wirtschaftswissenschaften.

Thomas Pfahler

Value and Capital

An Inquiry into Some Fundamental Principles of Economic Theory

EA: Oxford: Clarendon Pr., 1939. **AA:** Düsseldorf: Verlag Wirtschaft und Finanzen, 1997 (Faks. d. EA); Oxford: Clarendon Pr., ^{2}2001 (Nachdr.).

Bereits ein erster Blick in das Inhaltsverzeichnis von *Value and Capital* verdeutlicht, dass dieses Werk die methodischen und theoretischen Grundlagen der modernen ökonomischen Theorie nachhaltig beeinflusst hat. Hicks wollte zwar kein Lehrbuch schreiben, dennoch lässt sich *Value and Capital* als »elementary economics from the higher standpoint« charakterisieren. In der Darstellungsweise folgt es genau dem u. a. auch von Marshall gepflegten Stil, auf mathematisch-formale Argumente und Methoden im Haupttext ganz zu verzichten und diese in den Anhang zu verbannen. Dadurch liest sich der Text recht flüssig – leichter verständlich wird die Materie freilich nicht. Hicks hatte sich in der Zeit zwischen den beiden Weltkriegen intensiv mit Walras und Pareto sowie mit Autoren der Österreichischen Schule beschäftigt. Deren Arbeiten waren zu jener Zeit in Großbritannien kaum bekannt. Die durch Pigou erweiterte und ergänzte Marschallsche Theorie war noch vorherrschend. Der erste Teil von *Value and Capital* ist eine Einführung in die paretianisch geprägte Präferenz- und Nutzentheorie und klärt zugleich die Beziehung zwischen dieser und Marshalls Theorie der Nachfrage. Der zweite Teil ist eine noch immer sehr schöne Darstellung der Theorie des allgemeinen Tauschgleichgewichts und der Theorie des Unternehmensgleichgewichts. Im dritten Teil von *Value and Capital* findet sich die eigentliche Innovation, die bis zum heutigen Tage von Relevanz für die ökonomische Theorie geblieben ist. Hicks wechselt die von Marshall eingeführte Periodenanalyse (temporäre, kurze und lange Periode) gegen die Methode der temporären Gleichgewichtsanalyse aus. Ähnliche konzeptionelle Ansätze verfolgten Autoren der Schwedischen Schule (Myrdal, Lindahl) und natürlich Hayek, der den Begriff des intertemporalen Gleichgewichts einführte. Keinem der letztgenannten Autoren gelang jedoch ein mit *Value and Capital* vergleichbar konsistenter Entwurf. Die temporäre Gleichgewichtsanalyse operiert mit gegebenen Erwartungen. Wenn »montags« die Märkte geöffnet werden, liegen die in der letzten »Woche« produzierten Güter als Bestände vor, wie in Marshalls »Fisch-Markt«. Gegeben die Erwartungen für die nächste »Woche«, bilden sich die Marktpreise durch Angebot (Bestand) und Nachfrage heraus, die dann in der gesamten »Woche« gelten. Am nächsten »Montag« werden die Märkte wieder geöffnet, und so bewegt sich die Ökonomie von »Montag« zu »Montag« durch die Zeit. Bezieht sich die Analyse auf die Marktvorgänge an einem »Montag«, so handelt es sich um eine statische Analyse. Ist der Gegenstand der Analyse die Bewegung in der Zeit, also von »Montag« zu »Montag«, dann handelt es sich um eine dynamische Analyse. Hicks hält die Existenz statischer Gleichgewichte für an weitaus weniger Bedingungen geknüpft als die dynamischer Gleichgewichte. Er identifiziert drei Ursachen für Ungleichgewichte über die Zeit: 1. inkonsistente Preiserwartungen, 2. inkonsistente Pläne trotz konsistenter Preiserwartungen, 3. falsche Prognose der eigenen Bedürfnisse und/oder der Produktionsergebnisse (z. B. Ernten) trotz konsistenter Preiserwartungen und konsistenter Pläne. Hicks zeigt, dass Wirtschaftssysteme unvorhersehbare »exogene Schocks« kaum so verarbeiten können, dass Gleichgewicht über die Zeit besteht. Daraus ergab sich für ihn die Frage, welche Mechanismen es in einem Marktsystem gibt, die helfen, Ungleichgewichte über die Zeit zu verhindern bzw. zu beheben. Dazu konstruierte Hicks zwei extreme Marktsysteme. Eine »Spot Economy«, in der keine Termingeschäfte zugelassen sind und eine »Futures Economy«, in der heute für alle zukünftigen Perioden die Verträge zwischen den Wirtschaftssubjekten abgeschlossen werden. In einer »Futures Economy« »the first two kinds of disequilibrium would be absent«. Reale Wirtschaftssysteme liegen nun mehr oder weniger nah an einem der beiden Extrema, je nach dem Umfang und dem Grad der Differenzierung der Terminmärkte. Hicks konzentriert sich vor allem auf die Geld- und Finanzmärkte – hier gibt es Terminmärkte –, und schlägt von dort die Brücke zu keynesianischen Fragestellungen, d. h. der Rolle der Finanzmärkte bei makroökonomischer Koordination von Geld-, Güter- und Arbeitsmarkt. Im vierten und letzten Teil werden die konzeptionellen Neuerungen auf verschiedene Fragestellungen der Wirtschaftstheorie angewendet.

Hicks hat mit der »Revolution des Gleichgewichtskonzepts« den Weg für mehrere Entwicklungen gebahnt. Eine davon ist die Mikrofundierung der Makroökonomie. Vor allem die Analyse des »false trading«, d. h. Tauschen bei falschen Preisen und die dadurch entstehenden Einkommenseffekte hat die »Ungleichgewichtstheorie« der Neokeynesianer beeinflusst. Noch nicht abschließend geklärt haben die Theoriehistoriker die Frage, warum Hicks (und die schwedischen Ökonomen) das in der Klassik und der alten Neoklassik (Marshall, Walras, Wicksell) bewährte Konzept des Gleichgewichts der langen Periode aufgab. Garegnani (1976) führt diesen Bruch auf ein grundlegendes kapitaltheoretisches Problem zurück, das für die »alte« Neoklassik unlösbar war und ist.

Lit.: P. Garegnani: »On a change in the notion of equilibrium in recent work on value and distribution«, in: M. Brown/K. Sato/P. Zarembka (Hg.): *Essays in Modern Capital Theory*, Amsterdam: North-Holland, 1976, S. 25–45; V. Caspari: *Gleichgewicht und Kapitalzins*, Berlin: Duncker & Humblot, 2000.

Volker Caspari

Hilferding, Rudolf

Rudolf Hilferding wurde am 10. August 1877 in Wien geboren. Er entwickelte früh Interesse für sozialistisches Gedankengut. Unter seinen Lehrern war Carl Grünberg und er schloß Bekanntschaft mit Victor Adler und Otto Bauer. 1906 siedelte er nach Berlin über. Damals war das *Finanzkapital* bereits weitgehend fertig, es erschien aber erst 1910 im Druck. Von 1918 bis 1922 war Hilferding in der Unabhängigen Sozialdemokratischen Partei Deutschlands tätig, u. a. als Mitglied der Sozialisierungskommission; 1922 trat er in die SPD ein. 1924 erwarb er die deutsche Staatsbürgerschaft und wurde Mitglied des Reichstages sowie des Parteivorstands der SPD. Im Jahr 1933 emigrierte Hilferding in die Schweiz, arbeitete dann in der Tschechoslowakei im Vorstand der sozialdemokratischen Exilorganisation Sopade und musste 1938 abermals vor den einmarschierenden Nationalsozialisten weichen. Hilferding ging nach Paris und flüchtete 1940 ins unbesetzte Marseille. Nach der Gefangennahme durch die Vichy-Regierung und der Auslieferung an die Gestapo starb Hilferding wahrscheinlich am 11. Februar 1941 (der genaue Tag ist fraglich) unter ungeklärten Umständen in einem Pariser Gefängnis.

Das Finanzkapital

Eine Studie über die jüngste Entwicklung des Kapitalismus

EA: Wien: Verlag der Wiener Volksbuchh. Ignatz Brand, 1910. **AA:** Frankfurt a.M.: Europ. Verlagsanst., ^{4}1968; Düsseldorf: Verlag Wirtschaft und Finanzen, 2000 (Faks. d. EA).

Im Anschluss an Karl Kautsky wird das *Finanzkapital* als 4. Band von Marx' *Kapital* bezeichnet. Im ersten und zweiten Abschnitt des Buches behandelt Hilferding Geld und Kredit sowie die Mobilisierung des Kapitals durch Aktiengesellschaften, Börsen und Banken. Wie Schumpeter nachgewiesen hat, stützt er sich dabei auf John Fullartons *On the Regulation of Currencies* (1844). Hilferding löst die Marxsche Geldtheorie von der Arbeitswertlehre und lässt Marx' Thesen von der Unterkonsumtion fallen. Er unterscheidet zwischen Zirkulations- und Kapitalkredit und führt im vierten Abschnitt monetäre Krisen auf Gleichgewichtsstörungen, hervorgerufen durch Vorgänge in der Zirkulation zurück. Hilferding betont die konstitutive Rolle der Industrie- und Bankaktiengesellschaften für die weitere Entwicklung des Kapitalismus, zeigt die Funktion des »fiktiven« Kapitals an der Börse auf und interpretiert sehr originell den »Gründungsgewinn« der Banken bei Einrichtung neuer Aktiengesellschaften. Im fünften Abschnitt zeigt er die seit den 1880er Jahren einsetzenden Konzentrations- und Monopolisierungsvorgänge durch Bildung von Trusts und Kartellen auf und beschreibt die immer enger werdenden Beziehungen zwischen Bank- und Industriekapital. Die Banken greifen gestaltend in die Industrie ein und organisieren und kontrollieren diese. Die von ihnen geförderten monopolistischen Konzerne verleihen dem kapitalistischen System eine größere Stabilität. Die Einschränkung der freien Konkurrenz und die Zunahme der Monopole ist laut Hilferding verbunden mit einer speziellen Wirtschaftspolitik des »Finanzkapitals«. Dies zeigt sich in Veränderungen der Handelspolitik (Schutzzoll), Eroberung von fremden Wirtschaftsgebieten und im Kapitalexport. Die Etablierung des »Finanzkapitals« bewirkt dabei auch eine Stärkung der Staatsmacht. »Finanzkapital« ist Hilferding zufolge eine Diktatur der Kapitalmagnaten. Ihre Feinde sind einerseits die Magnaten der anderen kapitalistischen Länder und andererseits das zum Kampf aufgerufene Proletariat. Er hofft auf einen Umschlag der Diktatur der Kapitalmagnaten in die des Proletariats bei einem allmählichen Funktionswandel des bürgerlichen Staates.

Hilferding hatte großen Einfluss auf Lenin, Rosa Luxemburg und Bucharin, die seine Imperialismustheorie weiter ausgebaut haben. Das *Finanzkapital* ist auch Grundlage für den von Hilferding 1915 erstmals beschriebenen »Organisierten Kapitalismus«. Auf dem Kieler Parteitag der SPD 1927 hat er den »Organisierten Kapitalismus« als Basis für die Vision einer kapitalistischen Planwirtschaft unter Führung des Proletariats bezeichnet. An Stelle eines totalen Sieges des Sozialismus glaubte er für die Zukunft an eine Gesellschaft mit organisierter Wirtschaft, an deren Spitze kapitalistische Monopole und der Staat stehen, unter denen die arbeitenden Massen in hierarchischer Gliederung als Beamte der Produktion tätig sind.

Lit.: W. Smaldone: *Rudolf Hilferding. The Tragedy of a German Social Democrat*, Ann Arbor, MI: Northern Illinois Press, 1998; J. Zoninsein: *Monopoly Capital Theory. Hilferding and Twentieth-Century Capitalism*, Westport, CT: Greenwood Press, 1990; P. Koslowski (Hg.): *The Theory of Capitalism in the German Economic Tradition*, Berlin-Heidelberg: Springer, 1999; K.-M. Kim: *Geld- und Kredittheorie in Rudolf Hilferdings »Das Finanzkapital« und im Marxschen »Kapital«*, Köln: Papyrossa Verlag, 1998.

Franz Baltzarek

Hirschman, Albert Otto

Albert O. Hirschman wurde am 7. April 1915 in Berlin geboren. Er ist protestantisch getauft, aber jüdischer Abstammung. Hirschman studierte an der Universität Berlin, an der Ecole des Hautes Etudes Commerciales (Sorbonne) und der London School of Economics (LSE). Er promovierte von 1936 bis 1938 an der Universität von Triest in Italien mit einer Dissertation über die Außenhandelspolitik Frankreichs. Gefährdet durch seine Arbeit für den französischen Untergrund siedelte er 1941 mit Hilfe eines Stipendiums der Rockefeller-Stiftung in die USA über. Nach einem zweijährigen Aufenthalt an der Universität Berkeley kämpfte Hirschman als Mitglied der US-Armee in Nordafrika und Italien. Ab 1945 arbeitete er für die US-Zentralbank und später für die Weltbank in Lateinamerika. Seit 1956 hatte Hirschman Lehrstühle für Ökonomie an den Universitäten Yale, Columbia, Harvard und Princeton inne. Er zählt zu den großen Ökonomen, die der Institutionenökonomik, der Entwicklungsökonomik und der Evolutionsökonomik verbunden sind. Albert O. Hirschman starb am 10. Dezember 2012 im Ewing Township, New Jersey.

Helge Peukert/Daniel Trautvetter/Ulrich Blum

Exit, Voice, and Loyalty

Responses to Decline in Firms, Organizations, and States

EA: Cambridge, MA: Harvard UP, 1970. **DA:** *Abwanderung und Widerspruch. Reaktionen auf Leistungsabfall bei Unternehmungen, Organisationen und Staaten*, Tübingen: Mohr Siebeck, 2004.

Beobachtungen über den desolaten Schienen- und den prosperierenden Straßenverkehr in Nigeria bei der Arbeit an seinem großen entwicklungsökonomischen Werk *The Strategy of Economic Development* (1958) führten Albert O. Hirschman zu der Fragestellung, die *Exit, Voice and Loyalty* zugrundeliegt. Hirschman hinterfragt in seinem Buch das Paradigma der vollständigen Konkurrenz aus zwei Perspektiven: Warum entstehen permanent Arrangements mit »*slack*«, die durch den Wettbewerbsmechanismus nicht ausscheiden? Wodurch ist es möglich, dass Systeme unter diesen Bedingungen fehlender Effizienz nicht sofort zusammenbrechen?

»Abwanderung« stellt die zentrale Größe in einem – zunächst – ökonomischen, »Widerspruch« in einem – zunächst – politischen Regelkreis dar. Beide signalisieren Unzufriedenheit und weisen auf Ineffizienzen hin, die sich entweder durch fallende Umsätze oder durch Protest u. Ä. äußern. Kunden reagieren auf mangelnde Qualität und geben Unternehmen hierdurch Gelegenheit zur (rechtzeitigen) Anpassung. Dieser Prozess vollzieht sich weniger in einem optimierenden als vielmehr in einem heuristischen Kontext, der die begrenzte Erkenntnisfähigkeit des Individuums in Rechnung stellt. Abwanderung kann aber nur wirksam werden, wenn eine »echte Alternative« vorhanden ist – also bei einer monopolistischen Konkurrenz als Form des unvollkommenen Wettbewerbs. Kollusives Verhalten von Unternehmen, fehlende Unterscheidbarkeit von Parteien oder das Einsperren der Individuen durch den Staat verhindern sie demzufolge. Durch Widerspruch erfolgt eine Artikulation der Interessen der Kunden – im politischen System der Wähler – mit dem Ziel, Veränderungen auszulösen. Die Bedeutung des Widerspruchs sinkt, seine Glaubhaftigkeit steigt, wenn die Möglichkeit der Abwanderung zunimmt: Problemloses Abwandern macht Widerspruch vergleichsweise aufwendig, so dass der betreffende Markt untergehen kann. Faule Monopolisten besitzen aber ein Interesse an begrenzter Abwanderung, um sich Ärger vom Hals zu schaffen. In politischen Systemen erklärt dies eine fehlende Wahlbeteiligung in Demokratien ebenso wie die akzeptierte Emigration Unzufriedener in Gewaltsystemen. Die sich gegenseitig verstärkende Interaktion von Abwanderung und Widerspruch war deutlich in der Endphase der ehemaligen DDR im Herbst 1989 zu beobachten.

Wenn nun für ein Individuum die begründete Vermutung besteht, durch Widerspruch Veränderungen auslösen zu können, von denen es dann selbst profitiert, dann erzeugt dies »Loyalität«, die Abwanderung in Schach hält. Unternehmen setzen derartige Signale im Rahmen der Kundenbindung ein. Im Zeitalter der Globalisierung bändigt die Option der Abwanderung den Leviathan und erzeugt Systemwettbewerb (Blum 2002) und ökonomische Entwicklung (Krugman 1996).

Lit.: U. Blum: »Wettbewerb«, in: C. Herrmann-Pillath (Hg.): *Handbuch evolutorische Ökonomik*, Springer: Berlin, 2005; A.O. Hirschman: *The Strategy of Economic Development*, New Haven: Yale UP, 1958; P. Krugman: *Development, Geography, and Economic Theory*, Cambridge, MA: MIT Press, 1993.

Ulrich Blum

Hotelling, Harold

Harold Hotelling wurde am 29. September 1895 in Fulda, Minnesota, geboren, studierte Journalismus und Mathematik an der University of Washington in Seattle und promovierte 1924 in Mathematik an der Princeton University. Er arbeitete und lehrte von 1924 bis 1931 in Stanford, wechselte 1931 als Professor für Ökonomie an die Columbia University und erhielt 1946 einen Ruf an die University of North Carolina, Chapel Hill, wo er eine Professur für mathematische Statistik sowie eine Professur für Ökonomik innehatte. Bis zu seiner Emeritierung im Jahre 1966 blieb Hotelling in Chapel Hill, wo er am 26. Dezember 1973 verstarb.

The Economics of Exhaustible Resources

EA: in: *Journal of Political Economy*, 39/2, 1931, S. 137–175. **AA:** in: *Environmental Economics*, 2001, S. 83–112.

Hotellings Schwerpunkte in Lehre und Forschung waren die mathematische Statistik und die mathematische Wirtschaftstheorie. Mit seinem 1929 erschienenen Beitrag »Stability in Competition« lieferte er einen spieltheoretischen Ansatz zur Erklärung von Standortentscheidungen in einem Duopol. 1931 erschien mit dem Aufsatz »The Economics of Exhaustible Resources« die Grundlage der Ökonomik erschöpfbarer Ressourcen. Laut Hotelling stellt eine erschöpfbare natürliche Ressource für ihren Eigentümer einen Kapitalwert dar. Ziel eines einzelnen Ressourcenbesitzers ist die Maximierung dessen Barwertes. Der Kapitalwert einer Ressourceneinheit ergibt sich aus der Differenz der Extraktionskosten und dem am Markt zu erzielenden Preis. Der Höhe dieser Rente und ihrer zeitlichen Entwicklung gilt das Hauptaugenmerk des Aufsatzes. Entgegen der bereits zu seiner Zeit verbreiteten Ansicht, dass der Preis für erschöpfbare natürliche Ressourcen zu niedrig sei und diese daher auf Kosten künftiger Generationen verschwendet würden, argumentiert Hotelling, dass aufgrund von Marktunvollkommenheiten der Ressourcenpreis zu hoch sei. Zur Analyse zieht Hotelling die Methode der Variationsrechnung heran, die ihm die Ableitung dynamischen Optimierungsverhaltens erlaubt. Hotelling zeigt, dass der Ressourcenpreis die Endlichkeit einer erschöpfbaren Ressource widerspiegeln muss. Dieser Knappheitspreis – auch Schattenpreis genannt – muss in einem Markt vollkommenen Wettbewerbes mit dem herrschenden Marktzins ansteigen. Diese Marktlösung ist auch gesamtgesellschaftlich optimal, dennoch wird die Notwendigkeit staatlicher Eingriffe betont, wenn der Ressourcenmarkt durch Unvollkommenheiten geprägt ist. Besondere Aufmerksamkeit widmet

Hotelling dabei dem Verhalten eines Ressourcenmonopolisten und der Frage, wie sein Verhalten durch Steuern beeinflusst werden kann.

Hotelling vollzog mit seinem Beitrag den entscheidenden Schritt zur Erklärung nicht nur der optimalen Extraktion einer erschöpfbaren Ressource (wie dies bereits zuvor L. Gray in einem weithin unbeachtet gebliebenen Aufsatz getan hatte), sondern des daraus resultierenden Preispfads. Alle Erklärungsansätze zur Preisbildung auf Märkten mit erschöpfbaren Ressourcen greifen auf diese sogenannte Hotelling-Regel zurück, derzufolge der Schattenpreis einer erschöpfbaren natürlichen Ressource im Zeitablauf mit dem Zins ansteigen muss.

Lit.: P.S. Dasgupta/G.M. Heal: *Economic Theory and Exhaustible Ressources*, Cambridge et al.: Cambridge UP, 1995 (Nachdr.); L.C. Gray: »Rent Under the Assumption of Exhaustibility«, in: *Quarterly Journal of Economics*, 28, 1914, S. 466–489; H. Siebert: *Ökonomische Theorie natürlicher Ressourcen*, Tübingen: Mohr, 1983; H. Wacker/J.E. Blank: *Ressourcenökonomik*, Bd. II: *Erschöpfbare natürliche Ressourcen*, München: Oldenbourg, 1999.

Jürgen E. Blank

Jevons, William Stanley

William Stanley Jevons (1.9.1835 bis 13.8.1882) zählt neben Menger und Walras zu den Pionieren der Neoklassik und den Hauptprotagonisten der *Marginalist Revolution* (Grenznutzenschule) – wenn auch Cournot, Thünen oder Gossen zuvor ähnliche Entdeckungen gemacht hatten. Jevons studierte u. a. Mathematik und Chemie, ehe er sich später in London dem Studium der Logik und Politischen Ökonomie zuwandte. Anfang der 1860er Jahre reifte sein Vorhaben, die Politische Ökonomik auf neue, logische Grundlagen zu stellen. 1866 veröffentlichte Jevons im *Statistical Journal* seinen »Brief Account of a General Mathematical Theory of Political Economy«, der bereits zentrale Ideen der *Theory* von 1871 enthielt. Später folgten ein *Treatise on Logic and the Scientific Method* (1874) sowie Arbeiten u. a. zur Geldtheorie. Das Hauptwerk ist aber die *Theory*; bei den breiter angelegten *Principles of Economics* (1905) handelt es sich um ein posthum veröffentlichtes Fragment.

The Theory of Political Economy

EA: London-New York: Macmillan, 1871; 2. überarb. & erw. Aufl.: London: Macmillan, 1879 (mit einem neuen Vorwort, das die Rezeption der ersten Ausgabe diskutiert. Neu eingeführt wird ein Kapitel zur »Theorie der Dimensionen ökonomischer Mengen«). **AA:** Nachdr. der 1., 2. & 4. Aufl., in: *Writings on Economics*, London: Palgrave- Macmillan, 2000, Bd. 1–3. **DA:** *Die Theorie der Politischen Ökonomie*, Jena: G. Fischer, 1924 (Übers. der 4. Aufl.).

Im Vorwort charakterisiert Jevons sein Buch als »Versuch […], die Volkswirtschaftslehre als eine Mathematik der Lust- und Unlustgefühle darzustellen«. Er bestreitet Mills Aussage, die Klassik habe die wesentlichen Probleme der Ökonomik abschließend gelöst: Vor allem Fragen der Werttheorie und des Lohns seien bisher nicht konsistent und befriedigend analysiert. Dies leiste erst seine Theorie, die in Analogie zur Mechanik ökonomische Zusammenhänge aus Konzepten wie Gleichgewicht und Infinitesimalgrößen herleitet. In Kapitel I (Einführung) verkündet Jevons fast unvermittelt die revolutionäre Losung, »daß der Wert vollständig vom Nutzen abhängt«. Damit war die überlieferte Arbeitswerttheorie erledigt. Die klassische Bevölkerungslehre, Rententheorie und die Gesetze von Angebot und Nachfrage werden zwar von Jevons ausdrücklich akzeptiert. Er gibt ihnen aber eine strengere mathematische Form und (im Ansatz) auf Grenznutzen basierende Erklärungen. Zentrales Element der *Theory* ist die Rückführung der wichtigsten ökonomischen Zusammenhänge auf eine Grundidee: die »Mechanik des Eigennutzes und der Nützlichkeit«. Das ökonomische Problem ist die Steigerung der Lustgefühle (»comfort and pleasure«) durch Konsum von Gütern, deren Herstellung »Unlustgefühle« erzeugt. Durch Tausch versucht jedes Individuum, die positive Summe beider Komponenten zu maximieren. Die Zusammenhänge von Nutzentheorie (Kap. III) und Arbeitstheorie (Kap. V) schafft somit die Tauschtheorie (Kap. IV). Das heißt auch: Es wird »der Wert der Arbeit durch den Wert des Produkts, nicht der Wert des Produkts durch den Wert der Arbeit bestimmt«. Der Wert des Produkts wiederum bestimmt sich durch sein Tauschverhältnis. Und das Tauschverhältnis wird durch die Grenznutzen bestimmt, die das Gut den Tauschenden stiftet. Als »allerwichtigsten Punkt« nennt Jevons das (im heutigen Sprachgebrauch) Gesetz vom abnehmenden Grenznutzen (bei Jevons: »final degree of utility«). Nun lässt sich »Ökonomie als Infinitesimalrechnung bezüglich Freude und Leid behandeln« – ausgedrückt etwa in Jevons' berühmten Tauschgleichungen, aus denen dann mikroökonomisch fundierte Marktgleichgewichte abgeleitet werden konnten. Zwar führt Jevons nicht explizit Angebots- und Nachfragekurven ein, doch wird die Theorie vom Ausgleich der Grenznutzen beim Gleichgewichtspreis schon klar definiert (Jevons erfuhr erst später vom Urheber des Zweiten Gossenschen Gesetzes). Bemerkenswert ist auch, dass Jevons' Kapitaltheorie (Kap. VII) eine, wenn auch noch recht grobe, grenzproduktivitätstheoretische Interpretation des Zinses erkennen lässt.

Jevons' Innovation lässt sich knapp charakterisieren als eine neue Kombination des Benthamschen Utilitarismus, der Infinitesimalrechnung und der statischen Mechanik, wie sie die Ökonomik bis dahin nicht kannte, aber bald als paradigmatischen Kern anerkennen und weiterentwickeln sollte. Jevons' *Theory* stieß zunächst auf Unverständnis – außer bei Walras, der zum wichtigsten Verbündeten und Kommunikationspartner wurde. Vor allem Marshall sollte nur wenig später Jevons' Programm aufgreifen und weiterentwickeln, auch wenn er Jevons' Eigenleistung eher gering schätzte. Edgeworth konkretisierte die Analyse der Tauschrelationen, indem er erstmals Indifferenz- und Kontraktkurven einführte und Jevons an wichtigen Stellen korrigierte. In den USA machte sich vor allem John B. Clark um die Verbreitung der *Marginalist Revolution* verdient. Heute ist die Grenznutzenanalyse zentraler Bestandteil ökonomischer Analyse.

Lit.: R.D. Collison Black: *Vademecum zu einem Klassiker der Grenznutzenschule*, Düsseldorf: Verlag Wirtschaft und Finanzen, 1995; M. Blaug: *Great Economists Before Keynes*, Brighton: Wheatsheaf, 1986; S.J. Peart: *The Economics of W.S. Jevons*, London: Routledge, 1996; M. Schabas: *A World Ruled by Number. William Stanley Jevons and the Rise of Mathematical Economics*, Princeton, NJ: Princeton UP, 1990.

Michael Wohlgemuth

Keynes, John Maynard

Am 5.6.1883 wurde John Maynard Keynes in Cambridge als Sohn eines Professors für Logik und Politische Ökonomie geboren. Schon früh kam er in den Genuss einer vorzüglichen Bildung: Er besuchte die Eliteschule Eton, wo ihm in fast allen Fächern ein außerordentliches Talent bescheinigt wurde. Später studierte er am King's College Mathematik, Geschichte und Philosophie, vertiefte sich jedoch bald in Studien der Ökonomie. Hier wurde Alfred Marshall sein Lehrer. Nach seinem Examen arbeitete Keynes zunächst für das Indian Office der britischen Regierung und verfasste auf Grundlage seiner Erfahrungen *Indian Currency and Finance*. Bald darauf wurde er Dozent am King's College, war aber auch in ganz anderen Bereichen tätig: Er verkehrte häufig im Bloomsbury Circle um Virginia Woolf, wurde Herausgeber des *Economic Journal* und Mitglied der Royal Comission on Indian Finance and Currency. 1919 nahm Keynes als Vertreter des Schatzamtes an den Friedensverhandlungen in Versailles teil, schied jedoch aus den Gesprächen aus, weil er die exorbitanten Forderungen von Reparationszahlungen an Deutschland für unvertretbar hielt. Noch im selben Jahr erschien *The Economic Consequences of the Peace*, eine Veröffentlichung, die ihn schlagartig bekannt machte. 1936 erschien schließlich sein Hauptwerk *The General Theory of Employment*. Nach schwerer Krankheit übernahm er 1940 einen Posten im Beraterstab des Schatzamtes und wurde Direktoriumsmitglied der Bank of England. 1942 als Lord Keynes of Tiltoni in den Adelstand erhoben, wurde er Mitglied des Oberhauses. Im Alter von fast 63 Jahren starb Keynes am 21.4.1946 an Herzversagen.

Nikolaus Piper

A Treatise on Money

EA: 2 Bde., London-New York: Macmillan, 1930. **DA:** Vom Gelde, Berlin: Duncker & Humblot, ^{3}1983.

Das 1930 in zwei Bänden veröffentliche Werk *A Treatise on Money* ist eine umfassende Abhandlung über Geldtheorie und -institutionen. Keynes' Unzufriedenheit mit dem Stand der ökonomischen Theorie sowie mit der Geldpolitik Großbritanniens in den zwanziger Jahren ist der Grund für die Abfassung des *Treatise*, der der »reinen« bzw. der »angewandten« Geldtheorie gewidmet ist. Im Unterschied zum geldtheoretischen im Zeichen der Neoklassik stehenden Konzept des *Tract on Monetary Reform* (1923) bricht Keynes' *Treatise* mit dem herrschenden Dogma. Der Autor setzt sich im Vorwort das Ziel, nicht nur das statische Gleichgewicht, sondern auch das Ungleichgewicht und die Dynamik der Übergangsprozesse des Geldsystems zu untersuchen. Für sein Modell, das in vielem auf Wicksells Theorie der Kreditwirtschaft (Wicksell 1968) zurückgeht, verwirft Keynes die Quantitätstheorie als für seine Zwecke unbrauchbar, andere klassische Elemente bleiben jedoch bestehen. Ansatzweise lassen sich bereits Gedanken erkennen, die später die Basis für seine Liquiditätspräferenztheorie darstellen, so dass man das Werk als einen Schritt auf dem Weg zur *General Theory* begreifen kann. Nachdem in den ersten zwei Büchern die Natur und der Wert des Geldes erörtert werden, diskutiert Keynes in den Büchern 3 und 4, dem eigentlichen Kern des *Treatise*, seine fundamentalen Gleichungen und die Dynamik des Preisniveaus. Die Grundgleichungen sind Tautologien, die erst mit der Einführung des funktionellen Zusammenhangs zwischen Investition und Profit einerseits und Investition, Ersparnis und Zinsrate andererseits einen ökonomischen Sinn bekommen und so einen brauchbaren Rahmen für die Analyse der dynamischen Anpassungsprozesse liefern. Unerwartete Gewinne bzw. Verluste, definiert als die Differenz von Investition und Ersparnis in der aktuellen Periode ($Q = I - S$), bestimmen zusammen mit der Zinsrate das Investitionsniveau in der nächsten Periode. Gewinne unterscheiden sich von Einkommen und haben besondere Bedeutung, da sie automatisch in den Kapitalstock einfließen. So können nur unerwartete Gewinne eine Produktionszunahme bewirken. Hingegen bringt Keynes' Bananenparabel den Gedanken zum Ausdruck, dass im Gegensatz zur klassischen Theorie erhöhte Ersparnis nicht zur Kapitalbildung und Produktionszunahme, sondern zur Preissenkung führt. Die durch die Preissenkung verursachten unerwarteten Verluste führen zur Verschlechterung der Unternehmenserwartungen bezüglich zukünftiger Rentabilität, was eine Reduzierung der Investitionen zur Folge hat. Das Gleichgewicht kann wiederhergestellt werden, indem die »Sparkampagne« beendet oder die Investitionen stimuliert werden, so dass der Wert der Investitionen dem der Ersparnisse entspricht. Diese Gleichgewichtsbedingung folgt aus der Gleichung $Q = I - S$: Das Gleichgewicht der Kaufkraft des Geldes erfordert, dass die Gewinne gleich Null sind, so dass das Gleichgewicht eine Situation beschreibt, in der die Unternehmer keinen Anreiz haben, ihr Verhalten zu ändern. Die Behandlung des Gleichgewichts in Bezug zur Markträumung bleibt im *Treatise* unklar. Kurzfristig ist der Output durch Vollauslastung aller vorhandenen Produktionsfaktoren fixiert, die durch frühere Investitionsentscheidungen und exogene Faktoren – z. B. Bevölkerungswachstum – bestimmt werden. Keynes geht davon aus, dass die Gütermärkte und der Arbeitsmarkt geräumt werden, die Finanzmärkte jedoch nicht. Während sich im Werk Anmerkungen zur Nichtauslastung verschiedener Produktionsfaktoren finden, gibt es keine ausgearbeitete Theorie der Beschäftigung und des Outputs. Anpassungen vollziehen sich durch Änderungen in den Preisen, nicht in den Mengen. Diese Anpassungen zum Gleichgewicht hin sowie das eigentliche Gleichgewicht selbst werden durch den Zins bestimmt. Investition, Ersparnis (in der Bananenparabel nimmt Keynes implizit an, dass die Ersparnis von Einkommen unabhängig und die Grenzneigung zum

Konsum gleich 1 ist; in der *General Theory* werden diese Defizite durch die Einführung der Konsumfunktion beseitigt) und Umlaufgeschwindigkeit hängen vom Zinssatz ab. Ein neuer Gedanke in der Zinsdiskussion ist Keynes' Auffassung von Geld als einem Vermögens- und Wertaufbewahrungsmittel – eine Überlegung, aus der sich in der *General Theory* eine Liquiditätstheorie des Zinses herauskristallisiert. So ist der Gleichgewichtspreis von Investitionsgütern derjenige, bei dem die Bereitschaft der Öffentlichkeit, Sparanlagen zu halten, mit der Menge von Spardepositen übereinstimmt, die das Banksystem zur Verfügung stellen kann und will. Kennzeichnend für Keynes' Zinstheorie ist auch die starke Anlehnung an Wicksells Modell der Kreditwirtschaft, wonach Investitionen und Ersparnisse nur den gleichen Wert haben, wenn der Marktzinssatz mit dem »natürlichen« Zinssatz übereinstimmt. In diesem Fall entspricht Keynes' Gleichgewichtsmodell einem quantitätstheoretischen Standardmodell. Sind die zwei Zinssätze nicht identisch, kann sich das Niveau der Investitionen von dem der Ersparnisse unterscheiden, da die Investitions- und Sparentscheidungen durch verschiedene Wirtschaftsakteure getroffen werden. Daraus resultieren unerwartete Gewinne bzw. Verluste, die zum Ungleichgewicht führen. Nur die Zentralbank ist in Keynes' Modell in der Lage, durch die Bestimmung eines passenden Zinssatzes das Gleichgewicht wiederherzustellen. Im zweiten Band zum Thema der »angewandten« Geldtheorie testet Keynes sein Modell durch die Anwendung auf Wirtschaftsdaten der zwanziger Jahre. Es werden auch Bank- und Finanzsysteme sowie Regulierungs- und Managementprobleme auf nationaler und internationaler Ebene abgehandelt. So können laut Keynes Divergenzen zwischen dem natürlichen und Marktniveau von Zinssätzen entweder kumulative Inflation oder kumulative Deflation verursachen. Als adäquate Maßnahmen zur Bekämpfung der Wirtschaftsdepression von 1930 empfiehlt Keynes eine auf internationaler Ebene abgestimmte Zinssenkung und expansionäre Offenmarktgeschäfte der Zentralbanken und befürwortet zudem die Einführung einer gesteuerten Weltwährung auf Basis des Goldstandards.

A Treatise on Money erschien Ökonomen in vieler Hinsicht als revolutionär (Dimand 1988). Dies galt insbesondere für die Analyse der Auswirkungen der Zinssätze auf Investitionen und Preisniveau, aber auch für das Verständnis von Geld als einem Wertaufbewahrungsmittel, dessen Nachfrage nicht nur vom Einkommen, sondern auch vom Vermögen und von den Wertpapierpreisen abhängig ist. Ebenso innovativ war Keynes' Ungleichgewichtsanalyse mit der Differenzierung zwischen erwarteten und tatsächlichen Profiten und mit der Begründung wirtschaftlicher Ungleichgewichte durch mangelnde Nachfrage. Keynes' Diskussion von Investition und Ersparnis stieß auf weniger Akzeptanz. So bemängelt Hayek das Fehlen einer adäquaten Kapitaltheorie sowie Keynes' Vorstellung, dass Unternehmensgewinne die einzige Quelle von Produktionserhöhung darstellten. Keynes selbst war sich der Mängel seines Werks, das er als sein *opus magnum* geplant hatte, vollkommen bewusst und war bemüht, seine Fehler und Versäumnisse in der *General Theory* zu korrigieren.

Lit.: J.C. Gilbert: *Keynes's Impact on Monetary Economics*, London: Butterworths, 1983; R.W. Dimand: *The Origins of the Keynesian Revolution. The Development of Keynes' Theory of Employment and Output*, Palo Alto, CA: Stanford UP, 1988; L.R. Klein: *The Keynesian Revolution*, New York: Macmillan, [2]1966; A.H. Meltzer: *Keynes's Monetary Theory. A Different Interpretation*, Cambridge: Cambridge UP, 1988; H.P. Minsky: *John Maynard Keynes*, New York: Columbia UP, 1975.

Andrey Zinoview

The General Theory of Employment, Interest, and Money

EA: London et al.: Macmillan/New York: Harcourt, Brace & Co., 1936. **AA:** Amherst, NY: Prometheus, 1997. **DA:** *Allgemeine Theorie der Beschäftigung, des Zinses und des Geldes*, Berlin: Duncker & Humblot, 1936 ([9]2002).

Die *General Theory* gilt als das wichtigste Werk John Maynard Keynes'. Nach seiner Überzeugung hatte die neoklassische (Keynes selbst nannte sie »klassische«) Theorie die Rolle des Geldes in der Realwirtschaft noch nicht begriffen, er suchte nach einer »monetären Theorie der Produktion«. Erstes Ergebnis dieser Suche war der *Treatise on Money* (1930). Die *General Theory* war eine Weiterführung, teilweise auch ein Widerruf des *Treatise* und entstand nach intensiven Debatten mit seinen Freunden und Schülern, darunter Richard Kahn, Joan Robinson, John Hicks und Piero Sraffa. Der Kern der *General Theory* ist eine Modifikation des neoklassischen Gleichgewichtsmodells: In diesem gleicht der Zins Sparen und Investieren aus, der Lohnsatz Arbeitsangebot und -nachfrage. Arbeitslosigkeit kann nur infolge zu hoher Reallöhne entstehen. Für Keynes ist dieses Modell nur ein Spezialfall der Realität; es gilt nur dann, wenn bereits Vollbeschäftigung herrscht. In seiner *Allgemeinen Theorie* sind die Gleichgewichtsmechanismen komplizierter: Die Beschäftigung hängt von der effektiven Nachfrage ab; die wiederum setzt sich aus Konsum und Investitionen ($Y = C + I$) zusammen. Die Konsumfunktion wird durch ein »fundamentales psychologisches Gesetz« bestimmt: Der Konsum steigt mit dem Einkommen, aber nicht im selben Tempo; die Konsumneigung $\Delta C/\Delta Y$ ist positiv, aber kleiner als 1. So entsteht in einer wachsenden Wirtschaft eine Nachfragelücke, die durch Investitionen geschlossen werden muss. Es ist aber nicht garantiert, dass diese Investitionen das Vollbeschäftigungsniveau erreichen, denn sie hängen von den erwarteten Gewinnen ab, der *marginal efficiency of capital* (»Grenzleistungsfähigkeit des Kapitals«). Sind die Gewinnerwartungen niedriger als der Geldzins, so unterbleiben die notwendigen Investitionen.

Man kann dann nicht darauf bauen, dass sinkende Zinsen einen Ausgleich schaffen, denn der Geldzins wird bestimmt durch die »Liquiditätspräferenz« der Anleger, und die ist ebenfalls an Zukunftserwartungen gekoppelt. Sind diese entsprechend negativ, so kommt es zu einem »Gleichgewicht bei Unterbeschäftigung«. Dieses kann, so der Schluss von Keynes, nur durch den Staat behoben werden: durch gezielte Zinssenkungen seitens der Zentralbank oder durch Beschäftigungsprogramme bzw. *deficit spending*. Die zusätzlichen Staatsausgaben (Keynes behandelt sie wie autonome Zusatzinvestitionen) schaffen zusätzliches Einkommen in vielfachem Umfang. Dieses Vielfache nennt Keynes den »Multiplikator«: $k = \Delta Y/\Delta I$, dessen Höhe durch die Konsumneigung bestimmt wird, und zwar wegen des Zusammenhangs $\Delta C/\Delta Y = 1-1/k$. Der Multiplikator ist umso größer, je größer die Konsumneigung ist.

Die *General Theory* ist eines der einflussreichsten Bücher der Wirtschaftsgeschichte. Keynes' Gedanken haben die Konjunkturpolitik aller Industrieländer bis zur Mitte der 1970er Jahre geprägt. Dazu hat auch die Formalisierung und Popularisierung der *General Theory* durch Hicks und Samuelson beigetragen (IS-LM-Schema, neoklassische Synthese). Für die Formalisierung musste der Keynesianismus jedoch einen hohen Preis bezahlen: Das dynamische Element in der *General Theory*, der Blick auf die Zukunftserwartungen, ging verloren. So entstand ein »hydraulischer Keynesianismus«, der Keynes' Gedanken mechanisch umsetzte und so scheitern musste.

Lit.: A. Hansen: *A Guide to Keynes*, New York: McGraw-Hill, 1953; R.E. Harrod: *The Life of John Maynard Keynes*, London: Macmillan, 1951; Ch.H. Hession: *John Maynard Keynes*, Stuttgart: Klett-Cotta, 1986; A. Leijonhufvud: *On Keynesian Economics and the Economics of Keynes*, London-New York: Oxford UP, 1968.

Nikolaus Piper

Kindleberger, Charles Poor

Charles P. Kindleberger wurde am 12.10.1910 in New York City geboren und studierte an der University of Pennsylvania sowie der Columbia University, wo er 1937 promoviert wurde. Bevor er 1948 in den Fachbereich Wirtschaftswissenschaften des MIT eintrat, arbeitete er u. a. in der Federal Reserve Bank of New York, der Bank for International Settlements in Basel und im European Recovery Program des State Department. Zu seinen Schülern gehören Jagdish Bhagwati, Paul Krugman und Robert A. Mundell. Kindlebergers Interessen verlagerten sich im Laufe der Jahre von der Analyse der Devisenmärkte zu allgemeinen Fragen des Außenhandels und der Multinationalen Unternehmung und schließlich vorwiegend zur Wirtschafts- und Finanzgeschichte. Einen besonderen Schwerpunkt bildete dabei das wirtschaftliche Kräftemessen der imperialistischen Staaten und die daraus resultierenden ökonomischen Krisen. Er verfasste insgesamt etwa 30 Bücher; spätestens mit seinem Alterswerk, *World Economic Primacy: 1500 to 1990*, hat sich der Autor in die Liga der großen Wirtschaftshistoriker wie Braudel, Cipolla, Hobsbawm, North und Wallerstein geschrieben. Kindleberger starb am 7.7.2003 in Cambridge.

Hanns-D. Jacobsen

Manias, Panics, and Crashes

A History of Financial Crisis

EA: London et al.: Macmillan, 1978. **AA:** New York et al.: Wiley, [4]2000. **DA:** *Manien – Paniken – Crashs. Die Geschichte der Finanzkrisen dieser Welt*, Kulmbach: Börsenmedien, 2001.

Die Asienkrise, die japanische Finanzmarktkrise, der russische Virus, der drohende Konkurs der LTCM-Hedge-Fonds, das Platzen der Blase am US-Aktienmarkt – auch nach der Jahrtausendwende ist die Welle der Finanz- und Währungskrisen nicht abgerissen. Im Gegenteil! Mit der rasch fortschreitenden Liberalisierung der Weltkapitalmärkte scheinen die Krisen zuzunehmen. Ein Beweis, dass Kindlebergers *Manias, Panics, and Crashes* zeitlos ist. Der Rückblick auf die Geschichte erleichtert das Verständnis der Gegenwart. Entsprechend ist das Werk inzwischen in der 4. Auflage erschienen – vor dem Hintergrund unterschiedlicher Krisen, aber gleichbleibender Grundproblematik. Während sich die Auflage weitgehend mit der Vorkriegszeit befasste, war die 2. Auflage (1989) eine Antwort auf den Crash an der Wall Street im September 1987. Die 3. Auflage (1996) erschien im Schatten der im Dezember 1989 geplatzten japanischen *bubble*. Im Vorwort hatte Kindleberger vor einer möglichen Spekulationsblase bei Technologiewerten gewarnt. Nachdem diese nun tatsächlich geplatzt war, fand die jüngste Auflage (2000) wieder eine interessierte Leserschaft. Der sprachgewandte und weltmännische Kindleberger zeigt Schadenfreude: »I am ashamed to say I enjoy the decline in the stock market.« Die Stärke von Kindlebergers Buch liegt in der Kontinuität des historischen Rückblicks. Während die Wirtschaftstheorie mit jeder Krisenwelle eine neue Generation von Krisenmodellen hervorbringt, setzt Kindleberger auf die Konstanz menschlicher Handlungsmuster. Bewusst lehnt er eine mathematische oder ökonometrische Modellierung ab. Sein Detailbericht ist mächtiger: Die unerschöpflich wirkenden Fallbeispiele reichen von der flüchtigen Börsenkrise bei holländischen Tulpenzwiebeln im Jahr 1636 über die große Depression der 1930er Jahre bis hin zur jüngsten Technologieeuphorie.

Die 4. Auflage ist in 12 Kapitel unterteilt. Kapitel 2 beschreibt das der Studie zugrunde liegende Krisenmodell, das auf dem Ideengut von Adam Smith, John Stuart Mill, Knut Wicksell und Hyman Minsky basiert. Spekulation, Kreditexpansion, Umschwung, Panik und schließlich Zusammenbruch sind die Grundelemente. In den darauffolgenden Kapiteln werden die einzelnen Facetten der Krisen beleuchtet. Kapitel 3 illustriert anschaulich das Wesen der Spekulation. Exogene Schocks wie Kriegsbeginn oder Kriegsende, gute oder schlechte Ernten – oder die Liberalisierung von Finanzmärkten lösen den kumulativen Prozess nach oben aus: »Monkey see, monkey do.« Individuelle Rationalität und Irrationalität des Marktes gehen miteinander einher. Die Liste der Spekulationsobjekte ist lang: Aktien, Wertpapiere, Immobilien, Land, Exportgüter, Kanäle, Devisen, neue Industrien... Kindleberger betont die besondere Rolle des monetären Sektors (Kap. 4). Übermäßige Geldschöpfung durch Zentral- oder Geschäftsbanken sei ein wesentlicher Faktor für Krisen. Oft sei es für die Zentralbank schwierig, die Spekulation einzudämmen. Wie immer wieder neue Schlupflöcher im Steuersystem gefunden würden, so bringe der Finanzsektor neue Formen der Kreditschöpfung hervor. Nach einem Exkurs über die Rolle von Schwindel und Betrug (Kap. 5) befasst sich Kapitel 6 mit der Anatomie der Krise. Ist es möglich, die Krise aufzuhalten? Und was löst den Umschwung aus? Wie an Alan Greenspans »Irrational Exuberance« verdeutlicht wird, sind Warnungen nicht immer erfolgreich. Unterschiedliche Ereignisse bringen schließlich die Wende: Bankrotte, die Enthüllung von Unstimmigkeiten oder das Anheben des Leitzinses durch die Zentralbank. Kapitel 7 und 8 sind den Ansteckungseffekten gewidmet. Wie detailliert aufgezeigt wird, können Spekulation und Krisen im In- (Kap. 7) und Ausland (Kap. 8) um sich greifen. Kindleberger identifiziert vielschichtige Transmissionskanäle in Güter-, Kapital- und Devisenmärkten. Die Argumentation gipfelt in der entscheidenden Frage nach Vorbeugung und Therapie. Soll ein *lender of last resort* auf nationaler wie internationaler Ebene die Ausbreitung der Krise verhindern (Kap. 9–11)? Oder finden die Märkte – nach einem notwendigen Ausleseprozess – selbst zur Stabilität zurück? Im Schlusskapitel (12) zeigt sich Kindleberger pragmatisch. Monetaristischer Fundamentalismus sei schädlich. Ein *lender of last resort* sei notwendig, da er die Anpassungskosten reduziert. *Moral hazard* müsse innerhalb dieses Rahmens so weit wie möglich begrenzt werden.

Ob damit eine allgemeingültige Lösung gefunden ist, scheint fraglich. Auch Kindleberger hat kein Allheilmittel gegen Krisen gefunden. Doch ist das auch nicht der Anspruch seines Werkes. *Manias, Panics, and Crashes* verdeutlicht vielmehr, dass Spekulation und Panik ein fester Bestandteil menschlicher Psychologie und damit der Märkte sind. Die nächste Krise steht bevor.

Lit.: M. Feldstein (Hg.): *International Capital Flows*, Chicago, IL: U of Chicago Pr., 1999; C. Goodhart/G. Illing (Hg.): *Financial Crisis, Contagion, and the Lender of Last Resort*, Oxford- New York: Oxford UP, 2002; P. Krugman: *Currencies and Crises*, Cambridge, MA: MIT, 1995.

Gunther Schnabl

Klein, Lawrence Robert/Arthur Stanley Goldberger

Lawrence R. Klein (geb. am 14. September 1920 in Omaha, Nebraska, gest. am 20. Oktober 2013 in Gladwyne, Pennsylvania) trat 1944 dem ökonometrischen Forschungsteam der Cowles Commission an der University of Chicago bei. Ausgehend von Jan Tinbergens Untersuchungen zum US-amerikanischen Konjunkturzyklus entwickelte er eigene Modellversuche, die er erstmals im Jahre 1950 veröffentlichte (*Economic Fluctuations in the United States*, 1950). Das im vorliegenden Werk beschriebene Modell entstand während Kleins Tätigkeit im Survey Research Center der University of Michigan und in Zusammenarbeit mit seinem dortigen Assistenten Arthur S. Goldberger (geb. 1930 in Brooklyn, New York, gestorben am 20. November 2009 in Madison, Wisconsin).

1980 wurde Lawrence R. Klein für seine Entwicklung ökonometrischer Modelle und deren Anwendung auf konjunkturelle Schwankungen und die Wirtschaftspolitik mit dem Nobelpreis für Wirtschaftswissenschaften ausgezeichnet.

An Econometric Model of the United States, 1929–1952

EA: Amsterdam: North-Holland, 1955. **AA:** [3]1969.

Der primäre Gegenstand des aus 15 Struktur- und fünf Definitionsgleichungen bestehenden Modells ist die Bestimmung der realen Nachfragekomponenten des Bruttosozialprodukts, der Produktionsfunktion, verschiedener realer Einkommensgrößen, des Preisniveaus und der Liquiditätspräferenz. Geschätzt wurde das auf Jahresdaten basierende Modell mit der *Limited-Information-Maximum-Likelihood*-Methode für den Zeitraum von 1929 bis 1950, jedoch unter Ausschluss der Kriegsjahre (1942–1945). Die Schätzergebnisse wurden für jede Gleichung dokumentiert und graphisch veranschaulicht; einige erklärende Variablen – insbesondere der langfristige Zinssatz in der Investitionsfunktion als wichtiges Bindeglied zwischen monetärer und realer Wirtschaft – konnten aufgrund unplausibler Parameterschätzungen nicht beibehalten werden. Auf eine eingehende statistische Analyse der Schätzergebnisse wurde verzichtet. Den eigentlichen Test ihres Modells sahen die Autoren in der Feststellung seiner Prognoseleistung. Anfang 1953 führten sie zum einen für die direkt dem Schätzzeitraum folgenden Jahre 1951 und 1952 Modellextrapolationen durch, bei denen die nun bekannten Werte der exogenen und verzögert endogenen Variablen vorgegeben wurden. Zum anderen erstellten sie für das Jahr 1953 und später – mit einer revidierten Modellversion – auch für das Jahr 1954 *ex ante*-Prognosen, welche die gesamtwirtschaftliche Entwicklung mit Ausnahme der Inflation relativ genau vorhersagten. Daneben simulierten sie mit dem Modell verschiedene fiskalpolitische Varianten und berechneten die jeweiligen Multiplikatoren; die Dynamik wurde in einem späteren Werk von Goldberger (*Impact Multipliers and Dynamic Properties of the Klein-Goldberger Model*, 1958) untersucht.

Nicht zuletzt aufgrund seines Prognoseerfolgs entfaltete das Werk eine belebende Wirkung für den makroökonometrischen Modellbau. Klein selbst war an einer Reihe solcher Entwicklungen innerhalb und außerhalb der USA maßgeblich beteiligt. Bekannt geworden sind vor allem die umfangreichen Vierteljahresmodelle der Brookings Institution und der Wharton School sowie – auf internationaler Ebene – das LINK-Projekt als Modellverbund.

Lit.: R.G. Bodkin/L.R. Klein/K. Marwah (Hg.): *A History of Macroeconometric Model-Building*, Hants: E. Elgar, 1991; W. Gaab/U. Heilemann/J. Wolters (Hg.): *Arbeiten mit ökonometrischen Modellen*, Heidelberg: Physica-Verlag, 2004; A.S. Goldberger: *Impact Multipliers and Dynamic Properties of the Klein-Goldberger Model*, Amsterdam: North-Holland, 1959; L.R. Klein: *Economic Fluctuations in the United States, 1921–1941*. Cowles Commission Monographs No. 11, New York: John Wiley & Sons, 1950.

Hildegard Breig

Knapp, Georg Friedrich

Georg Friedrich Knapp wurde am 7. März 1842 in Gießen geboren. Er lehrte in Leipzig und Straßburg Nationalökonomie und wird ungeachtet der Besonderheit, dass er der bedeutendste Vertreter der nominalistischen Geldtheorie ist, der Jüngeren Historischen Schule zugerechnet. Knapp starb am 20. Februar 1926 in Darmstadt.

Staatliche Theorie des Geldes

EA: München-Leipzig: Duncker & Humblot, 1905; ^{2}1918; ^{3}1921; ^{4}1923.

Knapp entschied die seit Aristoteles immer wieder gestellte Frage, ob der Wert des Geldes direkt oder indirekt aus dem Wert des Geldstoffs oder aus seiner Bestimmung zum gesetzlichen Zahlungsmittel abzuleiten sei, eindeutig zu Gunsten der staatlichen Determinierung der Zahlungsmittel. Nie zuvor war diese Idee so entschieden vorgetragen worden. Knapp räumte nicht nur dem Gesetzgeber ein, darüber zu bestimmen, was Geld sei, sondern bestritt sogar, dass die Geld nutzenden Wirtschafter ein Recht darauf hätten, ein in irgendeiner Weise wertstabil zu nennendes Geld einzufordern. Wer die Kompetenz zur Bestimmung des gesetzlichen Zahlungsmittels hat, muss nach Knapps Auffassung auch die der Veränderung seines jeweiligen Wertes haben. Die Brisanz eines derartigen Zugeständnisses liegt darin, dass der Gesetzgeber somit stets die Möglichkeit hat, die Verträge der Privaten nachträglich in ihrer wirtschaftlichen Bedeutung zu ändern. Dies ist eine Einschätzung, die man später bei Keynes mit der Begründung wiederfindet, dass der Staat nur auf diese Weise die Vollbeschäftigung der Ressourcen absichern könne. Tatsächlich aber kann die Zirkulation des Staatszahlungsmittels ohne zusätzlichen Zwang nur so weit durch ein Gesetz gesichert werden, als eine Nachfrage des Publikums nach den Staatszahlungsmitteln im Rahmen ihrer den öffentlichen Haushalten gegenüber bestehenden Zahlungspflichten andauert. Knapp hat dies auch in seine Definition des staatlichen Geldes aufgenommen. Er grenzt das von ihm zentrisch genannte Geldsystem des Staates gegen parazentrische private Geldsysteme ab, indem er nicht die staatliche Emission als konstitutiv für das zentrische Geldsystem annimmt, sondern die Akzeptanz der Noten als Schuldentilgungsmittel an öffentlichen Kassen. Es müssten aber dann dort, wo keine «parazentrischen« Banknoten oder Münzen neben dem zentrischen Gelde zirkulieren, die Zahlungspflichten der Wirtschafter gegenüber den öffentlichen Haushalten gerade so bestimmt sein, dass sie mit den temporär zirkulierenden Noten alle Transaktionen unter den privaten Wirtschaftern ebenso ausführen könnten. Dies kann nur in einer sozialistischen Planproduktion der Fall sein. Denn wenn die öffentlichen Haushalte nicht Schulden aufnehmen, für die sie keinen Ausgabebedarf haben und die Emissionserlöse den Geschäftsbanken als Kredite anbieten, würde die verfügbare Geldmenge zu gering bleiben. Das wäre sicher ein umständlicher Weg, um die Wirtschaft mit Zahlungsmitteln zu versorgen. Knapp ist das entgangen, weil er die Notenemission bei der Staatsbank und bei der Geschäftsbank nicht als Refinanzierung von Vermögenswerten wahrnahm, sondern nur als einen Druckvorgang mit anschließender Distribution auffasste. Er sieht den technischen Vorgang der Geldemission gegen Wertpapiere, aber er erweist sich auch hier – indem er Verschuldungs*angebote* der Schuldner und Vermögenswerte darstellende Schuldtitel in der Hand von Gläubigern unterschiedslos als potenzielle Grundlage der Geldemission behandelt – als ein Vorläufer von Keynes. Damit aber zeigt er sein Missverständnis der monetär gesteuerten Marktgüterproduktion. In dieser kann der Gleichlauf zwischen Geldversorgung und Transaktionsbedarf nur durch eine bankmäßige Geldversorgung, d. h. mit einer Vermögenswerte auf dem Geldmarkt ankaufenden und verkaufenden Zentralbank sichergestellt werden. Staatszahlungsmittel können diese Zirkulation in den oben beschriebenen Grenzen ergänzen, aber niemals ersetzen, ohne die Zinssteuerung der Märkte zu zerstören. Das bedeutet dann auch, dass eine Staatsbank, die die gesamte Zirkulation zu bewältigen sich ermächtigt, keine Schulddokumente mehr zu Marktpreisen ankaufen kann – womit die Entwertung ihrer Emission immer vorbestimmt ist, weil die Zahlungsmittelemission wohl durch die Refinanzierung aus dem Eigentum der Geldnachfrager abgeleiteten Nominalvermögenswerten marktmäßig knapp gehalten werden kann, nicht aber durch die unendliche Prolongation von Schuldtiteln, seien sie nun privaten oder öffentlichen Ursprungs.

Knapps *Staatliche Theorie des Geldes* kam den antiliberalen und antidemokratischen Strömungen unter den Gebildeten in Deutschland zur Zeit des Zweiten Kaiserreiches stark entgegen und fand eine entsprechend starke Verbreitung und Anerkennung.

Lit.: M. Palyi: »Der Streit um die staatliche Theorie des Geldes«, in: *Schmollers Jahrbuch (für Gesetzgebung, Verwaltung und Volkswirtschaft im Deutschen Reich)*, 45/2+3,1922.

Hans-Joachim Stadermann

Knight, Frank Hyneman

Frank Hyneman Knight (7.11.1885 bis 15.4.1972) war Mitbegründer der Chicago School of Economics und Mitherausgeber des *Journal of Political Economy.* Der Ausgangspunkt seiner Karriere war seine an der Cornell University im Jahre 1916 vollendete Dissertation, mit welcher er bei einem Aufsatzwettbewerb einen Preis gewann. Bei ihrer Überarbeitung lag die redaktionelle Aufsicht bei J.M. Clark von der University of Chicago. Das Resultat ist *Risk, Uncertainty, and Profit*, das im Jahre 1921 erstmals erschien und 1935 mit einem neuen Vorwort des Autors in einer Reihe der London School of Economics wieder aufgelegt wurde. Von 1950 bis 1951 war er Präsident der American Economic Association – ein Zeichen für den großen Respekt, den man seiner Arbeit und seinem Werk entgegenbrachte.

Risk, Uncertainty, and Profit

EA: Boston-New York: Houghton Mifflin Company, 1921. **AA:** Washington, D.C.: Beard Books, 2002.

Knights Werk gliedert sich in drei Teile von unterschiedlichem Gewicht. Dem erklärten Ziel, Gewinn als Folge der bei Unternehmensentscheidungen typischen Unsicherheit begreiflich zu machen, geht erst der dritte Teil nach. Der zweite Teil ist der Theorie der vollkommenen Konkurrenz gewidmet, für deren Effizienzergebnisse die Abwesenheit von Unsicherheit als konstitutiv betrachtet wird. Der erste Teil enthält einleitende, begriffliche, methodologische und dogmengeschichtliche Bemerkungen. Wichtig ist die Abgrenzung der Unsicherheit vom Risiko: Letzteres stellt eine mit Hilfe der Wahrscheinlichkeitsrechnung zuverlässig kalkulierbare Größe dar, die versicherbar ist. Aus der Risikoübernahme lässt sich ein Gewinn nicht ableiten, weil man fixe, den Produktionsfaktoren zurechenbare Kosten aufbringen kann, um Risiko aufzufangen. Dagegen besteht im Fall der Unsicherheit keine Möglichkeit, unbekannte Ereignisse zuverlässig zu prognostizieren und in Kosten zu transformieren. Die häufig anzutreffende Instabilität wirtschaftlicher Prozesse macht aber gerade diesen Fall und damit unternehmerisches Handeln bedeutsam.

Knights bis heute anhaltende Bekanntheit geht vor allem auf dieses Werk zurück. Die Unterscheidung zwischen Risiko und Unsicherheit wurde immer wieder beachtet, unterschiedlich interpretiert, aber auch verworfen. Die Tatsache, dass er eine Versicherung gegen ungünstige Unternehmensergebnisse wegen des *Moral-hazard*-Problems ausschloss, verschaffte ihm die Anerkennung der 50 Jahre später einsetzenden Literatur zur asymmetrischen Information. Seine Betonung der Unsicherheit als Ursache des Gewinns findet sich im österreichischen Ansatz von Marktprozess und Unternehmertum wieder. Die unmittelbare Wirkung des Werkes war allerdings eine andere: Die Ausführungen im zweiten Teil setzten wegen ihrer Präzision und Klarheit neue Maßstäbe in der Darstellung der neoklassischen Preistheorie.

Lit.: R.B. Emett: »The Economist and the Entrepreneur. Modern Impulses in Risk, Uncertainty and Profit«, in: *History of Political Economy*, 31/1, 1999, S. 29–52; F. Philippe: »Classical Political Economy between Two Fires. Jean-Baptiste Say and Frank H. Knight on the Enterprise Economy«, in: *History of Political Economy*, 31/1, 1999, S. 1–28; I.M. Kirzner: *Wettbewerb und Unternehmertum*, Tübingen: Mohr, 1978; S.F. LeRoy/L.D. Singell Jr.: »Knight on Risk and Uncertainty«, in: *Journal of Political Economy*, 95/2, 1987, S. 394–406.

Hildegard Breig

Kondratev, Nikolaj Dimitrievič

Der russische Ökonom Nikolaj Dimitrievič Kondratev (geb. am 4. März 1892) entstammte einer bäuerlichen Familie. 1915 schloss er sein Studium am Wirtschaftswissenschaftlichen Institut der Juristischen Fakultät der Universität St. Petersburg ab und erhielt eine Stellung am Lehrstuhl für Politische Ökonomie. Der junge Gelehrte begrüßte die Revolution im Februar 1917 und engagierte sich aktiv in der Politik: Einige Zeit arbeitete er als Sekretär für Aleksandr F. Kerenskij, bald übernahm er das Amt des Vize-Ernährungsministers in dessen kurzlebiger Provisorischer Regierung. Da Kondratev der Oktoberrevolution 1917 ablehnend gegenüberstand, war er erst Anfang 1919 bereit, mit den Sowjets zusammenzuarbeiten. Sein wissenschaftliches Interesse galt Problemen der Wirtschaftskonjunktur, des allgemeinen wirtschaftlichen Gleichgewichts und der staatlichen Regulierung der Volkswirtschaft (Vorhersage, Prognose, Planung). 1920 gründete Kondratev das Moskauer Institut für Konjunkturforschung, dessen Leitung er übernahm und an dem er seine eigene wissenschaftliche Schule etablierte. Kondratevs Ideen und seine praktischen Empfehlungen standen nahezu immer im Widerspruch zur Wirtschaftspolitik der Sowjetregierung. Obwohl er somit unablässig der Kritik seiner marxistischen Gegner ausgesetzt war, verteidigte Kondratev seine Standpunkte kompromisslos. Infolgedessen verlor er 1928 seinen Direktorenposten, 1930 wurde er verhaftet und wegen angeblicher Mitgliedschaft in der sogenannten »Arbeiter- und Bauernpartei« angeklagt und verurteilt. Acht lange Jahre saß der Wissenschaftler im Gefängnis; dennoch arbeitete er weiter und verfasste seine (erst 1991 veröffentlichte) große methodologische Forschungsstudie zur Evolutionären Ökonomie: *Osnovnyje problemy ekonomičeskoj statiki i dinamiki: predvaritel'nyj èskis* (*»Grundprobleme der ökonomischen Statik und Dynamik: eine vorläufige Studie«*). Schließlich wurde Kondratjevs »Fall« erneut verhandelt. Das Todesurteil gegen ihn wurde am 17. September 1938 vollstreckt.

Bol'schije cikly kon'junktury (»Die Langen Zyklen der Konjunktur«)

EA: in: *Voprosy kon'junktury*, 1/1, 1925, S. 28–79. **DA:** »Die Langen Wellen der Konjunktur« (gekürzte Version), in: *Archiv für Sozialwissenschaft und Sozialpolitik*, 56/3, 1926, S. 573–603. **AEA:** *The Long Wave Cycle*, New York: Richardson & Snyder, 1984. **ADA:** in: *Die langen Wellen der Konjunktur: Beiträge zur marxistischen Konjunktur- und Krisentheorie von Parvus, Karl Kautsky, Leo Trotzki, N.D. Kondratieff und Ernest Mandel*, Berlin: Olle und Wolter, 1972, S. 133–169 (Nachdr.).

Kondratev hat für sein Konzept der großen wirtschaftlichen Konjunkturzyklen weltweit Berühmtheit erlangt. Diesem Thema sind mehrere seiner Schriften gewidmet, die zwischen 1922 und 1928 erschienen, darunter sein Hauptwerk *Die Langen Wellen der Konjunktur*. Die Theorie, derzufolge die Wirtschaft lange Wellen des Wachstums und des Niedergangs durchläuft, war schon vor Kondratjev von einigen anderen Ökonomen (Albert Aftalion, Hilferding, Cassel, Kautsky, Tugan-Baranovskij, Wicksell u. a.) entwickelt worden. Kondratevs Beitrag zu dieser Theorie lässt sich in drei Punkten zusammenfassen: Erstens identifizierte er anhand der Untersuchung von Großhandelspreisen, Zinssätzen, Löhnen und Produktion mehrere 50 bis 60 Jahre umfassende Zyklen ökonomischer Aktivität, die bis zurück ins Jahr 1790 reichen. Er zeigte den Komplex wirtschaftlicher und soziopolitischer Prozesse auf, der sich in langfristigen Abständen wiederholte, und beschrieb die charakteristischen Abweichungen der langen Wellen. Zweitens begründete er den Ursprungsmechanismus langfristiger Fluktuationen in der Wirtschaftskonjunktur. Drittens schließlich stellte Kondratev seinen bahnbrechenden Ansatz vor, der – auf der Grundlage von Marshalls Unterscheidung zwischen unterschiedlichen Typen wirtschaftlichen Gleichgewichts – die Existenz von Zyklen unterschiedlicher Länge erklären konnte. Im Gegensatz zu anderen zeitgenössischen Autoren bot Kondratev mögliche Erklärungen für die Existenz dieser Zyklen an. Seiner Auffassung nach hingen die langen Zyklen mit einer bestimmten Art von wirtschaftlichem Gleichgewicht zusammen, das sich etwa ein halbes Jahrhundert lang entwickelte und durch Änderungen von Aktienanlagen der wichtigsten Kapitalgüter (Großbauten, Eisenbahnlinien, Kanäle, ausgebildete Arbeitskräfte, usw.) bestimmt wurde. Dabei fand Kondratev heraus, dass Unternehmen am Scheitelpunkt einer langen Welle zu übermäßigen Investitionen neigen und dass zu bestimmten Phasen der langen Welle mehr Innovationen stattfinden, die wirtschaftlichen Wohlstand bedeuten.

Nachdem *Die Langen Wellen der Konjunktur* übersetzt und in gekürzten Versionen auf Deutsch (1926) und Englisch (1935) veröffentlicht worden war, wurde Kondratevs Theorie im Westen schnell bekannt. In der westlichen Literatur waren zunächst unterschiedliche Bezeichnungen für Kondratevs Zyklen in Gebrauch: »großer Zyklus«, »lange Welle«, »langer Zyklus«, »Trendzyklus«, »mouvement de longue durée« usw. Seit Ende der 1930er Jahre werden diese Zyklen von den Wissenschaftlern, in der Nachfolge Schumpeters, als »Kondratieff-Zyklen« oder »K-Wellen« bezeichnet. Charakteristisch für Kondratev ist das hohe theoretische Niveau seiner Arbeiten: Viele seiner Schriften beschäftigen sich mit Grundsatzfragen. In Russland war er einer der Ersten, der mathematische Methoden auf die ökonomische Analyse anwendete. Durch sein Studium der Konjunkturentwicklung der Volkswirtschaft leistete Kondratjev einen wichtigen Beitrag zur Theorie der langen Zyklen der Wirtschaftstätigkeit. Seine wissenschaftliche Leistung beschränkt sich jedoch nicht darauf, das Konzept der »Langen Wellen« entwickelt zu haben, er beschäftigte sich auch mit theoretischer Forschung zu Agrarproblemen, mit volkswirtschaftlicher Prognose und Planung sowie mit methodologischen Problemen der Wirtschaftswissenschaften.

Gennadij G. Bogomazow/Natalia P. Drozdova

Aus dem Englischen von Christoph Heumann

Koopmans, Tjalling Charles

Der in den Niederlanden geborene amerikanische Ökonom und Nobelpreisträger des Jahres 1975, Tjalling Charles Koopmans (28.8.1910 bis 26.2.1985), gilt in der Dogmengeschichte als bedeutender Vertreter der neo-walrasianischen Gleichgewichtstheorie, die ihre Wurzeln in der Lausanner Schule, einer der Schulen der Grenznutzenlehre, hatte. Seine Arbeiten auf dem Gebiet der mathematischen Ökonomie und der Ökonometrie sind Pionierleistungen in der Methodik der Wirtschaftswissenschaft. Was den Erkenntnisgegenstand betrifft, wirkten seine Arbeiten vor allem auf die Allokationstheorie, also die Theorie der optimalen Verteilung von Ressourcen.

Activity Analysis and its Applications

EA: in: *American Economic Review*, 2/43, 1953, S. 406–414.

Als Koopmans im Jahr 1953 im *American Economic Review* seinen neunseitigen Artikel »Activity Analysis and its Applications« veröffentlichte, war er seit fünf Jahren Vorsitzender der Cowles-Commission, eines von Alfred Cowles ins Leben gerufenen Komitees, das sich zur Aufgabe gemacht hatte, neue Methoden zur Voraussage künftiger wirtschaftlicher Entwicklungen zu erarbeiten. Bereits zu jener Zeit war Koopmans einer der bedeutendsten Verfechter der Aktivitätsanalyse, jener Methode, die der heutigen linearen Programmierung entspricht und die vor ihm schon der amerikanische Mathematiker George Dantzig angewandt hatte. In »Aktivitätsanalyse und ihre Anwendungen«, wie der Titel zu übersetzen ist, gibt Koopmans zunächst einen kurzen Überblick zu den damaligen Hauptinhalten und Hauptzielen der Aktivitätsanalyse, vor allem zu den in ihrem Rahmen entwickelten linearen Produktionsmodellen. Darauf aufbauend erläutert er die sich daraus eröffnenden Möglichkeiten der Analyse und Planung und nennt zwei Beispiele für die Anwendung in der Praxis. Das erste Beispiel ist im Transportwesen angesiedelt, das zweite zeigt, wie die Aktivitätsanalyse auch auf die Optimierung von Mischungsverhältnissen von Benzin angewandt werden kann. So unterschiedlich die Beispiele sind, sie verbindet, dass es immer um das Finden optimaler Verhältnisse von Gütern oder Vorprodukten geht. Im weiteren Verlauf seines Artikels erörtert Koopmans die Frage, auf welche Felder die Aktivitätsanalyse noch nutzbringend angewandt werden könne und erwähnt auch, dass sie nicht bloß in Modellen statischer Natur wie den zuvor behandelten, sondern auch in dynamischen zu nutzen sei. Die Außenhandelstheorie eröffne Möglichkeiten einer Anwendung, ebenso gebe es Schnittmengen mit Erörterungen in der Spieltheorie. Koopmans geht dabei ausführlich auf Überlegungen von Edmond Malinvaud (zur dynamischen Anwendung) und John von Neumann (in der Spieltheorie) ein. Schließlich setzt er sich mit Problemen der Produktionsplanung auseinander, bei deren Lösung die Anwendung der Aktivitätsanalyse hilfreich sein könnte.

Koopmans war es in seinem Artikel ein Anliegen, darauf aufmerksam zu machen, dass die Erkenntnisfähigkeit der Wirtschaftswissenschaften nicht nur über die Analyse der Preise von Gütern, wie in der klassischen Methode, sondern auch über mathematische Anwendungen erweitert werden kann. Die gedankliche Gestaltungsfreude, die von Koopmans' Beitrag ausgeht, hat auch heute noch nichts von ihrer inspirierenden Ausstrahlung verloren.

Lit.: H. Hesse: *Ökonomen-Lexikon*, Düsseldorf: Verlag Wirtschaft und Finanzen, 2003; C. F. Christ/L. Hurwicz: »Koopmans, Tjalling Charles«, in: *The New Palgrave. A Dictionary of Economics*, London: Macmillan, 1987.

Helge Hesse

Kornai, János

János Kornai, geboren am 21. Januar 1928 in Budapest, gehört neben den Älteren wie Michal Kalecki, Oskar Lange und Leonid Kantorovič zu der sehr kleinen Gruppe wichtiger sozialistischer Wirtschaftstheoretiker, die sich auch in der westlichen Gelehrtenrepublik behaupten konnten. Das belegt die Resonanz auf seine Bücher *Overcentralization in Economic Administration* (1959), *Mathematical Planning of Structural Decisions* (1967), *Anti-Equilibrium* (1971) und *The Socialist System* (1992). *Economics of Shortage* ist aus Vorlesungen hervorgegangen, die Kornai 1976/77 an der Stockholmer Universität gehalten hat.

Economics of Shortage

EA: 2 Bde., Amsterdam et al.: North-Holland, 1980.

Als einziger osteuropäischer Ökonom hat Kornai eine in sich geschlossene theoretische Darstellung des real existierenden Sozialismus vorgelegt. Ziel ist die Mikrofundierung der makroökonomischen Prozesse, die für das System kennzeichnend sind. Die Analyse geht aus von der Theorie der Firma (Unternehmung wäre hier wohl der falsche Begriff). Preis, Lohn, Profit und Geld sind Kategorien, die für das Verhalten der Firma sekundäre Bedeutung haben. Die entscheidende Rolle spielen nicht-pretiale Signale und Nicht-Markt-Kontrollmechanismen. Es geht um Mengenanpassung in einem System, das nicht von der Nachfrage her beschränkt ist, sondern vom Ressourcenangebot. Das Phänomen des Mangels (wohlgemerkt nicht der Knappheit), d. h. ein chronischer Nachfrageüberschuss, der typisch für das sozialistische System ist, wird einer weichen Budgetbeschränkung geschuldet: Im Fall der Zahlungsunfähigkeit scheidet die sozialistische Firma nicht aus, sondern wird durch ihren Eigentümer, den Staat, entweder direkt aus dem Budget oder indirekt mit Bankkrediten alimentiert. Weiche Budgetbeschränkung und sozialistische Vollbeschäftigungsgarantie bedingen einander. Selbstverständlich ist auch die Nachfrage nach Investitionen unbeschränkt: Dies ist der Investitionshunger der sozialistischen Firma. Die Erklärung der weichen Budgetbeschränkung findet Kornai im institutionalisierten Paternalismus, der Unselbstständigkeit der Wirtschaftssubjekte gegenüber dem Staat, der ein Höchstmaß an Sicherheit und Schutz bietet. Die unausgesprochene Implikation der Analyse ist die systematische Kohärenz der Wirtschaftsordnung und damit die Unmöglichkeit partieller Reformen.

Economics of Shortage hat in den sozialistischen Ländern die Lehrbücher zur politischen Ökonomie des Sozialismus nicht aus den Curricula verdrängt, obwohl es ihnen haushoch überlegen war. Das Buch hat dort, wo es gelesen wurde – vor allem in Ungarn und Polen –, das Transformationsdenken gefördert. Im Westen führte es zu ausführlichen Diskussionen über seine zentralen theoretischen Konzepte, insbesondere die weiche Budgetbeschränkung.

Lit.: J. Kornai: »The Soft Budget Constraint«, in: *Kyklos*, 39/1, 1986, S. 3–30; P.G. Hare: »Economics of Shortage and Non-Price Control«, in: *Journal of Comparative Economics*, 6, 1982, S. 406–425; H.-J. Wagener: »The Economics of Socialism as Economics of Shortage. A Critical Review«, in: *De Economist*, 130/4, 1982, S. 514–535; H.-J. Wagener (Hg.): *Economic Thought in Communist and Post-Communist Europe*, London-New York: Routledge, 1998.

Hans-Jürgen Wagener

Krugman, Paul Robin

Paul Krugman, geboren am 28. Februar 1953 in Albany, New York, studierte Volkswirtschaftslehre und Geschichte an der Yale University, bevor er 1974 an das MIT wechselte. Dort promovierte er bei Rüdiger Dornbusch 1977 mit der Arbeit *Essays on Flexible Exchange Rates*. Danach kehrte er nach Yale zurück, lehrte später in Stanford, am MIT und unterrichtet gegenwärtig an der City University of New York. 1991 erhielt er die höchste Auszeichnung für Ökonomen unter 40, die John-Bates-Clark-Medaille der American Economic Association, 1998 die Ehrendoktorwürde der Freien Universität Berlin. Krugman ist Autor von mehr als 20 Büchern und über 150 Aufsätzen, war zwischenzeitlich als Regierungsberater tätig und gilt unter anderem als derjenige, der die Theorie der monopolistischen Konkurrenz (*monopolistic competition*) in die Handelstheorie einbrachte und damit den Anstoß zur Neuen Handelstheorie (*New Trade Theory*) gab. Als ständiger Kolumnist der *New York Times* erreicht er auch über die Fachgrenzen hinaus ein interessiertes Publikum.

Johannes Mönius

Geography and Trade

EA: Leuven: Leuven UP, 1991.

Geography and Trade entwickelte sich aus einer Vorlesungsreihe Krugmans an der Katholischen Universität Leuven und ist Teil einer Tradition, welche die Analyse des Handels in den Kontext der Außenwirtschaft und der Raumwirtschaft, also des unvollständigen Wettbewerbs (Lösch 1940; Greenhut et al. 1987) und der polarisierten Entwicklung (Hirschman 1958) setzt. Das Buch behandelt die Bestimmungsgründe der Produktion im Raum und des internationalen Handels unter den Bedingungen eingeschränkter Faktormobilität. Drei große Themen werden (mit Ergänzungen im Anhang) abgehandelt: »Zentrum und Peripherie«, »Standort und Standortwahl« und »Regionen und Nationen«. Zum Thema »Zentrum und Peripherie« stellt Krugman fest, dass Ballung als Konzentration von Aktivitäten in einer Region aus hinreichend sicheren Skalenökonomien folgt, die einen Sog gegenüber weniger entwickelten Regionen auslösen – ohne diese aber völlig zu entleeren, weshalb die Ungleichheiten nicht zu groß sein dürfen. Auslöser dieses Prozesses sind oft singuläre Innovatoren, die damit einen Standort langanhaltend, evtl. sogar irreversibel prägen. »Standort und Standortwahl« hängen (in der Tradition Marshalls) von der Integration von Arbeitsmärkten, der Nutzung intermediärer, meist nichthandelbarer Güter und von technologischen Spillovers ab. Aufgrund von hinreichenden Skalenökonomien unterbleibt eine Aufteilung der Unternehmen in kleinere Einheiten im Sinne einer wirtschaftlichen Risikostreuung. Durch die Existenz von »Regionen und Nationen« entstehen Barrieren, die für ökonomische Prozesse als Restriktionen wirken. Austausch ist das Ergebnis der beschriebenen Standortfindung infolge des Zusammenspiels von (ursprünglicher) Marktgröße, Skalenökonomien und Transportkosten. Letztere wirken in Bezug auf die Absatzweite gegenläufig und erklären damit Handelsmuster jenseits eventueller komparativer Kostenvorteile.

Die Einbeziehung des Raums in die ökonomische Modellbildung fiel in den achtziger Jahren aus dem amerikanischen Mainstream heraus und fand durch Krugmans Buch wieder den ihr gebührenden Stellenwert. Es wurde zugleich eine tragfähige Brücke zur Neuen Außenhandels- und zur Neuen Wachstumstheorie geschlagen. Die Erkenntnisse der Neuen Handelstheorie verdeutlichen, dass den Transportkosten eine Schlüsselfunktion zukommt, weil sie gleichermaßen die Konzentration der Produktion im Zentrum begünstigen wie eine Verlagerung von Betrieben in die Peripherie erleichtern können; dies weist den Standortqualitäten – insbesondere den Skalenökonomien – eine herausragende Bedeutung zu.

Lit.: E. Helpman/P. Krugman: *Market Structure and Foreign Trade*, Cambridge: MIT Press, 1985; M. Greenhut/G. Nor- man/L.-S. Hung: *The Economics of Imperfect Competition. A Spatial Approach*, Cambridge et al.: Cambridge UP, 1987; A. Lösch: *Die räumliche Ordnung der Wirtschaft*, Jena: G. Fischer, 1940; A.O. Hirschman: *The Strategy of Economic Development*, New Haven: Yale UP, 1958; P.M. Romer: »Increasing Returns and Long-Run Growth«, in: *Journal of Political Economy*, 94, 1986, S. 1002–1037.

Ulrich Blum

Kuznets, Simon Smith

Simon S. Kuznets wurde am 30.4.1901 in Pinsk in Russland geboren, emigrierte 1922 in die USA und trat 1927 in die Dienste des National Bureau of Economic Research. Hier begann er sich insbesondere mit Fragen der Volkswirtschaftlichen Gesamtrechnung zu beschäftigen. *National Income and its Composition* kann als die Zusammenfassung dessen aufgefasst werden, was Kuznets über einen Zeitraum von fünfzehn Jahren diesbezüglich erarbeitete. 1971 erhielt er für seine empirische Interpretation wirtschaftlichen Wachstums, die die Einsicht in die ökonomischen und sozialen Strukturen und Prozesse vertieft hat, den Nobelpreis für Wirtschaftswissenschaften. Simon Kuznets starb am 9.7.1985 in Cambridge, Massachusetts.

National Income and its Composition, 1919–1938

EA: 2 Bde., New York: National Bureau of Economic Research, Monograph Nr. 40, 1941.
AA: Nachdr. in einem Bd., New York: National Bureau of Economic Research, 1947.

National Income and its Composition besteht aus vier Teilen. Der erste Band enthält mit den Teilen 1 und 2 die Ergebnisse der Untersuchung. Der zweite Band (Teile 3 und 4) beschäftigt sich mit den statistischen Problemen und Methoden der Datenerfassung. Teil 1 behandelt unterschiedliche Einkommensbegriffe (Kap. 1), die Aufteilung des Volkseinkommens sowohl in Bezug auf die Entstehung wie auf seine Verwendung (Kap. 2) und gibt einen Überblick über die Datenerfassungsprobleme, die im zweiten Band ausführlich behandelt werden (Kap. 3). Im zweiten Teil werden Zeitreihen für die wichtigsten Komponenten des Volkseinkommens für die USA von 1919 bis 1938 in laufenden und in konstanten Preisen zusammengestellt. Kap. 4 enthält die Zeitreihen für das Gesamtaggregat. Die Kapitel 5 bis 7 enthalten die Zeitreihen für unterschiedliche Zerlegungen dieses Aggregats, wobei immer auch die Entwicklung der einzelnen Komponenten des Volkseinkommens im Konjunkturzyklus diskutiert wird. Der zweite Band enthält ausführliches Material über die Daten und ihre Quellen und eine außerordentlich detaillierte Beschreibung der verwendeten Berechnungs- bzw. Schätzmethoden. Mit über 500 Seiten ist dieser Band umfangreicher als der erste Band mit knapp 400 Seiten.

Diese Arbeit von Kuznets hat nicht zu unterschätzenden Einfluss auf die Entwicklung der Volkswirtschaftlichen Gesamtrechnung in den Vereinigten Staaten – und damit in der Folge auch weltweit – gehabt. Darüber hinaus bildete *National Income and its Composition* die Grundlage für Kuznets' spätere Arbeiten zu ökonomischem Wachstum.

Lit.: C.S. Carson: »The History of the United States National Income and Product Accounts: The Development of an Analytical Tool«, in: *The Review of Income and Wealth*, 21, 1975, S. 153–181; R.W. Fogel: *Simon S. Kuznets, April 30, 1901 – July 9, 1985*, National Bureau of Economic Research, Working Paper 7787, Cambridge, MA, Juli 2000.

Gunter Lorenzen

Launhardt, Wilhelm

Wilhelm Launhardt (geboren am 7. April 1832 in Hannover, gestorben am 14. Mai 1918 ebd.) studierte von 1850 bis 1853 an der Polytechnischen Schule in Hannover; sein Erstes (1854) und Zweites Staatsexamen (1859) legte er mit Auszeichnung ab. Nach fast fünfzehnjähriger Tätigkeit in der Hannoverschen Staatsbauverwaltung wechselte er 1869 zur Venlo-Hamburger Eisenbahn. Er wurde im selben Jahr zum Professor für Straßen-, Eisenbahn- und Brückenbau der Polytechnischen Schule in Hannover berufen und 1875 zu deren Direktor ernannt. Nach der Umwandlung der Polytechnischen Schule in Hannover in eine Technische Hochschule (1879) wurde Launhardt für zwei Amtsperioden zum Rektor gewählt. Er gewann an politischem Einfluss, als er als Repräsentant der Technischen Hochschule Hannover 1898 zum Mitglied des Preußischen Herrenhauses ernannt wurde. Infolge zunehmender Erblindung musste er seine Lehrtätigkeit sowie die Anwendung der mathematischen Methode in seinen Forschungsarbeiten einschränken. Dies zeigt z. B. sein späteres Werk über Geldtheorie sowie sein letztes, populär gewordenes Werk *Am sausenden Webstuhl der Zeit* (1900), in dem er die Rolle der Technologie beschreibt, die zu neuen Kommunikationsformen führt und dadurch das wirtschaftliche und kulturelle Leben verändert.

Mathematische Begründung der Volkswirthschaftslehre

EA: Leipzig: Engelmann, 1885. **AA:** Düsseldorf: Verlag Wirtschaft und Finanzen, 1994 (Faks. d. EA).

Die *Mathematische Begründung der Volkswirthschaftslehre* unterschied sich deutlich von den Werken der Historischen und der Österreichischen Schule aus Launhardts Zeit. Ohne die Mathematik könne die Volkswirtschaftslehre nicht zu einer vollgültigen Wissenschaft werden, so Launhardt im Vorwort, und er stimmte darin mit Léon Walras überein, mit dem er im Briefwechsel stand. Er war sich der Ablehnung der mathematischen Methode durch seine Zeitgenossen bewusst. Er wollte die mathematische Methode nicht auf kulturelle und politische Probleme angewandt wissen, sondern dort, wo sie in wirtschaftlichen Fragen weiterhelfen würde. Wichtige Einflussfaktoren waren für Launhardt Walras' Theorie des Allgemeinen Gleichgewichts, die Grenznutzentheorie William Stanley Jevons', sowie die Standorttheorie und die mathematische Vorgehensweise Johann-Heinrich von Thünens. In der *Mathematischen Begründung* ging Launhardt über seine früheren Arbeiten hinaus und besprach in drei Teilen die Theorie des Tausches, des Angebots und der Nachfrage nach Produktionsfaktoren und Standortfragen. Originelle Beiträge sind beispielsweise die Ableitung des individuellen Arbeitsangebots, die räumliche Lösung des unvollständigen Wettbewerbs, die Ableitung optimaler Eisenbahntarife, die Darstellung der Geldumlaufgeschwindigkeit in der Geldtheorie oder die räumliche Bestimmung von Marktgebieten. Basierend auf seinen früheren Publikationen, in denen er sich vor allem mit Problemen des Straßen- und Eisenbahnbaus unter Kostengesichtspunkten beschäftigt hatte, entwickelte er im letzten Teil den bekannten Launhardtschen Trichter, mit dessen Hilfe u. a. die Absatzgebiete der Anbieter von Substituten bestimmt werden können, wenn sie die Transportkosten minimieren. Launhardt entwickelt hier durchaus originelle Beiträge. Obwohl z. B. der Einfluss von Jevons bei der Ableitung des individuellen Arbeitsangebots deutlich erkennbar ist, ging Launhardt über seinen Vorgänger hinaus, indem er Schwellenwerte einführte. Wie jener beschrieb er das individuelle Angebot von Arbeit in Abhängigkeit vom Grenznutzen aus Arbeit, d. h. der Differenz zwischen dem Nutzen, der durch den Arbeitslohn gestiftet wird, und der dafür aufzuwendenden Arbeitsmühsal, doch stellte Launhardt fest, dass bei maximalem Arbeitszeiteinsatz das individuelle Arbeitsangebot sinken würde, wenn der gerade das Existenzminimum sichernde Lohnsatz ansteigt. Launhardt lehnte im Gegensatz zu Walras den freien Wettbewerb ab. Er plädierte dafür, dass man den Armen und nicht den Reichen einen Vorteil bei der Preisbildung gewähren solle, um im Gleichgewicht die Tauschgewinne zu maximieren. Knut Wicksell erkannte, dass Launhardt zu diesen wohlfahrtstheoretischen Schlussfolgerungen kam, weil er nicht vom richtigen Optimum ausging. Anders als Walras betonte Launhardt die Rolle von Machtbeziehungen im Markt und entwickelte eigenständig eine räumliche Lösung des unvollständigen Wettbewerbs. In der Ableitung optimaler Eisenbahntarife unter gemein- und privatwirtschaftlichen Gesichtspunkten, eine Einteilung, die er von Emil Sax übernommen hat, war Launhardt ein Befürworter der Tarifsetzung nach Durchschnittskosten und nicht nach Grenzkosten. Politisch befürwortete er das staatliche Eigentum an Eisenbahnen. In seiner Geldtheorie wies Launhardt vor allem auf die realwirtschaftliche Seite von Preiserhöhungen hin und verglich die Umlaufgeschwindigkeit des Geldes mit Eisenbahnwaggons; je schneller der Geldumlauf, desto niedriger kann die vorhandene Geldmenge in der Volkswirtschaft sein. Ausgehend von Thünens Werk, der nur ein Marktgebiet betrachtete, bestimmte Launhardt mit Hilfe des Trichters die optimalen Konsum- und Produktionsgebiete und war damit der Begründer der Raumtheorie.

Launhardt gilt heute als der Begründer der Standorttheorie und der mathematischen Wirtschaftstheorie in Deutschland, der in den Schatten seiner Nachfolger geraten ist. Seine Entwicklungen wurden in vielfältiger Weise aufgegriffen und weiterentwickelt. Dadurch konnte der Mangel in seiner Vorgehensweise behoben werden, dass er in der Regel von linearen Zusammenhängen und einzelnen Funktionen ausging, die er verallgemeinerte. Dies geschah vor allem auf dem Gebiet der Standorttheorie. Beispielsweise verwendete Alfred Weber (1909) dieselbe Methode zur Minimierung der Transportkosten zwischen drei Orten, wie sie Launhardt bereits 1872 dargestellt hatte. Dieser von Launhardt entwickelte »Satz vom Knotenpunkte« stellte 1885 die Grundlage für den Launhardtschen Trichter dar, der in der Standorttheorie eine wichtige Rolle für industriewirtschaftliche Anwendungen spielt und der räumlichen Lösung des Duopolproblems zugrunde liegt. 1929 analysierte Harold Hotelling in ähnlicher Weise die Preisbildung im Angebotsduopol, das heute als das Launhardt-Hotelling-Problem bekannt ist. Die zentrale These Launhardts, dass der Markt nicht frei sei von Machtbeziehungen, war für Stackelberg (1952) die Grundlage zur Entwicklung seiner Oligopoltheorie.

Lit.: U. Backhaus: »An Engineer's View of Economics: Wilhelm Launhardt's Contributions«, in: *Journal of Economic Studies*, 27/4–5, 2000; K.-H. Hennings: »Wilhelm Launhardt als Ökonom«, in: *Universität Hannover 1831–1981. Festschrift zum 150jährigen Bestehen der Universität Hannover*, Bd. I, Stuttgart et al.: W. Kohlhammer, 1982, S. 192–204; W. Launhardt: *Am sausenden Webstuhl der Zeit. Übersicht über die Wirkungen der Entwicklung der Naturwissenschaften und der Technik auf das gesamte Kulturleben*, Leipzig: Teubner, 1900; H. v. Stackelberg: *The Theory of the Market Economy*, New York: Oxford UP, 1952; L. Troske: »Launhardt« (Nachruf auf Wilhelm Launhardt), *Zentralblatt der Bauverwaltung*, 38, 1918, S. 218–19; L. Walras: *Correspondence of Léon Walras and Related Papers*, 3 Bde., Amsterdam: North Holland, 1965; A. Weber: *Über den Standort der Industrien. Erster Teil: Reine Theorie des Standorts*, Tübingen: J.C.B. Mohr, 1909; K. Wicksell: *Über Wert, Kapital und Rente nach den neueren nationalökonomischen Theorien*, Aalen: Scientia, [2]1969.

Ursula M. Backhaus

Leibenstein, Harvey

Harvey Leibenstein wurde am 7.8.1922 in der Ukraine geboren, wanderte aber bereits im Kindesalter mit seinen Eltern nach Kanada aus. Er studierte Ökonomie an der Northwestern University in Evanston, Illinois, und erwarb seinen Ph.D. an der Universität Princeton. Dort stand er unter dem Einfluss von Jacob Viner, Friedrich Lutz, Oskar Morgenstern und Frank Notestein. Die Schwerpunkte seiner Forschungsarbeit lagen im Bereich der Bevölkerungs- und Entwicklungsökonomie sowie der Industrieökonomie. 1951 ging er als Assistant Professor an die Universität Berkeley, wo er 1960 eine ordentliche Professur erhielt. 1966 bis 1967 war er Gastprofessor an der Harvard-Universität und erhielt dort ein Jahr später die Andelot-Professur für Wirtschaft und Bevölkerung. Ein Autounfall im Jahre 1987 beendete seine wissenschaftliche Kariere. Er verstarb am 28.8.1994. Leibenstein galt seit Mitte der 1960er bis Anfang der 1980er Jahre als einer der originellsten und kreativsten Denker der mikroökonomischen Theorie, vor allem mit Bezug auf die Theorie der Firma.

Allocative Efficiency vs. X-Efficiency

EA: in: *American Economic Review*, 56/3, 1966, S. 392–415. **AA:** in: *Collected Essays*, Bd. 2, Aldershot: E. Elgar, 1989, S. 3–26.

Leibenstein beschäftigte sich intensiv mit der Frage, wie Entscheidungen von Individuen getroffen werden. Dabei knüpfte er an Konzepte der Managementlehre, der Spieltheorie, der Philosophie und der Psychologie an. Bereits Ende der 1940er Jahre hatte er Kontakt zu Henry Simon und Anatol Rapoport, grenzte sich jedoch von Simons Konzept der begrenzten Rationalität und der sogenannten Verhaltensorientierten Schule der Ökonomie ab. Leibenstein prägte im Gegenzug den Begriff der »X-Effizienz« sowie den breiter gefassten Begriff der »Mikro-Mikro-Theorie«. Während die Mikroökonomie das Unternehmen untersucht, welches aus einer Vielzahl von Individuen besteht, wendet sich die »Mikro-Mikro- Theorie« dem einzelnen Individuum zu. In seinem berühmten Aufsatz »Allocative Efficiency vs. X-Efficiency« belegt Leibenstein empirisch, dass neben der so bezeichneten allokativen Effizienz noch eine andere Art von Effizienz besteht. Nach seiner Ansicht führt Marktmacht nicht nur zu einem Wohlfahrtsverlust, wie dies mit Hilfe des Harberger-Dreiecks dargestellt wird, sondern hebt auch die Kosten über deren technologisches Minimum. Der Umfang dieser Ineffizienz, die er aufgrund ihrer unklaren Natur als X-Ineffizienz bezeichnet, ist nach Leibensteins Untersuchungen erheblich größer als die allokative Ineffizienz. Eine Verminderung der X-Ineffizienz würde eine Reduktion der Kosten im Unternehmen und eine Steigerung des Outputs bedeuten. Leibenstein spezifiziert drei Elemente, wodurch X-Effizienz determiniert wird: die Motivation der Mitarbeiter innerhalb der Firma; die externe Motivation, z. B. durch Wettbewerbsdruck; sowie die Effizienz von nicht über den Markt vermittelten Inputs. Das Auftreten von X-Ineffizienz begründet er damit, dass Arbeitsverträge unvollständig sind und Beschäftigte folglich über Wahlmöglichkeiten verfügen, die Produktionsfunktion der Unternehmung nicht vollständig spezifiziert oder bekannt ist und nicht alle Inputs über den Markt vermittelt werden. Entgegen der neoklassischen Theorie der Unternehmung, die auf der Annahme beruht, dass Unternehmen ihre Kosten minimieren bzw. ihren Output maximieren, betont Leibenstein, dass das Niveau der Einheitskosten vom Grad der erreichten X-Effizienz abhängt und dass der Unternehmer nicht mechanisch den Unternehmensoutput maximieren kann, da nicht alle Entscheidungsprozesse in seiner Hand liegen, sondern die Ergebnisse von der Motivation der Mitarbeiter abhängen.

Die Kritiker Leibensteins führen an, dass seine Annahmen über die verschiedenen Artikel hinweg variieren, X-Effizienz bereits durch die neoklassische Standardtheorie erklärt wird, träge Angestellte nicht X-ineffizient sind, sondern ihren Nutzen maximieren, und dass Leibenstein eine Ideal- oder Nirwana-Vorstellung von Wettbewerb vor Augen hat. Seine Arbeiten lösten zahlreiche weitere theoretische und empirische Forschungsarbeiten aus. Insbesondere stellte sich die Frage, wie man X-Effizienz messen kann. Hierzu wurden zwei Konzepte entwickelt, einerseits die ökonometrische Schätzung von Produktionsfunktionen, wobei die Residuen als aus einer unbeobachtbaren Zufallskomponente und einer Ineffizienzkomponente bestehend interpretiert werden, und andererseits die *data-envelop analysis*, eine Version der linearen Programmierung, die jedoch nur die Quantifizierung der relativen X-Ineffizienz eines Entscheiders im Vergleich zu anderen Entscheidern ermöglicht.

Lit.: *The Collected Essays of Harvey Leibenstein*, 2 Bde., Aldershot: E. Elgar, 1989; J.W. Dean/M. Perlman: »Harvey Leibenstein as a Pioneer of Our Time«, in: *The Economic Journal*, 108, 1998, S. 132–152; H. Leibenstein: *X-Efficiency and Micro-Micro Theory*, Aldershot: E. Elgar, 1989; H. Leibenstein et al.: »X-Inefficiency After a Quarter of a Century«, in: *American Economic Review*, 82, 1992, S. 428–445; M. Perlman: »Harvey Leibenstein«, in: W.J. Samuels (Hg.): *New Horizons in Economic Thought. Appraisals of Leading Economists*, Aldershot: E. Elgar, 1992, S. 184–201.

Enrico Schöbel

Leijonhufvud, Axel

Axel Leijonhufvud, geboren am 6.9.1933 in Stockholm, begann sein Studium an der Universität Lund. Seine weitere Ausbildung und akademische Karriere vollzogen sich jedoch in den USA: 1961 M.A. an der University of Pittsburgh, 1967 Ph.D. an der Northwestern University, ab 1964 Dozent an der University of California at Los Angeles, 1971 dort Ernennung zum Professor, 1997 Emeritierung, ab dann Professor an der Universität Trient, Italien. Er leistete wichtige Beiträge zu Keynes' Interpretation, Makroökonomik und Wachstumstheorie.

On Keynesian Economics and the Economics of Keynes

A Study in Monetary Theory

EA: New York: Oxford UP, 1968. **DA:** *Über Keynes und den Keynesianismus. Eine Studie zur monetären Theorie*, übers. von B. Propach, Köln: Kiepenheuer & Witsch, 1973.

Leijonhufvud kritisiert in seiner Dissertation die keynesianische Theorie als analytisch total inadäquat (Mikro-Makro-Schizophrenie), da sie ausgehend von Hicks (1937) eine komparativ statische Erklärung eines Gleichgewichts bei Unterbeschäftigung durch Lohnstarrheit aufgrund irrationalen Verhaltens der Arbeitnehmer (Geldillusion) versuche. Die Theorie von Keynes sei keine walrasianische Gleichgewichts-, sondern vielmehr eine dynamische Ungleichgewichtsanalyse, in der ein Unterbeschäftigungsungleichgewicht bei rationalem Verhalten aller Wirtschaftssubjekte zustande komme, weil die Mengen sich leichter und schneller anpassten als die Preise. Als mikroökonomische Begründung hierfür führt er Probleme der Transaktionsstruktur, des Informationsflusses und Liquiditätsrestriktionen an. Die Analyse von Leijonhufvud baut in starkem Maße auf früheren Arbeiten von Joan Robinson, Sidney Weintraub, Don Patinkin und Robert Clower auf.

Leijonhufvud und sein Lehrer Clower werden oft als Begründer der Ungleichgewichtstheorie gesehen, deren Ziel es ist, einen neuen, nicht walrasianischen Modellrahmen als theoretische Fundierung Keynesscher Makroökonomik zu entwickeln. Einen wichtigen Beitrag hierzu leisteten Barro und Grossman (1971). Allerdings findet sich in all diesen Arbeiten (Überblick bei Bénassy 1986) keine theoretische Erklärung der Preisrigidität. Erst in den Beiträgen von Jean-Pascal Bénassy, Jacques Drèze, Jean-Michel Grandmont und Guy Laroque, Edmond Malinvaud, Takashi Negishi und Frank H. Hahn wird eine endogene (simultane) Erklärung von Preisrigidität und Unterbeschäftigung versucht (Überblicke bei Drazen 1980 und Meyer 1983).

Lit.: R.J. Barro/H.I. Grossman: »A General Disequilibrium Model of Income and Employment«, in: *American Economic Review*, 61, 1971, S. 82–93; J.-P. Bénassy: *Macroeconomics. An Introduction to the Non-Walrasian Approach*, New York: Academic Pr., 1986; A. Drazen: »Recent Developments in Macroeconomic Disequilibrium Theory«, in: *Econometrica*, 48, 1980, S. 283–306; J.R. Hicks: »Mr. Keynes and the ›Classics‹. A Suggested Interpretation«, in: *Econometrica*, 5, 1937, S. 147–59; U. Meyer: *Neue Makroökonomik*, Berlin-Heidelberg-New York: Springer, 1983.

Wim Kösters

Leontief, Wassily

Wassily Leontief (geb. am 5.8.1906 in St. Petersburg, gest. am 5.2.1999 in New York) studierte zunächst in seiner Heimatstadt (damals Leningrad) und wurde 1928 an der Friedrich-Wilhelm-Universität (heute: Humboldt-Universität) Berlin mit einer Dissertation zum Thema *Die Wirtschaft als Kreislauf* promoviert. 1932 bis 1975 verbrachte er an der Harvard University, seit 1946 als Professor. 1948 rief er das Harvard Economic Research Project ins Leben, das er bis 1973 leitete. Von 1975 bis 1991 lehrte er an der New York University, wo er das Institute for Economic Analysis gründete. Berühmt wurde er durch die methodische Entwicklung und zahlreiche empirische Anwendungen der Input- Output-Analyse, für die er 1973 den Nobelpreis für Wirtschaftswissenschaften erhielt.

Markus Diehl

The Structure of the American Economy 1919–1929

An Empirical Application of Equilibrium Analysis

EA: Cambridge, MA: Harvard UP, 1941. **AA:** New York et al.: Oxford UP, ²1951.

Aufbauend auf François Quesnays *Tableau economique* und Léon Walras' allgemeiner Gleichgewichtstheorie begann Leontief Anfang der 1930er Jahre mit der Arbeit an dem Konzept der Input-Output-Analyse und der Erstellung von Input-Output-Tabellen. Die Ergebnisse publizierte er 1941 in dem vorliegenden Werk, seiner ersten Monographie. In der ersten Auflage seines Werkes präsentiert Leontief zwei Input-Output-Tabellen der Jahre 1919 und 1929. Diese dienen ihm als Basis für seine Analyse der amerikanischen Volkswirtschaft und ihrer Verflechtungen, dargestellt an 41 Produktionssektoren. Mit Hilfe eines geschlossenen Input-Output-Modells, d. h. ohne primäre Inputfaktoren und Endnachfragesektoren, untersucht Leontief die direkten und indirekten Reaktionen der Sektoren auf Veränderungen der Ausgangssituation. Seine komparativ statische Analyse umfasst Produktivitätsänderungen in einzelnen Sektoren, Verschiebungen des Outputniveaus der Sektoren sowie Änderungen der Sparneigung der Haushalte. Die zweite Auflage der Monographie von 1951 ist um eine weitere Input-Output-Tabelle des Jahres 1939 erweitert. Zudem wurden die Tabellen und die Analyse um primäre Inputfaktoren und Endnachfragesektoren ergänzt, so dass eine Analyse der Beschäftigungswirkungen von Veränderungen der Endnachfrage möglich wurde. Auch Ansätze dynamischer Varianten der Input-Output-Analyse, die den Kapitalstock in die Analyse einbeziehen, wurden integriert.

Mit dieser Monographie gelang es Leontief, aus der Input-Output-Analyse ein Werkzeug für Ökonomen zu schaffen, das Vorhersagen über die Entwicklung von Volkswirtschaften zuließ. In den folgenden Jahrzehnten wurden deshalb in vielen Ländern der Welt Input-Output-Tabellen erstellt und das Instrumentarium der Input-Output-Analyse weiterentwickelt.

Lit.: W. Leontief: *The Future of the World Economy. A United Nations Study*, New York et al.: Oxford UP, 1977; W. Leontief: *Input-Output Economics*, New York et al.: Oxford UP, [2]1986; H.-W. Holub/H. Schnabl: *Input-Output-Analyse. Einführung*, München: Oldenbourg, 1994.

Sven Flakowski

Domestic Production and Foreign Trade

The American Capital Position Re-Examined

EA: in: *Proceedings of the Philosophical Society*, 97/4, 1953, S. 332–348. **AA:** in: H.G. Johnson/R.E. Caves (Hg.): *Readings in International Trade*, Homewood, IL: Irwin, 1968, S. 503–527.

In diesem Beitrag untersuchte Leontief erstmalig empirisch die Außenhandelsstruktur der USA. Die im Rahmen des Harvard Economic Research Project durchgeführten Analysen basierten auf der zu jener Zeit vorherrschenden Lehrmeinung vom Zustandekommen komparativer Kostenunterschiede aufgrund unterschiedlicher Faktorausstattungen in den einzelnen am Welthandel beteiligten Volkswirtschaften: Gemäß dem Heckscher-Ohlin-Theorem (Faktorproportionentheorem) spezialisieren sich Länder jeweils auf die Produktion des Gutes, bei dessen Herstellung der relativ reichlich vorhandene Faktor relativ intensiv genutzt wird. Für die USA wurde daher allgemein davon ausgegangen, dass diese aufgrund ihres vergleichsweise hohen Kapitalstocks kapitalintensive Güter exportieren und arbeitsintensive Güter importieren. Leontief, der zeitlebens versuchte, bestehende Theorien empirisch zu überprüfen, gab sich jedoch mit diesen aus dem Faktorproportionentheorem abgeleiteten Vermutungen nicht zufrieden. Das Werkzeug für die Untersuchung der tatsächlich beobachtbaren Handelsstruktur zum Zwecke der Überprüfung der theoretisch gewonnenen Ergebnisse lieferte er sich selbst: Mit der von ihm entwickelten Input-Output-Tabelle standen bereits sowohl die analytische Vorgehensweise als auch umfangreiches Datenmaterial zur Verfügung. Ausgehend von der Input-Output-Tabelle der USA für 1947 ermittelte Leontief für das Produktionsergebnis jedes Sektors der Volkswirtschaft den direkten und indirekten (d. h. in den jeweiligen relevanten Vorleistungssektoren anfallenden) Bedarf an den primären Produktionsfaktoren Kapital und Arbeit. Berücksichtigt wurden 200 Industriesektoren, die aus Vereinfachungsgründen zu 50 aggregiert wurden, wovon wiederum 38 Sektoren ihre Produkte exportierten bzw. mit ausländischen Produzenten in Konkurrenz standen. So ließ sich als Approximation der nicht beobachtbaren tatsächlichen Kapitalintensitäten berechnen, wie viel Kapital und Arbeit für die Herstellung der Exporte bzw. Importsubstitute absorbiert wurde. Das Ergebnis war überraschend und befruchtete die wirtschaftswissenschaftliche Diskussion wie wohl nur wenige andere empirische Phänomene: Der Arbeitseinsatz bei den Exporten der USA war höher als bei den Importsubstituten und der Kapitaleinsatz bei den Importsubstituten war höher als bei den Exporten, d. h. die Kapitalintensität war im Importsubstitutionssektor größer als im Exportsektor! Hieraus folgerte Leontief als Umkehrschluss aus dem Faktorproportionentheorem: »the widely held opinion that – as compared with the rest of the world – the United States' economy is characterized by a relative surplus of capital and a relative shortage of labour proves to be wrong. As a matter of fact, the opposite is true.« Dieses zur bisherigen Klassifikation der USA (gemäß dem Faktorproportionentheorem) als kapitalreiches Land konträre Ergebnis führte zu der Bezeichnung »Leontief-Paradoxon«.

Eine mögliche Erklärung für das Zustandekommen des unerwarteten Resultats sah Leontief in der höheren Produktivität der amerikanischen Arbeitskräfte und in der Vernachlässigung natürlicher Ressourcen. Zahlreiche weitere Erklärungen wurden im Laufe der Zeit vorgebracht: Vernachlässigung des Faktors Humankapital und international nichtkonkurrenzfähiger Importsubstitutionssektoren; Verzerrungen durch Handelshemmnisse; umschlagende Faktorintensitäten; Technologieunterschiede etc. Darüber hinaus zeigte Leamer (1980), dass der von Leontief herangezogene Vergleich der Kapitalintensitäten der Ex- und Importe als Maßzahl des Faktorgehalts nicht geeignet ist, korrekte Aussagen zur Faktorausstattung eines Landes abzuleiten. Entscheidend ist vielmehr, ob die Exporte eines Landes mehr Kapital pro Arbeitskraft enthalten als der inländische Konsum. Ein Land wie die USA, das sowohl kapitalintensiv als auch arbeitsintensiv produzierte Güter exportiert, konnte demnach auf Basis derselben Daten für 1947 sehr wohl als kapitalreich bezeichnet werden, da die Kapitalintensität der Exporte größer war als die Kapitalintensität des inländischen Konsums. Hiermit konnte das »Leontief-Paradoxon« auch theoretisch entkräftet werden, ohne dass dadurch jedoch der Nutzen der Untersuchung Leontiefs für die Weiterentwicklung der Außenhandelstheorie geschmälert wurde.

Lit.: M. Drzeniek/M. Neimke: »Wassily Leontief. Beobachten, messen, erklären und überprüfen«, in: *WISU. Das Wirtschaftsstudium*, 5, 1999, S. 688–692; E.E. Leamer: »The Leontief Paradoxon, Reconsidered«, in: *Journal of Political Economy*, 88/3, 1980, S. 495–503; W. Leontief: *The Structure of the American Economy 1919–1929. An Empirical Application of Equilibrium Analysis*, Cambridge, MA: Harvard UP, 1941 (2. erw. Aufl.: *The Structure of the American Economy 1919–1932*, New York: Oxford UP, 1953).

Markus Neimke

Lerner, Abba Ptachya

Abba P. Lerner (28.10.1903 bis 27.10.1982), der in Rumänien geboren wurde und im Londoner East End aufwuchs, ist einer der letzten großen nicht-mathematischen Ökonomen. Nach einer mehrjährigen Tätigkeit als einfacher Arbeiter belegte er Abendkurse an der London School of Economics und ging 1937 mit einem Stipendium in die USA. Lerner war ein überzeugter Sozialist, der aber auch an die Effizienz der Märkte und an die wirtschaftliche und politische Bedeutung von Privatunternehmen glaubte. Er gehörte neben Oskar Lange zu den Verfechtern einer dezentralisierten sozialistischen Wirtschaft mit Marktpreisbildung.

The Economics of Control

Principles of Welfare Economics

EA: New York: Macmillan, 1944. **AA:** New York: Kelley, 1975.

In seinem herausragenden Buch, das im Stil eines Handbuchs verfasst ist und seine Fähigkeit zu klarer und diagrammatisch übersichtlicher Darstellung belegt, stellt Lerner seinen wirtschaftspolitischen Entwurf vor und fasst wesentliche Ergebnisse seiner Forschungen zusammen, insbesondere im Bereich der Wohlfahrtsökonomie, des internationalen Handels, der Makroökonomie, aber auch der Theorien der Produktion, des Kapitals, der Marktformen und der Indexzahlen. Hervorzuheben ist seine Darstellung und Kritik des Konzepts der Pareto-Optimalität. Lerner erweitert den Anwendungsbereich des Wohlfahrtsprinzips von der Ressourcenallokation auf die Besteuerung, auf den internationalen Handel und die Finanzierung. Auch begründet er eine neuartige Analyse distributiver Optimalität und stellt einen Ansatz zur Frage optimaler Währungsgebiete vor. Sein auch als Logbuch für den sozialistischen Planer gedachtes Werk diskutiert ferner die Bedingungen und Beschränkungen, unter denen vollkommener Wettbewerb zu optimalen Lösungen führt, und unter welchen Bedingungen sich eine eher sozialistisch-planerische Herangehensweise empfiehlt. Lerner, der bereits 1933 Samuelsons Theorem des Faktorpreisausgleichs vorwegnahm, analysiert ebenfalls eingehend die außenwirtschaftliche Komponente. Im Bereich der Makroökonomie erklärt, erweitert, popularisiert und radikalisiert Lerner den Keynesschen Ansatz. Sein spezieller Beitrag besteht in der Entwicklung des Ansatzes der *functional finance* (vgl. Lerners *Economics of Employment*); er analysiert aber auch scharfsinnig die Arten und Gefahren der Inflation.

Wenngleich mit dem Zusammenbruch der realsozialistischen Ökonomien auch die Hoffnungen auf ein marktsozialistisches Modell verflogen zu sein scheinen, so erlebt Lerners *Functional-finance*-Ansatz in den letzten Jahren eine Renaissance, der u. a. von Wissenschaftlern im Umfeld des Center for Full Employment and Price Stability vertreten wird.

Lit.: T. Scitovsky: »Lerner's Contribution to Economics«, in: *Journal of Economic Literature*, 22/4, 1984, S. 1547–1571; I. Sobel: »Abba Petachya Lerner, 1903–1982. Six Decades of Achievement«, in: *Journal of Post-Keynesian Economics*, 6/1, 1983, S. 3–19; D. Colander: »Post-Keynesian Economics, Abba Lerner, and his Critics«, in: *Social Research*, 47/2, 1980, S. 352–360; M. Forstater: *Functional Finance and Full Employment. Lessons from Lerner for Today*, Annandale-on-Hudson, NY: Levy Economics Institute, 1999; M. Forstater: *Toward a New Instrumental Macroeconomics. Abba Lerner and Adolf Lowe on Economic Method, Theory, History, and Policy*, Annandale-on- Hudson, NY: Levy Economics Institute, 1998.

Helge Peukert

Lewis, William Arthur

Selbst in einem Kolonialgebiet geboren (St. Lucia, Westindien), hat W. Arthur Lewis (23. Januar 1915 bis 15. Juni 1991) seine Arbeit vornehmlich den Entwicklungsländern gewidmet: theoriebildend, so in dem epochalen Aufsatz »Economic Development with Unlimited Supplies of Labour« (1954), und durch Beratung und Gestaltung – in der Industriepolitik von Britisch-Westindien, beim Aufbau des UNDP oder als Entwicklungsplaner in Ghana. Hinzu kommen, eng mit entwicklungsökonomischen Fragestellungen verknüpft, wichtige Forschungen zur quantitativen Wirtschaftsgeschichte. Für seine wissenschaftlichen Leistungen auf dem Gebiet »wirtschaftlicher Entwicklung unter besonderer Berücksichtigung der Probleme der Entwicklungsländer« erhielt Lewis, der u. a. in Manchester und Princeton lehrte, 1979 (gemeinsam mit T.W. Schultz) den Nobelpreis.

The Theory of Economic Growth

EA: London: Allen & Unwin, 1955. **DA:** *Die Theorie des wirtschaftlichen Wachstums*, Tübingen: Mohr et al., 1956. **AA:** London: Allen & Unwin, [11]1977.

Wie die anderen Pioniere der Entwicklungsökonomie zweifelte Lewis an der Allgemeingültigkeit der Erkenntnisse und Empfehlungen der Wirtschaftswissenschaft – also an der Sinnhaftigkeit von *monoeconomics* (nach einem Begriff von A.O. Hirschman, 1981). Die globale Dualität von wirtschaftlich entwickelten Industrieländern und »unterentwickelten« Ländern verlange vielmehr – ebenso wie das Nebeneinander von moderner und vormoderner Wirtschaftsweise in den Entwicklungsländern – nach einer Berücksichtigung spezifischer Charakteristika der Volkswirtschaften. Die *Theory of Economic Growth* ist eine umfassende Darstellung von Faktoren, die in Entwicklungsländern das Wachstum des Pro-Kopf-Outputs beeinflussen können. Ziel ist ein »catalogue of useful social inventions«. Da weder anthropologische Konstanten noch bestimmte Ausprägungen von kulturellen Institutionen zwingende Wachstumssperren seien, hätten auch Länder mit nicht-westlicher Kultur eine echte Chance zum wirtschaftlichen Aufholen. Mangelnde Ressourcenausstattung sei keine unüberwindbare Schranke – vielmehr sei deren Bedeutung von Technologie und Wissen abhängig, welche wiederum der Staat beeinflussen könne: durch die Konzentration auf angewandte Forschung, landwirtschaftliche Beratung und berufliche Bildung. Ebenso sei eine bestehende Kapitallücke durch staatliche Intervention und/oder Kapitalimporte ausgleichbar. Um die erforderliche hohe inländische Ersparnis zu generieren, seien Sozialschichten mit überdurchschnittlich hoher Sparneigung zu unterstützen: private Unternehmer und Bauern im Gegensatz zu den urbanen Mittelschichten. Für den Transfer von Ersparnis in Investitionen spielen Institutionen eine wichtige Rolle, etwa flexible Finanzmärkte und zielgruppenorientierte staatliche Kreditprogramme. Eine leichte Inflation – vorzugsweise durch Staatsbudgetdefizite infolge eines Überhangs von Ausgaben für produktive Zwecke – könne wegen der Absatzerwartungen der Unternehmer einen zusätzlichen *Pull*-Effekt für Investitionen bewirken. Die Inflation löse so Kapitalbildung aus und erlösche dadurch von selbst. Lewis argumentiert für ein ausgewogenes Wachstum (*balanced growth*) der Sektoren Landwirtschaft, Industrie und Außenhandel sowie der makroökonomischen Aggregate. Nachholende Entwicklung erfordere zudem *Infant-industry*-Schutz und geo-regionale Integration. Die *Theory of Economic Growth* ist nicht grundsätzlich marktpessimistisch und erkennt die große Bedeutung von unternehmerischem Handeln und privater Initiative für wirtschaftliches Wachstum an. Im Einklang mit dem zeitgenössischen staatsinterventionistischen Keynesianismus plädiert der Autor jedoch für eine starke koordinierende Rolle des Staates durch eine indikative Wirtschaftsplanung in zentralen Bereichen (Exportvolumen, Kapitalbildung, Industrieproduktion, Nahrungsmittelproduktion) und für eine indirekte Lenkung des Wirtschaftens mit Hilfe von Steuern und Subventionen sowie, insbesondere in den Frühphasen der Industrialisierung, für staatliche Beteiligungen in der Wirtschaft, etwa in der Infrastruktur und temporär bei Modellunternehmen. Lewis' Vorschläge setzen einen nahezu omnipotenten Staat voraus: nicht nur als Administrator bei der Ressourcenbewirtschaftung und Raumordnung, sondern auch fähig zur innovativen Unternehmerleistung. Da in Entwicklungsländern derartige Kompetenz knapp ist, befürwortet Lewis den Import von Steuerungs-Know-how durch internationale Zusammenarbeit. *Conditio sine qua non* der nachholenden Entwicklung sei jedoch der Wille zum Aufbau. Weise Regierungen, getragen von der Zustimmung ihrer Völker, waren eine Hoffnung des nationalistischen Aufbruchs der jungen Staaten der 1950er und 60er Jahre – auch Lewis teilt diese Hoffnung. Zwar sieht er die Gefahren der Vergeudung von Ressourcen durch Inkompetenz, Prestigebauten oder Korruption – nicht jedoch Staatsversagen als Fundamentalproblem.

Als ein *locus classicus* der Entwicklungsökonomie hat die *Theory of Economic Growth* ein Dutzend Auflagen erlebt und kann als eine Blaupause für staatliches Engagement in der Wirtschaft vieler Entwicklungsländer bis Mitte der 1970er Jahre angesehen werden. Der vordringende Staatspessimismus hat die weitere Rezeption beendet. Zudem wird heute das dualistische Denken als inadäquat angesehen – sowohl im globalen Maßstab (v. a. durch die Differenzierung der Entwicklungsländer in *Newly Industrializing* und *Least Developed Countries*) als auch im Rahmen der Entwicklungsländer selbst (etwa durch die Anerkennung des »informellen Sektors« als eigener Produktionsweise jenseits von traditionellem und modernem Sektor).

Lit.: T. Barker et al. (Hg.): *Perspectives on Economic Development. Essays in the Honour of W. Arthur Lewis*, Lanham-London: America UP, 1982; P.T. Bauer: »Lewis' Theory of Economic Growth. A Review Article«, in: *The American Economic Review*, 46, 1956, S. 632–641; M. Gersovitz et al. (Hg.): *The Theory and Experience of Economic Development. Essays in Honor of Sir Arthur Lewis*, London: Allen & Unwin, 1982; A.C. Harberger: »Commentaire«, in: G.M. Meier/D. Seers (Hg.), *Les pionniers du développement*, Paris: Economica, 1988, S. 149–159; H. Siegbert: »W. Arthur Lewis (1915–1991). Duale Wirtschaft und ein unbegrenztes Angebot an Arbeitskräften«, in: *e+z. Entwicklung und Zusammenarbeit*, 40/6, 1999, S. 176–178.

Hans H. Bass

List, Friedrich

Friedrich List (geb. in Reutlingen 6.8.1789) gilt als eine der schillerndsten Figuren der deutschsprachigen Nationalökonomie. Seine Tübinger Professur von 1817 verlor er bereits 1820, weil sein Eintreten für einen gesamtdeutschen Zollverein ihm den Zorn der Württemberger Regierung eintrug. Als radikaler Stuttgarter Parlamentarier zog er sich eine Haftstrafe zu, vor der er die Flucht in die USA ergriff. Als amerikanischer Konsul kehrte List 1830 nach Europa zurück, propagierte Eisenbahnprojekte und wurde zum Wegbereiter des Deutschen Zollvereins. Der Emigration überdrüssig nahm er sich am 30.11.1846 in Kufstein das Leben. Lists Werk ist weniger durch rigorose theoretische Ansprüche gekennzeichnet als vielmehr durch eine Vielzahl origineller Thesen mit wirtschaftspolitischem Praxisbezug. Dass er als Visionär zu Lebzeiten verkannt blieb, gehört zu den tragischen Aspekten seines Wirkens. Dies gilt insbesondere für Lists Arbeit zum nationalen System der politischen Ökonomie, einer Bündelung und Präzisierung früherer Arbeiten.

Das nationale System der Politischen Oekonomie

Der internationale Handel, die Handelspolitik und der deutsche Zollverein

EA: Stuttgart-Tübingen: Cotta, 1841. **AA:** Düsseldorf: Verlag Wirtschaft und Finanzen, 1989 (Faks. d. EA).

List setzt sich in seinem Buch *Das nationale System der politischen Oekonomie* mit den Bestimmungsgründen wirtschaftlicher Entwicklung auseinander. Im Mittelpunkt stehen die institutionellen Besonderheiten national verfasster Volkswirtschaften, deren jeweilige Ausprägung die sogenannten produktiven Kräfte formt. Als zentrales Mittel nachholender Entwicklung gegenüber dem ökonomischen Führungsland Großbritannien postuliert List vorübergehende Schutzzölle als geeignetes Mittel, um Formen handwerklicher und industrieller Produktion auf international wettbewerbsfähigem Niveau anzusiedeln. Eine Zollunion der deutschen Staaten soll ein adäquates Volumen des Binnenmarktes garantieren. Das Endziel wirtschaftlicher Entwicklung ist ein freihändlerischer Weltbund der im Sinne der Listschen Stufentheorie ausgebildeten Nationen. Die Kritik an den als kosmopolitisch denunzierten Freihandelstheorien zielt also primär auf deren mangelhafte institutionelle Sensibilität.

Mit seinen Argumenten zu Schutzzöllen und Marktvolumen gehört List jenseits merkantilistischer Ansätze zu den nationalökonomischen Begründern industriepolitischer Positionen. Dabei ist der Zusammenhang von ökonomischer Entwicklung und Integration nicht nur in den deutschen Debatten einflussreich geblieben. Die entwicklungsökonomischen Auseinandersetzungen um Dependenztheorie und aufholendes Wachstum spiegeln die positive Rezeption des Listschen Werkes in einem modernen Kontext.

Lit.: H. Besters (Hg.): *Die Bedeutung Friedrich Lists in Vergangenheit und Gegenwart*, Baden-Baden: Nomos, 1990; G. Eisermann: »Friedrich Lists Lebenswerk«, in: B. Schefold (Hg.): *Studien zur Entwicklung der ökonomischen Theorie X*, Berlin: Duncker & Humblot, 1990, S. 11–62; K. Häuser/W. Lachmann/H. Scherf,: *Friedrich List – Eine moderne Würdigung. Vademecum zu einem schöpferischen Klassiker mit tragischem Schicksal*, Düsseldorf: Verlag Wirtschaft und Finanzen, 1989; K. Schmidt: »Lists Theorie der produktiven Kräfte«, in: B. Schefold (Hg.): *Studien zur Entwicklung der ökonomischen Theorie X*, Berlin, Duncker & Humblot, 1990, S. 79–102.

Alexander Ebner

Lucas, Robert Emerson, Jr.

Der amerikanische Ökonom Robert E. Lucas, Jr., wurde am 15. September 1937 im Bundesstaat Washington geboren. Er studierte Geschichte und Wirtschaftswissenschaft an der University of Chicago, wo er seit 1975 als Professor lehrt und forscht. Für seine bahnbrechenden Arbeiten, die 1981 in dem Sammelband Studies in *Business-Cycle Theory* veröffentlicht wurden, wurde Robert Lucas 1995 mit dem Nobelpreis ausgezeichnet. Die von ihm initiierte Neoklassische Theorie stellt in vierfacher Hinsicht ein revolutionäres Novum dar, nämlich bezüglich der Hypothese rationaler Erwartungen, der Auffassung von Konjunkturzyklen als Gleichgewichtsphänomenen, ihren wirtschaftspolitischen Implikationen und der sogenannten »Lucas Critique«.

Studies in Business-Cycle Theory

EA: Cambridge, MA-London: MIT, 1981.

Die Grundlage, die das ganze Theoriegebilde prägt, ist die Annahme der ursprünglich von John Muth (1961) formulierten Hypothese rationaler Erwartungen, derzufolge Marktteilnehmer bei der Bildung ihrer Preiserwartungen das ökonomische Modell sowie alle verfügbaren Informationen nutzen. Die endogen gebildeten rationalen Erwartungen führen nicht zu systematischen Schätzungsfehlern, auch wenn Fehleinschätzungen aufgrund unvollkommener Information und durch exogene Schocks nicht auszuschließen sind. Lucas entwickelt sein erstes auf rationalen Erwartungen basierendes Modell in »Expectations and the Neutrality of Money« (1972), um die Auswirkungen stochastischer Änderungen des Geldangebots über das Arbeitsangebot der Haushalte zu untersuchen. Als Ausgangspunkt der Analyse dient das Arbeitsmarktmodell, das er zusammen mit Leonard Rapping in »Wages, Employment and Inflation« (1969) entworfen und in »Unemployment and the Great Depression« (1972) verfeinert hatte. In »Some International Evidence on Output-Inflation Trade-offs« (1973) wird eine linearisierte Variante des Modells dargestellt und empirisch getestet. In Zusammenarbeit mit Edward Prescott entwickelt Lucas in »Equilibrium Search and Unemployment« (1974) seinen Ansatz weiter und hebt erneut die Rolle der Information für die Entscheidungen der Arbeitsuchenden und den stochastischen Charakter der Beschäftigungsschwankungen hervor. Diese Arbeiten bestätigen wichtige klassische bzw. monetaristische Thesen – die Neutralität des Geldes bzw. die Existenz einer natürlichen Arbeitslosigkeitsrate, für die Lucas jedoch mit der Annahme rationaler Erwartungen eine neue mikroökonomische Begründung liefert. Die umstrittensten Aspekte der Lucasschen Theorie waren seine Thesen, dass Gleichgewicht und Konjunkturzyklus nicht unvereinbar sind und die aktive Wirtschaftspolitik ineffektiv ist. Lucas betrachtet den Konjunkturzyklus und überhaupt alle ökonomischen Erscheinungen als Gleichgewichtsphänomene. Der Konjunkturzyklus ist ein auf ständiger Markträumung und rationalen Erwartungen beruhender Prozess. So implizieren rationale Erwartungen, dass ein *Trade-off* zwischen Arbeitslosigkeit und Inflation unmöglich ist: Eine Erhöhung der Geldmenge hat *keine* Auswirkung auf Beschäftigung und Produktion und führt lediglich zur Preiserhöhung, da die Wirtschaftssubjekte ihre Erwartungen sofort anpassen. Da es jedoch genügend Beispiele für wirksame Wirtschaftspolitik gibt, macht Lucas Einschränkungen, um die Diskrepanz zwischen seiner Theorie und der Empirie zu erklären: Zum einen verfügen Wirtschaftsakteure in der Realität nur über unvollkommene Information. Zum anderen werden die Marktteilnehmer bei dem Treffen ihrer Entscheidungen durch exogene Schocks stochastischer Natur, wie z. B. Änderungen der Geldmenge, verunsichert. So sind Fehleinschätzungen unvermeidbar und die verzögerte Anpassung der Erwartungen führt in der Realität zu Änderungen bei Beschäftigung und Output. Solche Erwartungsfehler können die Existenz der Phillips-Kurve und der Konjunkturzyklen erklären. Da die Schwankungen in Beschäftigung und Produktion stochastischen Charakter aufweisen und in Bezug auf exogene Schocks »freiwillig« sind, »oszilliert« die Wirtschaft um ihr Gleichgewicht. Ein Ungleichgewicht ist demnach undenkbar: Alle Märkte werden stets geräumt. Systematische Eingriffe in das Wirtschaftsgeschehen sind wirkungslos, da die Marktteilnehmer die Regierungspolitik antizipieren und ihre Erwartungen dementsprechend korrigieren. Hingegen können unerwartete fiskal- und geldpolitische Maßnahmen Änderungen bei Produktion und Beschäftigung bewirken. Aus neoklassischer Sicht ist von diskretionären Maßnahmen abzuraten, da sie die Marktteilnehmer zusätzlich verunsichern und nur Vorteile brächten, wenn sie zufällig exogenen Störungen entgegenwirken. So läßt sich leicht erraten, warum Lucas in »Rules, Discretion, and the Role of the Economic Advisor« (1980) lediglich den wirtschaftspolitischen Empfehlungen des Monetarismus zustimmt, nämlich einer passiven, regelgebundenen Geldpolitik unter Verzicht auf antizyklische Fiskalpolitik. Schließlich besagt die »Lucas Critique«, dass ökonometrische Standardtests nur für kurzfristige Prognosen, nicht aber zur Evaluierung wirtschaftspolitischer Maßnahmen geeignet sind, da Änderungen bei der Wahrnehmung wirtschaftspolitischer Maßnahmen in den entsprechenden Gleichungsparametern und die daraus resultierenden Auswirkungen unberücksichtigt bleiben. Hingegen beziehen die neoklassischen Funktionen erwartete Änderungen der Wirtschaftspolitik ein, d. h. sie sind nicht *invariant* in Bezug auf wirtschaftspolitische Maßnahmen.

Die sich Ende der 1960er Jahre im Patt befindende makroökonomische Debatte erhielt Anfang der 1970er Jahre einen kräftigen Denkanstoß durch die Theorie rationaler Erwartungen. Die fundamentalen Ideen in *Studies of Business-Cycle Theory* wurden in den 1970er und 1980er Jahren weiterentwickelt. In Anlehnung an die Hypothese rationaler

Erwartungen gab es neue Argumente gegen diskretionäre Wirtschaftspolitik. Die Politikineffektivitäts-Hypothese wurde erneut durch Sargent und Wallace eindrucksvoll bestätigt. Während Lucas' Konjunkturzyklus-Modell seine Bedeutung allmählich verlor, setzte sich die neoklassische Tradition durch die Theorien des »realen Konjunkturzyklus« und des »sektoralen Wandels« fort. Auch wurden neue auf rationalen Erwartungen basierende ökonometrische Methoden entwickelt. Die neoklassische Tradition brachte auch Kritik hervor, die sowohl die Rationalität der rationalen Erwartungen und die Akzeptanz des neoklassischen Modells durch die Marktteilnehmer als auch die Struktur der Lucasschen aggregierten Angebotskurve und die Hypothese der Politikineffektivität anzweifelte. Die Kritik scheint am besten durch Tobins Aussage: »Why is unemployment so high at full employment?« auf den Punkt gebracht zu sein. Nichtsdestotrotz bleibt die von Robert Lucas begründete neoklassische Lehre die wichtigste Neuerung auf dem Gebiet der makroökonomischen Theorie in den letzten dreißig Jahren.

Lit.: V.V. Chari: »Nobel Laureate Robert E. Lucas, Jr.: Architect of Modern Macroeconomics«, in: *Journal of Economic Perspectives* 1/12, 1998, S. 171–186; K.D. Hoover: *The New Classical Macroeconomics. A Sceptical Inquiry*, Oxford: Blackwell, 1989; T.J. Sargent.: »Expectations and the Nonneutrality of Lucas«, in: *Journal of Monetary Economics*, 3/37, 1996, S. 535–548; T. Lawson: »The Lucas Critique: A Generalisation«, in: *Cambridge Journal of Economics*, 2/19, 1995, S. 257–276; J.F. Muth: »Rational Expectations and the Theory of Price Movements«, in: *Econometrica*, 3/29, 1961, S. 315–335; R.E. Lucas, Jr./E.C. Prescott.: »Investment under Uncertainty«, in: *Econometrica*, 5/39, 1971, S. 659–681; S. Fischer: »Long-Term Contracts, Rational Expectations, and the Optimal Money Supply Rule«, in: *Journal of Political Economy*, 1/85, 1977, S. 191–205; E.S. Phelps/J.B. Taylor: »Stabilizing Powers of Monetary Policy under Rational Expectations«, in: *Journal of Political Economy* 1/85, 1977, S. 163–190.

Andrey Zinoview

Malthus, Thomas Robert

Thomas Robert Malthus kam am 14. (oder 17.) 2.1766 in Rookery in Surrey in Englands Süden zur Welt. Bis zum Alter von 18 Jahren erzog und unterrichtete Malthus' Vater, ein persönlicher Freund des Philosophen und Skeptikers David Hume, seinen Sohn. Nach einem Studium der Geisteswissenschaften in Cambridge wurde Malthus 1793 zunächst Fellow am Jesus College in Cambridge. Dort verfasste er eine erste, unveröffentlichte Denkschrift »The Crisis«, worin er für neue Sozialgesetze gegen die Armut eintrat. Im Jahr 1805 erhielt Malthus schließlich eine Professur für Geschichte und Politische Ökonomie am College der East India Company in Hailebury (Hertfordshire). Abgesehen von einigen Reisen auf den europäischen Kontinent führte er dort ein zurückgezogenes Leben mit seiner Frau Harriet. Malthus starb am 23.12.1834 im Badeort St. Catherine (Somerset).

An Essay on the Principle of Population,

as it Affects the Future Improvement of Society, with Remarks on the Speculations of Mr. Godwin, M. Condorcet, and Other Writers

EA: London: J. Johnson, 1798. **KA:** *Malthus' Essay on Population.* The Six Editions, 3 Bde., London: Routledge et al., ^{6}1996. **AA:** Düsseldorf: Verlag Wirtschaft und Finanzen, 1986 (Faks. d. EA); Amherst, N.Y.: Prometheus, 1998. **DA:** *Das Bevölkerungsgesetz*, München: dtv, 1977.

Im Jahr 1798 veröffentlichte Malthus erstmals *An Essay on the Principle of Population.* Darin wies er die Fortschrittshoffnungen zahlreicher utopisch gesinnter Zeitgenossen zurück und vertrat die Auffassung, dass das Bevölkerungswachstum die Menschheit beständig auf ihr Existenzminimum zurückwerfe. Die erste Auflage des *Essay* von 1798 galt als hastig geschriebenes Pamphlet, für dessen Thesen Malthus erst in späteren Auflagen empirische Belege zu erbringen begann. Noch 20 Jahre nach der Erstauflage veröffentlichte Malthus Zusätze. Das zentrale Argument im *Essay* gründet in der Annahme, dass der Grenzertrag des Bodens mit zunehmender Nutzung fällt. Da das verfügbare Land begrenzt ist, nimmt der landwirtschaftliche Ertrag pro Kopf ab, wenn die Bevölkerung wächst. Malthus behauptete, dass die Bevölkerung mit einer konstanten Rate (in einer geometrischen Reihe) wachse und daher dazu tendiere, sich schneller und schneller zu vermehren. Neue Ressourcen hingegen würden nur in konstanten Mengen (in einer arithmetischen Reihe) verfügbar. Sobald die Ressourcen zu knapp würden, hinderten entweder Hunger, Krankheit und Krieg (*positive checks*) oder ein späteres Heiratsalter und sexuelle Enthaltsamkeit (*preventive checks*) die Bevölkerung daran, weiter zu wachsen. Selbst eine Steigerung der Produktivität sei nutzlos. Sobald sich die Lebensbedingungen über das Existenzminimum hinaus verbesserten, so Malthus, beginne die Bevölkerung zu wachsen, bis das Pro-Kopf-Einkommen wieder auf das Existenzminimum zurückfalle.

Der *Essay on the Principle of Population* entfachte einen Sturm der Kritik, und Malthus wurde von zeitgenössischen Ökonomen trotz seines Einsatzes für die Armenhilfe als Reaktionär attackiert. Seine Gedanken erwiesen sich jedoch als äußerst einflussreich. Charles Darwin betonte, dass er den Einsichten Malthus' viel für seine Theorie der Evolution verdanke. Die intellektuellen Spuren von Malthus lassen sich bis in die heutige Zeit verfolgen. Der Club of Rome hebt in seinen frühen Berichten hervor, dass die verfügbaren Rohstoff- und Energievorräte das Bevölkerungs- und Wirtschaftswachstum begrenzten. Kritiker dieser Auffassung wenden ein, dass die Preise für Rohstoffe, Energie und landwirtschaftliche Erzeugnisse bislang real fielen und keine Verknappung anzeigten. Als Malthus seinen *Essay on the Principle of Population* veröffentlichte, hatten in manchen Regionen Europas eine niedrigere Sterblichkeit und geringere Geburtenziffern bei der Bevölkerung bereits eingesetzt – zunächst unbemerkt von den Zeitgenossen. Dieser Prozess ging mit verbesserten Lebensbedingungen einher. Seit zwei Jahrzehnten hat sich besonders die volkswirtschaftliche Theorie endogenen Wachstums dem langfristigen Zusammenspiel von technologischem Wandel und Bevölkerungswachstum gewidmet. Neben malthusischen Elementen enthalten diese Modelle auch Komponenten technischen Fortschritts, die eine Verbesserung des Pro-Kopf-Einkommens trotz und zum Teil gerade wegen einer hohen Bevölkerungsdichte nach sich ziehen.

Lit.: T.R. Malthus: *Additions to the Fourth and Former Edition of An Essay on the Principle of Population*, London: J. Murray, 1817; E. Boserup: *Population and Technological Change. A Study of Long-Term Trends*, Chicago: U of Chicago Pr., 1981; Club of Rome: *The Limits to Growth*, New York: Universe, 1972; M. Kremer: »Population Growth and Technological Change. One Million B.C. to 1990«, in: *The Quarterly Journal of Economics*, 108/3, 1993, S. 681–716; M. Livi-Bacci: *Storia minima della populazione del mundo*, Rom: Loescher, 1989.

Marc-Andreas Mündler

Markowitz, Harry Max

Harry M. Markowitz (geb. am 24.8.1927 in Chicago) war Professor für Wirtschaftswissenschaften an der City University of New York. Er wurde 1990 zusammen mit William Sharpe und Merton Miller für seine bahnbrechenden Forschungsleistungen auf dem Gebiet der Portfolio-Theorie mit dem Nobelpreis für Wirtschaftswissenschaften ausgezeichnet.

Portfolio Selection

Efficient Diversification of Investments

EA: New York et al.: John Wiley & Sons Inc., 1959. **AA:** Cambridge, MA, et al.: Blackwell, ^{2}1998.

In dem vorliegenden Buch entwickelt Markowitz eine Theorie, die erklärt, wie Investoren – Haushalte oder Unternehmen – Finanztitel alloziieren, die sogenannte Portfolio-Theorie. Im Mittelpunkt seiner Analyse stehen der Erwartungswert und die Varianz von Zufallsvariablen. Eine Zufallsvariable bildet den unsicheren Ertrag eines Wertpapiers ab. Als Kenngrößen der Wahrscheinlichkeitsverteilungen einer oder mehrerer Zufallsvariablen verwendet Markowitz den Erwartungswert, der den erwarteten Ertrag der Wertpapiere angibt, und die Varianz, die als Streuungsmaß Informationen über das Risiko der Wertpapiere enthält. Anhand vieler illustrativer Beispiele (z. B. Glücksräder) bringt Markowitz dem Leser die Techniken der Berechnung des Erwartungswertes und der Varianz von Zufallsvariablen näher. Als erstes wichtiges Resultat ist festzuhalten, dass die Varianz der Summe von Zufallsvariablen nicht nur von den Varianzen der einzelnen Zufallsvariablen abhängt, sondern auch von den paarweisen Kovarianzen der einzelnen Zufallsvariablen, die wiederum angeben, wie die Wertpapiere miteinander korreliert sind. In Kapitel 6 geht Markowitz der Frage nach, ob Investoren durch eine genügend große Diversifizierung ihres Portefeuilles das Risiko nahezu ausschalten können. Unter formaler Anwendung des Gesetzes der großen Zahl zeigt er, dass, wenn das Portefeuille sehr viele unkorrelierte Finanztitel beinhaltet, die Varianz gegen Null konvergiert. Für den Fall, dass die Wertpapiere miteinander korreliert sind, ist dieses Ergebnis jedoch nicht aufrechtzuerhalten. In Kapitel 7 bis 8 wendet sich Markowitz dem Vergleich unterschiedlicher Portefeuilles zu und bestimmt sowohl graphisch als auch algebraisch die sogenannte Menge der effizienten Portefeuilles. Diese ist wie folgt charakterisiert: Es gibt keine anderen Portefeuilles mit geringerer Varianz und größerem Erwartungswert. Somit hat Markowitz aus der Menge aller möglichen Portefeuilles diejenige Teilmenge selektiert, die für den Investor überhaupt nur in Frage kommt. Für welches Portefeuille sich der Investor tatsächlich entscheidet, hängt von seinen Präferenzen ab, bzw. von der Nutzenfunktion, die seine Präferenzen und seine Risikoaversion repräsentiert. Im letzten Teil des Buches geht Markowitz somit auf den Erwartungsnutzen ein, den er unter anderem auch axiomatisiert. Er stellt einige Nutzenfunktionen vor, approximiert sie durch quadratische Nutzenfunktionen und erhält ein Präferenzfunktional in Abhängigkeit vom Erwartungswert und der Varianz, womit der Investor unterschiedliche Portefeuilles bewerten kann.

Zusammenfassend bleibt festzuhalten, dass Markowitz das komplizierte und multidimensionale Problem der Portfolio-Auswahl bei einer großen Anzahl von unterschiedlichen Wertpapieren auf ein konzeptionell einfaches zweidimensionales Problem, die Erwartungswert-Varianz-Analyse, reduziert. Anschließend zeigt er, wie dieses Problem – formal ein quadratisches Programmierungsproblem – gelöst werden kann. Für diese Leistung erhielt Markowitz den Nobelpreis für Wirtschaftswissenschaften. Aufgrund seiner algebraischen Einfachheit ist das Modell auch vielfach in empirischen Untersuchungen angewendet worden.

Lit.: H.M. Markowitz: *Mean-Variance Analysis in Portfolio Choice and Capital Markets*, Oxford: Blackwell, 1987; E.J. Elton/J.M. Gruber: *Modern Portfolio Theory and Investment Analysis*, New York et al.: John Wiley & Sons, [5]1995; W.T. Ziemba/J.M. Mulrey: *Worldwide Asset and Liability Modeling*, Cambridge: Cambridge UP, 1998.

Thomas Eichner

Marshall, Alfred/Mary Paley Marshall

Alfred Marshall wurde am 26.7.1842 in Clapham (London) geboren und starb am 18.7.1924 in Cambridge. Er unterrichtete am University College in Bristol, an der Oxford University und ab Dezember 1884 an der Cambridge University. Zu seinen Leistungen gehört die Akademisierung der Volkswirtschaftslehre in Cambridge, die er von der Philosophie abspaltete und als Fachrichtung mit eigenem Studiengang etablierte. Neben den *Principles of Economics*, bis in die späten 1930er Jahre wohl die einflussreichste angelsächsische ökonomische Abhandlung überhaupt, publizierte Marshall zahlreiche Aufsätze; seine Stellungnahmen vor staatlichen Kommissionen zu den Themen Geld, Internationaler Handel und Arbeit hatten großen Einfluss. Nach 1890 ließ sich Marshall in immer größerem Maße von empirischen Studien fesseln, da er Theorie ohne empirische Daten für leer und nutzlos hielt. 1919 veröffentlichte er *Industry and Trade*, das als Ursprung des Bereichs der Industriellen Organisation gilt, und 1923 *Money, Credit and Commerce*, eine Zusammenstellung von Aufsätzen, die er schon wesentlich früher geschrieben hatte. Marshalls Erkenntnisse waren von unschätzbarem Einfluss auf die englische Volkswirtschaftslehre. Fast jede wichtige Professur dieses Fachs in England war nach seiner Emeritierung mit einem seiner früheren Schüler – unter ihnen Arthur Cecil Pigou und John Maynard Keynes – besetzt.

Mary Paley Marshall (1850 bis 1944) unterrichtete politische Ökonomie am Newnham College in Cambridge und war damit vermutlich die erste Dozentin an einer englischen Universität. Bereits vor ihrer Ehe mit Alfred Marshall hatte sich Mary Paley bereit erklärt, ein Lehrbuch für eine Vorlesungsreihe für auswärtige Studierende zu schreiben. Nach ihrer Verlobung im Jahr 1876 gab Alfred Marshall ein Buchprojekt über Außenhandel auf und bemühte sich zunehmend um dies gemeinsame Projekt, bis es im Wesentlichen das seinige wurde.

The Economics of Industry

EA: London: Macmillan, 1879. **AA:** Bristol: Overstone Press, 1997.

Das 1879 veröffentlichte Werk ist eines der ersten Lehrbücher, das die neuen Methoden der Grenznutzenschule enthielt, wenn dies wegen des Verzichts auf mathematische Belege oftmals auch nicht ersichtlich war. Indem sie für den Buchtitel erstmals den Begriff »political economy« durch »economics« ersetzten, wollten die Autoren die wissenschaftliche Grundlage ökonomischen Denkens als »gemeinsame Sprache« aller Klassen und politischen Parteien betonen und die parteipolitisch belasteten, umstrittenen Konnotationen des Wortes »political« vermeiden. Das Werk ist in drei Teile (Bücher) gegliedert. Der erste beginnt mit zwei einführenden Kapiteln und befasst sich dann mit der Produktionstheorie (Produktionsfaktoren, abnehmende Gewinne, Arbeitsteilung). Der zweite ist dem »Normalwert« gewidmet, der als Wert beschrieben wird, der aus der ungestörten Funktion des freien Wettbewerbs entsteht. Was freien Wettbewerb ausmacht, wird allerdings in der ersten Auflage nicht erläutert und lediglich im Vorwort zur zweiten Auflage von 1881 als die Abwesenheit von Koalitionen und Kartellen definiert. Das dritte Buch untersucht große Abweichungen vom Normalwert durch den sich verändernden Geldwert und aufgrund von Krisen (die einzige Veröffentlichung zu Marshalls Sicht von Krisen), Marktschwankungen, der Funktion von »Zoll«, Kartellen und Monopolen. Die drei abschließenden Kapitel befassen sich mit Gewerkschaften, Schlichtung und Vermittlungsverhandlungen und mit der Genossenschaftsbewegung – Themen, die Alfred Marshall später vor allem im Schlussteil der *Elements of the Economics of Industry* von 1892 behandeln sollte.

The Economics of Industry wurde sowohl von Akademikern wie Laien gut aufgenommen und in fünfzehn Jahren 15.000 Mal verkauft, aber Marshall war mittlerweile wegen der zu starken Vereinfachung ökonomischer Probleme mit dem Werk nicht mehr zufrieden. Er distanzierte sich von dem Buch und es wurde so weit wie möglich aus dem Verkehr gezogen, als Marshall 1892 unter dem Titel *Elements of Economics of Industry* eine Zusammenfassung seiner *Principles of Economics* herausbrachte. Der Grund für Marshalls Unzufriedenheit mit *The Economics of Industry* liegt wahrscheinlich darin, dass er das Buch als fehlgeschlagenen Versuch begriff, die »klassische«, d. h. ricardianische und millianische Trennung zwischen »normalen« Kräften, die die Produktion und Verteilung eines Wirtschaftssystems regeln, und den »Marktkräften«, die Schwankungen und Oberflächenbewegungen verursachen, aufrechtzuerhalten. Die hauptsächliche Abweichung von Mills Theorie ist die Verbindung, die das alles durchdringende Substitionsprinzip zwischen der Verteilung und den normalen Wirtschaftskräften etabliert, was zu einer Produktionstheorie der Verteilung führt.

Lit.: P.D. Groenewegen: *A Soaring Eagle: Alfred Marshall 1842–1924*, Aldershot: E. Elgar, 1995; R. McWilliams-Tullberg: »Marshall's attitude to the *Economics of Industry*«, in: *Journal of the History of Economic Thought*, 14, 1992, S. 257–270; M.P. Marshall: *What I Remember*, Cambridge: Cambridge UP, 1947; J.K. Whitaker: »Alfred Marshall: the years 1877 to 1885«, in: *History of Political Economy*, 4, 1972, S. 1–61.

Tiziano Raffaelli

Aus dem Englischen von Wibke Reger

Marshall, Alfred

Principles of Economics

EA: Bd. 1 (alles Erschienene), London-New York: Macmillan, 1890. **AA:** Die 9. (variorum) Auflage der *Principles* umfasst die Texte aller acht Auflagen und die Kommentierung von C.W. Guillebaud, für die Royal Economics Society London, New York: Macmillan, 1961. Düsseldorf: Verlag Wirtschaft und Finanzen, 1989 (Faks. d. EA).

Marshall definierte Volkswirtschaft als das Studium der menschlichen Aktivitäten, die sich mit dem Verdienen des Lebensunterhaltes beschäftigen. Sein Ziel war es, die Ursachen von Armut zu verstehen, um einen theoretischen Rahmen für gesetzliche Muster zur Reduzierung der Armut zu finden. Er glaubt, dass die Wirtschaft als evolutionärer Prozess gesehen werden sollte, in dem die Kapazitäten und das Wissen von Individuen sich mit den sozialen Institutionen, der Technologie und der Kunst entwickeln. In seiner Werttheorie isoliert er in seinen Betrachtungen jede Industrie, in dem Glauben, dass eine partielle Gleichgewichtsanalyse nötig ist, um volkswirtschaftliche Theorie in realen Situationen anwendbar machen zu können. Allerdings betrachtet er auch, wie sich Veränderungen in einem Gebiet der Wirtschaft wie Wellen in einem Wasserbassin auf andere Gebiete ausdehnen. Marshall entwickelt eine marginale Nutzentheorie der Konsumentennachfrage: Die Summe der Nachfragekurven aller Konsumenten ist die Nachfragekurve des betreffenden Marktes. Bezüglich der Angebotsseite ist seine erste Annahme, dass das erhältliche Angebot Teil eines festen Bestandes sei. Daraufhin entwickelt Marshall ein Modell des Handels zum Tageswert der Güter. Anschließend erklärt er, dass jede mögliche Menge der Produktion bei einem minimalen Angebotspreis zustande kommt, der in Beziehung zu den physikalischen und psychologischen Kosten steht, die beim Besitzer der Produktionsfaktoren auftreten. Unter der Annahme, dass einige der Inputs – wie Arbeit und Rohstoffe – variabel, Boden und Kapitalgüter dagegen starr im Angebot sind, konstruiert er eine kurzfristige Angebotsfunktion einer Industrie. Für die Prämisse eines variablen Inputs entwickelt Marshall eine langfristige Angebotsfunktion. Da er bemerkt, dass technologische Veränderungen die langfristige Angebotskurve verändern, untersucht er daraufhin das Verhalten der Industrie. In jeder Situation tendiert der Preis zu dem Wert, bei dem Angebot- und Nachfragemengen gleich sind. Als Teil seiner Werttheorie entwickelt Marshall eine marginale Netto-Produktivitätstheorie der Distribution, welche Löhne, Mieten, Zinsen und Profite analysiert; in Verbindung mit der Betrachtung der Outputmärkte formuliert er die Elastizität der Nachfrage. Er studierte die Wohlfahrtsökonomie, erkannte die Existenz der Konsumentenrente und konzentrierte sich auf den Einsatz der Besteuerung und Subventionierung zur Erhöhung der

Wohlfahrt. Darüber hinaus beschäftigt er sich mit der monetären und internationalen Handelstheorie und analysierte Treuhandgesellschaften und Monopole.

Lit.: J.C. Wood (Hg.): *Alfred Marshall. Critical Assessments*, 4 Bde., London: Croom Helm, 1982; J.K. Whittaker: »Marshall, Alfred«, in: *The New Palgrave. A Dictionary of Economics*, Bd. 3, London et al.: Macmillan, 1987, S. 350–363.

Donald A. Walker

Marx, Karl Heinrich

Karl Marx, geboren am 5. Mai 1818 in Trier, begann 1818 in Bonn ein Jurastudium, wechselte jedoch schon ein Jahr später nach Berlin, wo er sich vorwiegend mit Geschichte und Philosophie befasste. 1841 wurde Marx an der Universität Jena zum Doktor der Philosophie promoviert, eine akademische Karriere blieb ihm jedoch verwehrt, da er zum Kreis der Linkshegelianer zählte. In Köln wurde Marx Mitarbeiter der *Rheinischen Zeitung für Politik, Handel und Gewerbe*, deren Leitung er schon nach wenigen Monaten übernahm und die als Hauptorgan der Opposition galt. Als die Zeitung 1843 von der preußischen Regierung geschlossen wurde, ging Marx nach Paris. Zu dieser Zeit begann auch seine Zusammenarbeit mit Friedrich Engels. Marx Beteiligung an der Redaktion des deutschen Wochenblatts *Vorwärts!* brachte ihm auf Betreiben der deutschen Regierung die Ausweisung aus Frankreich ein. 1845 ging er daher nach Brüssel, wohin Engels ihm folgte. 1846 gründeten beide das Kommunistische Korrespondenzkomitee, das den grenzüberschreitenden Zusammenschluss revolutionärer Kommunisten zum Ziel hatte. Im Gefolge der Februarrevolution 1848 wurde Marx aus Belgien ausgewiesen; er folgte einer Einladung der neuen französischen Regierung. Nach der Märzrevolution kehrte er nach Köln zurück, wo er einer der Führer der revolutionären Bewegung wurde. Als Marx 1849 als Staatenloser erneut ausgewiesen wurde, ging er über eine Zwischenstation in Paris ins Londoner Exil, wo seine ökonomischen Hauptwerke entstanden – begleitet von einer regen Tätigkeit als Journalist und Organisator, der versuchte, über die (Erste) Internationale Arbeiterassoziation (1864) nationale Arbeiterparteien zu schaffen und zu steuern. Am 14. März 1883 starb Marx in London.

Helge Hesse

Das Kapital

Kritik der politischen Ökonomie

EA: 3 Bde., Hamburg: Otto Meißner, 1. Bd.: 1867; 2. Bd.:1884, hg. von F. Engels; 3. Bd.: 1894, hg. von F. Engels. **AA:** Berlin: Dietz, 1. Bd.: 2005, 2. Bd.: 1989, 3. Bd.: 2004.

Das Kapital war eines der einflussreichsten Bücher des 19. und 20. Jhs. und stellt die bedeutendste kritische Analyse des Kapitalismus dar. Die historische Entwicklung und der theoretische Fortschritt haben die Fehlerhaftigkeit bzw. die zeitlich nur begrenzte Gültigkeit vieler Marxscher Thesen und Annahmen gezeigt; und der Zusammenbruch des Kommunismus hat endgültig den utopischen Charakter seines Grundgedankens erwiesen. Dennoch sind viele Abschnitte noch heute gültig und wichtig für das Verständnis des Kapitalismus, insbesondere in seiner industriellen Entwicklungsstufe. Im ersten Band – dem einzigen, der zu Marx' Lebzeiten erschien – legt der Autor die theoretischen Grundlagen seiner Kritik des Kapitalismus. In diesem System werde die Logik des Austauschs auf den Kopf gestellt: Der natürliche Austausch von Gütern mit verschiedenem Nutzwert werde vom kapitalistischen Austausch überlagert, dessen Ziel es sei, einen höheren Tauschwert zu erzielen (der in seiner reinen Form im Geldwert zum Ausdruck kommt). Im Kapitalismus werde die Ware somit zum beseelten Fetisch, der durch Tauschhandel die Beziehungen zwischen den Menschen bestimme, statt von ihnen bestimmt zu werden. Ebenso sei der Arbeitsprozess auf den Kopf gestellt worden: Er werde im Kapitalismus von dem Prozess der Wertsteigerung beherrscht und geformt, d. h. von der Suche nach dem größtmöglichen Gewinn aus der Produktion. Grundlage hierfür sei die dem Kapitalismus eigentümliche Lohnarbeitsbeziehung. In dieser Beziehung sieht Marx auch die Erklärung für den Ursprung des Profits, nach der die klassischen Ökonomen lange gesucht hatten. Marx gebraucht dieselben Kategorien wie Smith und Ricardo und versucht ihrer Theorie von Wert und Arbeit Kohärenz und Strenge zu verleihen, derzufolge sich der Wert eines Gutes – und somit sein Preis – nach der für seine Produktion durchschnittlich nötigen Arbeitszeit bemisst. Die Produktionsmittel selbst, die dazu beitragen, den Endwert eines Produkts zu bestimmen, lösen sich in Arbeitszeit auf. Marx löst die Probleme, die seine Vorgänger beschäftigt hatten, indem er eine Unterscheidung zwischen Arbeit – geleisteter oder zu leistender – und Arbeitskraft – der Leistungsfähigkeit des Arbeiters – einführt. Letztere ist die »Ware«, die der Arbeiter gegen Lohn verkauft. Der Lohn misst also die Kosten für die (Re-) Produktion von Arbeitskraft. Indem der Arbeiter aber seine Arbeitskraft verkauft, verpflichtet er sich, mehr Stunden zu arbeiten, als für die Herstellung des Gegenwerts seines Lohnes notwendig ist – des Werts also, den er »verbraucht«. Der Arbeitstag teilt sich somit in notwendige Arbeitszeit (die den Wert der Arbeitskraft, also den Lohn, widerspiegelt) und Mehrarbeit (die den Mehrwert herstellt, der dem Kapitalisten gehört). Darin besteht die kapitalistische Ausbeutung. Der Mehrwert stellt den Gewinn aus Investitionen dar. Der Kapitalist versucht daher, die Mehrarbeit, die den Mehrwert produziert, so weit wie möglich zu verlängern. In einer ersten Phase erreicht er dies, indem er den Arbeitstag immer mehr verlängert (Produktion des absoluten Mehrwerts). Sehr bald aber ist die Grenze der physischen Belastbarkeit der Arbeiter erreicht; deren durchschnittliche Lebensdauer sinkt so stark, dass die Fähigkeit der Arbeiterklasse, sich selbst (in neuen Generationen von Arbeitern) zu reproduzieren, gefährdet ist. Der Kapitalist sucht nun nach einem anderen Weg, um den Mehrwert zu maximieren: die Steigerung der Produktivität. Je höher die Produktivität, desto kürzer wird die Zeit, die für die Produktion des Gegenwerts des Lohnes benötigt wird – und desto länger wird die Mehrarbeit. Die Steigerung der Produktivität fußt auf der Einführung neuer, immer größerer und besserer Maschinen, die es erlauben, die Aufgaben der Arbeiter immer weiter aufzuteilen. Auf diese Weise zwingen sie den Arbeitern immer intensivere Arbeitsrhythmen auf. Dies ist die Produktion relativen Mehrwerts: Er macht die Arbeiter mehr und mehr zu einem Anhängsel der Maschine, und er steigert ihr Elend und Unglück (absolute und relative Verarmung).

Das zweite und dritte Buch blieben unvollendet und wurden posthum von Friedrich Engels veröffentlicht. Im zweiten Buch, das die Zirkulation des Kapitals behandelt, untersucht Marx die Reproduktionsmuster – das einfache und das erweiterte. Dabei versucht er, dem *Tableau* Quesnays und seinem Zyklus von Produktion, Distribution, Konsum und erneuter Produktion einen dynamischen Charakter zu verleihen. Gemäß diesem Muster beginnt jeder neue wirtschaftliche Zyklus mit einer erweiterten Investitionsbasis. Das überraschende Ergebnis lautet, dass im Prinzip eine unbegrenzte kapitalistische Entwicklung denkbar ist. Im dritten Buch analysiert Marx unter anderem Zinsen, Rendite und Handel. Darüber hinaus stellt er die Gesetze heraus, die den Kapitalismus an sein Ende bringen werden (von ihnen hatte er im zweiten Buch abstrahiert). Die Konkurrenz bringe den Kapitalisten dazu, einen (zeitlich begrenzten) Vorteil gegenüber seinen Konkurrenten zu suchen, indem er neue Maschinen einführt, die die Produktivität erhöhen. Die Anpassung der Konkurrenten resultiere in einem kontinuierlichen technischen Fortschritt, was wiederum einen stetigen Anstieg konstanten Kapitals (d. h. der Maschinen) auf Kosten des variablen Kapitals (der lebendigen Arbeitskraft) zur Folge habe. Da die lebende Arbeitskraft jedoch die einzige Quelle des Mehrwerts sei, verenge sich dessen Produktionsbasis immer mehr. Die Mehrwertrate, also das Verhältnis zwischen Mehrwert und Arbeitskraft, nach dem sich die Produktivität bemisst, steige folglich. Die Profitrate (also die Beziehung zwischen Mehrwert und Gesamtinvestition) sinke hingegen tendenziell.

Es gibt jedoch, wie zahlreiche Ökonomen, darunter auch einige Marxisten, gezeigt haben, keinen logischen Beweis dafür, dass diese Tendenz die Oberhand über die Steigerung der Produktivität behält. Die andere Achillesferse des dritten Buches ist die Passage, in der Marx den Arbeitswert der Produktionsfaktoren in ihren empirischen Ausdruck (also in Preise) umrechnet. Marx versucht, mittels der »Produktionspreise« die Werte in Preise umzuwandeln; doch wie die Anhänger Sraffas gezeigt haben, gelingt dies nicht, da in der Realität die Produktionsfaktoren auf dem Markt von Anfang an in Preisen und nicht nach Wert dargestellt werden.

Lit.: M. Berger: *Karl Marx »Das Kapital«: Eine Einführung*, München: Fink, 2003; B. Fine/A. Saad-Filho: *Marx's Capital*, London et al.: Pluto Press, 2004; C.-E. Vollgraf (Hg.): *Marx' Ökonomiekritik im Kapital*, Berlin-Hamburg: Argument, 2000.

Cosimo Perrotta

Aus dem Italienischen von Christian Jetzlsperger

Meade, James Edward

Der britische Ökonom James Edward Meade, geboren am 23.6.1907 in Swanage (Dorset), gestorben am 22.12.1995 in Cambridge (UK), war von 1930 bis 1937 Dozent für Volkswirtschaftslehre am Hertford College in Oxford. Von 1938 bis 1940 arbeitete er in der Wirtschaftsabteilung des Völkerbundes und während des Zweiten Weltkriegs in der Wirtschaftsabteilung des Sekretariats des Kriegskabinetts der britischen Regierung. Im Jahre 1947 wurde Meade zum Professor of Commerce an die London School of Economics berufen und wechselte 1957 an die Universität von Cambridge, wo er bis zu seiner Emeritierung 1967 einen Lehrstuhl für Political Economy innehatte. Als Senior Research Fellow blieb er dem Christ's College in Cambridge bis zum Jahre 1974 verbunden. Meade war Mitglied zahlreicher wissenschaftlicher Gremien und Institutionen (unter anderem war er Präsident der Royal Economic Society). Zusammen mit Bertil Ohlin erhielt er im Jahre 1977 den Nobelpreis für Wirtschaftswissenschaften für »bahnbrechende Arbeiten auf dem Gebiet der Theorie des internationalen Handels und der internationalen Kapitalbewegung«.

The Theory of International Economic Policy

EA: Bd. 1: *The Balance of Payments*, Bd. 2: *Trade and Welfare*, London-New York-Toronto: Oxford UP, 1951 und 1955; jeweils mit *Mathematical Supplement* **AA:** Nachdr., London: Oxford UP, 1966.

In seinem zweibändigen Werk *The Theory of International Economic Policy* untersucht Meade die internationalen Wirtschaftsverflechtungen zwischen nationalen Volkswirtschaften unter Anwendung des keynesianischen Modells (*The Balance of Payment*) beziehungsweise auf der Grundlage der Wohlfahrtstheorie (*Trade and Welfare*). Im ersten Band setzt sich Meade mit dem Zusammenhang zwischen binnen- und außenwirtschaftlichem Gleichgewicht auseinander und analysiert, wie Veränderungen ökonomischer Daten auf Preisstabilität und Vollbeschäftigung (»internal balance«) sowie auf die Zahlungsbilanz (»external balance«) wirken. Dabei verdeutlicht er vor allem den Einfluss der Wirtschaftspolitik auf den Außenhandel und die Probleme der Stabilisierungspolitik in offenen Volkswirtschaften.

Meade plädiert für staatliche Eingriffe, beispielsweise durch Fiskal-, Geld- und Währungspolitik, um die beiden Ziele der »internal balance« und »external balance« zu erreichen. Im zweiten Band seines Werkes nimmt Meade auf der Grundlage wohlfahrtstheoretischer Überlegungen eine umfassende Analyse des internationalen Handels sowie des internationalen Kapitalverkehrs vor, wobei auch Aspekte der Migration und der Bevölkerungsentwicklung Berücksichtigung finden. Auf der Grundlage der *Theory of Second-Best* illustriert er, dass eine Ausweitung des Freihandels unter bestimmten Umständen zu einer Wohlstandsminderung führen kann. Obwohl die Beseitigung des Protektionismus eigentlich der Idealzustand wäre, könne, so Meade, der wohldosierte Einsatz protektionistischer Maßnahmen in bestimmten Situationen zur Wohlstandssteigerung eines Landes beitragen.

Meades Werk stellt eine Pionierleistung auf dem Gebiet der internationalen Handelstheorie dar und war auch an deutschen Universitäten einige Jahre lang Pflichtlektüre.

Lit.: R.F. Harrod: Rezension (Bd. 2), in: *The Economic Journal*, 67/266, 1957, S. 290–295; S. Howson: »James Meade«, in: *The Economic Journal*, 110, 200, S.F122-F145; R. Nurkse: Rezension (Bd. 1), in: *Political Science Quarterly*, 67/4, 1952, S. 604–608; ders.: Rezension (Bd. 2), in: *Political Science Quarterly*, 71/3, 1956, S. 459–462; T.C. Schelling: Rezension (Bd. 2), in: *The American Economic Review*, 46/4, 1956, S. 714–718.

Jörg Ramel

Menger, Carl

Carl Menger von Wolfensgrün wurde am 23.2.1840 in Neusandez (Nowy Sącz) im heutigen Polen geboren und starb am 26.2.1921 in Wien. Nach einem Studium der Rechts- und Staatswissenschaften an den Universitäten in Wien (1859/60), Prag (1860 bis 1863) und Krakau (1867) und der anschließenden Promotion arbeitete Menger als Wirtschaftsjournalist. Nach seiner Habilitation an der Universität Wien im Jahr 1872 wurde er dort 1873 außerordentlicher Professor. 1876 wurde Menger Lehrer des österreichischen Kronprinzen Rudolf, den er auf ausgedehnten Studienreisen begleitete. 1879 erhielt Menger den Lehrstuhl für Politische Ökonomie an der Universität Wien. 1892 nahm er als Mitglied an der österreichischen Währungs-Enquête-Kommission teil. Ab 1900 war Menger lebenslanges Mitglied des Herrenhauses und seit 1904 wirkliches Mitglied der Österreichischen Akademie der Wissenschaften.

Grundsätze der Volkswirthschaftslehre

EA: Wien: W. Braumüller, 1871. **AA:** in: *Gesammelte Werke*, Bd. I, Tübingen: J.C.B. Mohr (Siebeck), 1968; Düsseldorf: Verlag Wirtschaft und Finanzen, 1990 (Faks. d. EA).

Im 1871 erschienenen *Grundsätze der Volkswirthschaftslehre* unternimmt Menger den Versuch, die äußerst heterogene und widerspruchsvolle Wert- und Preistheorie seiner Zeit zu verbessern. Dieses Buch bildet den ersten Band eines auf vier Bände konzipierten Systems, das jedoch niemals zur Ausführung gelangte. Menger versucht darin, die gebrauchs- und arbeitswerttheoretischen Ansätze durch eine allgemeine Wert- und Preistheorie zu ersetzen, die die Preisbildung für alle Güterarten, Dienstleistungen und Faktoren nach einem einheitlichen Prinzip erklärt. Bedingt durch die Problemsituation, in der er sich befand, glaubte Menger, dass dieses Problem nicht durch eine ausschließlich neue ökonomische Theorie zu lösen sei. Zwar hielt er die gebrauchswerttheoretischen Theorien der Autoren der deutschen Nationalökonomie des 19. Jhs. für äußerst fruchtbar, sah jedoch in deren induktivistisch-essentialistischen und historizistischen Methoden ein entscheidendes Hindernis für die Weiterentwicklung einer befriedigenden Wert- und Preistheorie. Menger ersetzt daher die von Roscher kodifizierte Forschungskonzeption, die aus einer spezifischen Kombination einer Theorie der subjektiven Bewertungen mit einem induktivistischen Essentialismus besteht. Zwar geht auch er von einer Preistheorie auf Basis subjektiver Bewertungen aus, kombiniert sie aber mit dem sogenannten methodologischen Individualismus, wonach befriedigende Erklärungen sozialer Tatsachen, Vorgänge oder Prozesse nur dann vorliegen, wenn sie als ungeplante Resultate des Zusammenspiels der intendierten Handlungen von Individuen erklärt werden. Diese Kombination, bereits 1807 von Hufeland entwickelt, wurde von Menger zur Lösung von wert- und preistheoretischen Problemen eingesetzt. Obgleich eine Reihe von deutschen Nationalökonomen ihren Erklärungen der Preisbildung eine Theorie der subjektiven Bewertungen zugrundelegten, gelang es ihnen nicht, zu zeigen, auf welche Weise subjektive Bewertungen wie Nutzwertvorstellungen die relativen Preise bestimmen. Da Menger zufolge, die relativen Preise das ungeplante Resultat des Zusammenspiels des intendierten und damit wertenden Verhaltens der einzelnen Menschen sind, entwickelte er zunächst eine Hypothese über das wertende Verhalten von Menschen. Demnach bestimmt sich die Höhe des Wertes einer konkreten Gütermenge nach dem Wegfall des Nutzens, der aufgegeben werden muss, wenn auf die Befriedigung des am wenigsten wichtigen Bedürfnisses verzichtet wird. Modern gesprochen bestimmt sich der Wert einer konkreten Gütermenge somit aus dem Grenznutzen. Menger unterstreicht jedoch, dass Menschen nicht nur verschiedene Bedürfnisse durch ein Gut zu befriedigen trachten, sondern verschiedenartige Güter zur Befriedigung verschiedener Bedürfnisse verwenden. Das heißt, dass sie knappe Güter nach dem Prinzip des Grenznutzenausgleichs aufteilen, so dass bei allen Bedürfnisarten und den zur Verfügung stehenden Güterarten der gleiche Grenznutzen pro ausgegebener Geldeinheit erreicht wird. Dies bedeutet, dass Menschen sich so verhalten, dass das Verhältnis der Grenznutzen der Güter ihrem Preisverhältnis entspricht. Diese in der Literatur als Äquimarginalprinzip bezeichnete Hypothese wird von Menger als Antwort auf die Frage angeboten, wie Nutzwertschätzungen die relativen Preise bestimmen, und er erklärt damit den sogenannten isolierten Tausch sowie die Preisbildung bei vollkommener Konkurrenz.

Wenngleich unvollständig im Sinne einer einheitlichen und vollständigen Preistheorie, konstituierten die von Menger entworfenen ökonomischen Überlegungen zum Zeitpunkt ihres Erscheinens einen bedeutenden wissenschaftlichen Fortschritt. Mengers Theorie ist vor allem in den Bereichen von Wichtigkeit, in denen auch jene auf der Basis einer Theorie der subjektiven Bewertungen entwickelten Preistheorien erfolgreich waren, d. h. insbesondere bei der Analyse des Einflusses der subjektiven Bewertungen auf die Bestimmung von Angebot und Nachfrage. Darüber hinaus zeigt er in seiner Theorie der Güter höherer Ordnung, dass auch die Preise von als Inputs verwendeten Gütern durch die Nachfrage und damit letztlich durch die Nutzwertvorstellungen bestimmt werden. Von besonderer Bedeutung sind in diesem Zusammenhang auch Mengers Untersuchungen zur Rolle des Wissens und der Unsicherheit bei der Erstellung der wirtschaftlichen Pläne des einzelnen Menschen, d. h. bei dessen Bewertung von Situationen. Die *Grundsätze* Mengers sind insofern revolutionär, als sie eine Abkehr von den in Deutschland und England geltenden Forschungskonzeptionen bedeuteten. Durch die exemplarische Darstellung der besonderen Fruchtbarkeit der Kombination aus methodologischem Individualismus und einer Theorie der subjektiven Bewertungen, die

Menger auch seiner Erklärung von »Geld« zugrunde legte, gelang es ihm, mit den *Grundsätzen* ein neues Forschungsprogramm zu initiieren und die sogenannte Österreichische Schule der Nationalökonomie zu begründen, deren brillanteste Vertreter wie etwa Hayek nachhaltigen Einfluss auf die Entwicklung der ökonomischen Theorie ausgeübt haben.

Lit.: C. Menger: *Gesammelte Werke*, Bd. I–IV, hg. v. F.A. v. Hayek, Tübingen: J.C.B. Mohr (Siebeck), 1969; E. Streißler: *Carl Menger, der deutsche Nationalökonom*, Schriften des Vereins für Sozialpolitik, 115/X, Berlin: Duncker & Humblot, 1990, S. 153–195; J.R. Hicks/W. Weber (Hg.): *Carl Menger and the Austrian School of Economics*, Oxford: The Clarendon Press, 1973; B.J. Caldwell (Hg.): *Carl Menger and his Legacy in Economics*, History of Political Economy, Annual Supplement zu Bd. 22, Durham-London: Duke UP, 1990.

Karl Milford

Merton, Robert Carhart

Der am 31. Juli 1944 in New York geborene Robert Carhart Merton wuchs in einem akademisch geprägten Umfeld in Hastings nahe New York auf. Nach einem Studium der Ingenieurwissenschaften an der Columbia University wechselte er 1966 an das California Institute of Technology (CalTech), um in Angewandter Mathematik zu promovieren. Dort beschäftigte sich Merton zunehmend mit ökonomischen Fragen. Nicht zuletzt seine Erfahrungen bei privaten Spekulationen an den Finanzmärkten überzeugten ihn, dass seine Intuition in Bezug auf ökonomische Zusammenhänge besser als in Bezug auf physikalische ausgeprägt war. Nach seinem Abschluss als M.S. entschied er sich 1967 zum Fachwechsel. Ohne eine formale ökonomische Ausbildung blieben seine Bewerbungen bei einer Reihe angesehener Fakultäten zunächst erfolglos; nur das MIT akzeptierte ihn als Ph.D.-Kandidat. Als Research Assistant von Paul Samuelson und in einem von jungen Forschern wie Fischer Black, Myron Scholes, Steward Myers, John Cox und Chi-Fu Huang geprägten Umfeld wandte sich Merton den damals noch wenig entwickelten Theorien zur Bewertung von Optionen, zur Portfoliooptimierung und zur Analyse von Kapitalmarktgleichgewichten zu. Seine bereits ab 1969, noch vor seiner Promotion 1970 publizierten Beiträge erwiesen sich für die finanzwirtschaftliche Forschung der folgenden Jahrzehnte als richtungweisend. 1997 wurde Merton für seine bahnbrechenden Leistungen bei der Entwicklung der Optionspreistheorie zusammen mit Myron Scholes (Fischer Black verstarb 1995) mit dem Nobelpreis für Wirtschaftswissenschaften geehrt.

Continuous-Time Finance

EA: Cambridge, MA: Basil Blackwell, 1990.

Continuous-Time Finance gliedert sich in sechs Teile: I »Introduction to Finance and the Mathematics of Continuous-Time Models«, II »Optimum Consumption and Portfolio Selection in Continuous-Time Models«, III »Warrant and Option Pricing«, IV »Contingent-Claims Analysis in the Theory of Corporate Finance and Financial Intermediation«, V »An Intertemporal Equilibrium Theory of Finance« und VI »Application of the Continuous-Time Model to Selected Issues in Public Finance: Long Run Economic Growth, Public Pension Plans, Deposit Insurance, and Loan Guarantees«. Diese sechs Teile bestehen aus überarbeiteten Fassungen von 14 überwiegend in den Jahren 1969 bis 1977 publizierten Arbeiten, die als in sich geschlossene Kapitel des Bandes erscheinen. Fünf Kapitel wurden für das vorliegende Sammelwerk neu, ebenfalls im Stil in sich geschlossener Beiträge geschrieben: eine Einführung in »Modern Finance« in Teil I und die abschließenden

Kapitel der Teile II bis V, welche die jeweiligen Ausführungen unter Berücksichtigung der aktuellen Forschung ergänzen und abrunden. Der Band stellt damit in thematisch (statt chronologisch) gegliederter Form die zentralen Beiträge Mertons zur finanzwirtschaftlichen Forschung zusammen, der eine Einführung in die methodischen Grundlagen vorangestellt ist.

Von einer Wirkungsgeschichte des erst 1990 erschienenen Buches selbst kann man noch nicht sprechen, wohl aber von einer der in ihm gesammelten Beiträge. Der in Kapitel 8 wiedergegebene Beitrag »Theory of Rational Option Pricing« von 1973 kann gemeinsam mit der im gleichen Jahr von Black und Scholes publizierten Untersuchung »The Pricing of Options and Corporate Liabilities« als Ausgangspunkt der heutigen Optionspreistheorie gelten. Keine andere ökonomische Theorie hat bislang eine vergleichbare Wirkung in der Praxis entfaltet und zugleich die Entwicklung des Faches so geprägt. Als Grundlage des »Financial Engineering« sind die mathematischen und ökonomischen Konzepte heute unverzichtbar. Sie haben entscheidend zu dem beispiellosen Wachstum der Märkte für Derivate beigetragen, das seit der Eröffnung der CBOE (Chicago Board Options Exchange) im Jahr 1973 weltweit zu verzeichnen ist. Nicht weniger revolutionär sind auch die in den Kapiteln 4 und 5 wiedergegebenen Untersuchungen Mertons zur Portfolioselektions- und Kapitalmarkttheorie in kontinuierlicher Zeit. Das Werk Robert C. Mertons ist für die finanzwirtschaftliche Forschung bis heute auch methodisch von grundlegender Bedeutung. Als Pionier der zeitkontinuierlichen Analyse erschloss Merton die Anfang der 1970er Jahre noch weithin unbekannten Methoden der stochastischen Analysis und der stochastischen Kontrolltheorie für die finanzwirtschaftliche Forschung, die heute in zentralen Teilen auf der Anwendung dieser Konzepte basiert.

Lit.: A.K. Dixit/R.S. Pindyck: *Investment under Uncertainty*, New Jersey: Princeton UP, 1994; R. Korn: *Optimal Portfolios. Stochastic Models for Optimal Investment and Risk Management in Continuous Time*, Singapore et al.: World Scientific, 1997; R.C. Merton: »Applications of Option-Pricing Theory. Twenty-Five Years Later«, in: *American Economic Review*, 88/3, 1998, S. 323–349; R. Schöbel: *Kapitalmarkt und zeitkontinuierliche Bewertung*, Heidelberg: Physica, 1995; S.P. Sethi: *Optimal Consumption and Investment with Bankruptcy*, Boston-Dordrecht- London: Kluwer Academic Publishers, 1997.

Thomas Burkhardt

Mill, John Stuart

Der am 20. Mai 1806 bei London geborene John Stuart Mill war das älteste Kind von John Mill. Er war ein angesehener Gelehrter und zeitweilig liberaler Abgeordneter (1865–1868), dessen Popularität herausragenden philosophischen (*A System of Logic*, 1843; *Utilitarism*, 1862), ökonomischen (*Principles of Political Economy*, 1848) und politischen (*On Liberty*, 1859; *Subjection of Women* 1869) Werken geschuldet war. Mill gehört zu den bekanntesten und bedeutendsten Vertretern der klassischen Nationalökonomie und gilt als einflussreichster Nationalökonom der Mitte des 19. Jhs. Er starb am 8. Mai 1873 in Avignon.

Wolfgang Hecker

Principles of Political Economy

With Some of their Applications to Social Philosophy

EA: 2 Bde., London: Parker, 1848. **AA:** Düsseldorf: Verlag Wirtschaft und Finanzen, 1988 (Faks. d. EA). **DA:** *Grundsätze der Politischen Ökonomie nebst einigen Anwendungen derselben auf die Gesellschaftswissenschaften*, übers. v. A. Soetbeer, Hamburg: Perthes-Besser & Mauke, 1852.

Der Anspruch von Mills ökonomischem Hauptwerk war, als neue Fassung von Adam Smiths *Wealth of Nations* zu fungieren, in der die zwischenzeitlich eingetretenen technischen Entwicklungen, das »erweiterte Wissen und die neuen Ideen der Gegenwart« berücksichtigt werden sollten. Mills zusammenfassende Darstellung und Weiterentwicklung der wichtigsten ökonomischen Analysen seiner Zeit folgt den Grundzügen der Klassik der Politischen Ökonomie. Er untersucht die »Gesetze der Gütererzeugung und der Güterverteilung und einige daraus abzuleitende praktische Folgerungen« in fünf Büchern: »Produktion«, »Verteilung«, »Tausch«, »Einfluss der Fortschritte der Gesellschaft auf Produktion und Verteilung« und schließlich »Vom Einfluss der Regierung«. In Fortführung von Smith, Malthus und Ricardo analysiert Mill im ersten Buch die Produktionsfaktoren und deren wechselseitige Beziehungen – produktive Arbeit als Hervorbringung von Nützlichkeiten, Arbeitsteilung und -koordination als Produktivitätsfaktoren und schließlich die Begrenzung der Arbeitsvermehrung durch Bevölkerungswachstum. Kapital ist das Ergebnis von Sparen und zur produktiven Verwendung bestimmtes Vermögen, welches stets »verbraucht« wird und dessen ständiger Einsatz arbeitsvermehrend wirkt. Die Gesetze vom abnehmenden Bodenertrag werden unter der Bedingung der Zunahme von technischen Verbesserungen, Arbeit und Kapital analysiert. Da das Kapital schneller als die Bevölkerung wächst, steigt der Lebensstandard. Mill sieht in den Gesetzen der Produktion nichts Willkürliches, denn ihnen liegen notwendige Bedingungen zugrunde; die Gesetze der Güterverteilung dagegen sind teilweise Menschenwerk. Insofern wirken gesellschaftliche und politische Entscheidungen auf ökonomische Rahmenbedingungen und können den Fortschritt sozial gestalten. Im zweiten Buch verteidigt Mill in kritischer Abwägung mit gütergemeinschaftlichen Ideen Fouriers und Saint-Simons das Privateigentum als effektivere Wirtschaftsgrundlage; es müsse lediglich Missbrauch eingeschränkt werden. Er vertritt die zeitgenössische Lohnfondstheorie, nach welcher die Lohnhöhe vom Quotienten aus Lohnfonds und Gesamtzahl der Arbeitenden bestimmt wird. Mill revidierte zwar 1869 in einer publizistischen Kontroverse mit Thornton seine Position, hat dies aber nicht in die Überarbeitung der *Principles* übernommen. Im dritten Buch erörtert Mill Werttheorien, die Faktorkostenanalyse und Preistheorien seiner Zeit. Im vierten und fünften Buch steht die strikte Abgrenzung von merkantilistischer Wirtschaftspolitik (exzessive Steuerpolitik, Protektionismus, Preisregulierungen, Monopole etc.) im Vordergrund. *Laissez-faire* ist für Mill das allgemeine Prinzip, allerdings sieht er die Aufgaben des Staates nicht nur im Sinne Smiths in Bildung, Landesverteidigung und Infrastrukturentwicklung, sondern weitergehend in gesetzlicher Arbeitszeitregelung, Schutz der Jugend und der Frauen sowie Armenpflege. Er wendet sich strikt gegen staatliche Koaltitionsverbote und Beschränkungen der Meinungsfreiheit.

Die Meinungsführerschaft des Millschen Werkes wurde durch die marginalistische Revolution (Jevons, Menger, Walras) allmählich abgelöst. In Marshalls *Principles of Economics* (1890) fand dieses Lehrbuch einen Nachfolger. Für die zweite Hälfte des 19. Jhs. gelten Mills *Principles*, die zu seinen Lebzeiten in sieben inhaltlich stark revidierten Auflagen erschienen sind, als »Bibel der Ökonomen« (Blaug 1981).

Lit.: M. Blaug: »John Stuart Mill«, in: *Systematische Theoriegeschichte der Ökonomie*, Bd. 2, München: Nymphenburger, 1981, S. 69–144; P. Rinderle: *John Stuart Mill*, München: Beck, 2000; N. MacMinn/J.R. Hainds/J.M. McCrimmon (Hg.): *Bibliography of the Published Writings of John Stuart Mill*, Evanston, IL: Northwestern UP, 1945; M. Laine: *Bibliography of Works on John Stuart Mill*, Toronto: U of Toronto Pr., 1982.

Wolfgang Hecker

Mises, Ludwig von

Ludwig von Mises (29.09.1881 bis 10.10.1973) war nach Studium und Promotion zum Doktor beider Rechte als Referent, nach 1918 als leitender Ökonom in der Handelskammer Wien tätig, wirkte als (Mit-) Gründer des Österreichischen Instituts für Konjunkturforschung (1927), lehrte als außerordentlicher Professor Nationalökonomie an der Universität Wien, später in Genf und emigrierte 1940 in die USA, wo er von 1945 bis 1969 als Gast-Professor an der New York University tätig war. Als Schüler Böhm-Bawerks und beeinflusst durch die Ideen Carl Mengers prägte Mises selbst wiederum Röpke und Erhard, aber auch Hayek. In der akademischen Welt der Wiener Universität nahm Mises wie Sigmund Freud nur eine Außenseiterrolle ein. Doch obwohl ihm in Wien ein Ordinariat verwehrt blieb, gilt Mises neben dem schwierig einzuordnenden Schumpeter als profiliertester Repräsentant der dritten Generation der Österreichischen (Grenznutzen-) Schule. Mises beschäftigte sich im Laufe seines Schaffens neben Fragen der Geld- und Konjunkturtheorie mit der sozialistischen Wirtschaftsrechnung sowie methodologischen Fragen und entwickelte eine umfassende Theorie des menschlichen Handelns (Praxeologie). Er wurde zu einem Kritiker der Planwirtschaft und wirkt in den USA bis heute schulbildend.

Carsten Pallas

Nationalökonomie

Theorie des Handelns und Wirtschaftens

EA: Genf: Editions Union, 1940. **AA:** Düsseldorf: Verlag Wirtschaft und Finanzen, 2002 (Faks. d. EA). **EEA:** *Human Action. A Treatise on Economics*, rev. Aufl., London: William Hodge & Co., 1949.

Aufgrund der drohenden nationalsozialistischen Verfolgung ging Mises 1934 ins Exil nach Genf an das Institut für Höhere Studien, wo er 1940 seine monumentale *Nationalökonomie* publizierte, bevor er wegen des Kriegsausbruchs noch im selben Jahr in die USA auswanderte. Die *Nationalökonomie* stellt den Höhepunkt der theoretischen Ideen Mises' dar. Er analysiert die Ökonomie als Ganzes, basierend auf einer breiten Untersuchung des individuellen Wirtschaftsakteurs und dessen Handelns. Aufbauend auf seiner »Wissenschaft vom menschlichen Handeln« und als Zusammenfassung früherer Publikationen legt Mises dar, dass es einem sozialistischen Gemeinwesen stets an geistiger Arbeitsteilung mangelt und Geld als Tauschmittel keine Neutralität besitzt, sondern

Marktvorgänge materiell beeinflusst. Ausgangspunkt für seine Darstellung der Marktwirtschaft ist die Trennung der Natur- von den Sozialwissenschaften. Dazu führt von Mises die »Methodologie der Praxeologie« ein, die ihn allerdings innerhalb der Wirtschaftswissenschaft isolieren sollte. Mises lehnt die Mathematik gänzlich ab und definiert Ökonomie als vollständig axiomatisch-deduktive Wissenschaft, die ihre Schlüsse allein aus *a-priori*-Wissen und darauf basierenden logischen Überlegungen zieht. Das zentrale Element der Praxeologie ist das menschliche, individuelle Handeln, das aus eigenem Antrieb, mit eigenem Zweck und Ziel erfolgt. Aus der Theorie der Marktpreise formuliert Mises auf diese Weise eine Theorie der Wahlakte: Gedankenbilder – die Methode der Praxeologie – als gedankliche Konstruktionen des Ablaufs von Prozessen gehen in logischer Folge aus den Grundelementen individuelles Handeln, Vorziehen und Wählen hervor. Prozesse in historischer Zeit ergeben sich so als komplexe Resultate des dezentralen Agierens von Individuen. Diese Deutung selbstorganisierter Prozessverläufe stellt einen Beitrag zur Marktprozesstheorie dar. Die »Wissenschaft menschlichen Handelns« bezieht eine strikte Gegenposition zu Positivismus und Historismus und ist nicht mittels quantitativer, statistisch-historischer Gesetze fassbar.

Zwei Faktoren verhinderten eine angemessene Beachtung der Leistungen Mises': einerseits der Zweite Weltkrieg, andererseits der Keynesianismus als damaliger theoretischer Mainstream. 1949 erschien eine englische erweiterte und überarbeitete Version. Erst nach seinem Tod erlebten Mises' Arbeiten und Ideen, ausgelöst durch die Verleihung des Nobelpreises an Hayek im Jahr 1974, eine Renaissance.

Lit.: M. Sennholz (Hg.): *On Freedom and Free Enterprise. Essays in Honor of Ludwig von Mises (Festschrift zum 50jährigen Doktorjubiläum*, Princeton, NJ: Van Nostrand, 1956; F.A. von Hayek et. al. (Hg.): *Toward Liberty. Essays in Honor of Ludwig von Mises on the Occasion of his 90th Birthday*, 2 Bde., Menlo Park, CA: Institute for Humane Studies, 1971; L. von Mises: »Die Wirtschaftsrechnung im Sozialistischen Gemeinwesen«, in: *Archiv für Sozialwissenschaft und Sozialpolitik*, 47, 1920, S. 86–121.

B. Cornelia Friedrich

Mundell, Robert Alexander

Robert A. Mundell wurde am 24.10.1932 in Kingston, Ontario (Kanada) geboren. Er studierte am MIT und der London School of Economics und wurde 1956 promoviert. Nach diversen Lehrtätigkeiten an renommierten amerikanischen Universitäten, einer mehrjährigen Beschäftigung beim IWF und Beratertätigkeiten für andere internationale Organisationen (UN, Weltbank) wurde Mundell 1974 Professor für Volkswirtschaftslehre an der Columbia Universität in New York. Mundell zählt zu den bekanntesten Ökonomen im Bereich Außenwirtschaft. Im Mittelpunkt seiner Veröffentlichungen stehen u. a. die Auswirkungen von Geld- und Fiskalpolitik bei alternativen Wechselkurssystemen sowie die Untersuchung optimaler Währungsräume. Gerade auch für seine Erkenntnisse auf diesen beiden Gebieten erhielt er 1999 den Nobelpreis für Wirtschaftswissenschaft.

Arnd Busche/Michael Welling

International Economics

EA: New York: Macmillan, 1968.

International Economics ist eine Sammlung von Aufsätzen, die Mundell zwischen 1957 und 1968 publizierte. Die drei wichtigsten dieser Beiträge sind: »Capital Mobility and Stabilization Policy under Fixed and Flexible Exchange Rates« aus dem Jahre 1963, »The Appropriate Use of Monetary and Fiscal Policy under Fixed Exchange Rates« von 1962 und »A Theory of Optimum Currency Areas« von 1961 (in *International Economics* Kapitel 17, 16 und 12). In »Capital Mobility and Stabilization Policy« zeigt Mundell, dass die Einkommenswirksamkeit der Geld- und Fiskalpolitik diametral verschieden ist, je nachdem, ob das betrachtete kleine Land feste oder flexible Wechselkurse hat. Da ein kleines Land den Weltmarktzins nicht beeinflussen kann, verliert es bei hoher internationaler Kapitalmobilität jeglichen zinspolitischen Gestaltungsspielraum. Die Geldpolitik bleibt unter solchen Bedingungen unwirksam, weil sie keine Zinssenkung herbeizuführen vermag, während die Fiskalpolitik ein Höchstmaß an Effizienz entfaltet, weil zinsinduziertes *crowding-out* ausgeschlossen ist. Bei flexiblen Wechselkursen hingegen entfaltet die Geldpolitik über eine Abwertung ein Höchstmaß an Effizienz, während die Fiskalpolitik infolge des wechselkursinduzierten *crowding-out* unwirksam bleibt. Dieser Beitrag konstituierte die Keynessche Beschäftigungstheorie offener Volkswirtschaften, indem ein Weg aufgezeigt wurde, das Hickssche IS/LM-Schema auf die offene Volkswirtschaft zu übertragen. In »The Appropriate Use of Monetary and Fiscal Policy under Fixed

Exchange Rates« thematisiert Mundell den für feste Wechselkurse typischen Zielkonflikt zwischen internem (Vollbeschäftigung bei Preisniveaustabilität) und externem (Zahlungsbilanzausgleich) Gleichgewicht. Tinbergen hatte darauf hingewiesen, dass simultanes Gleichgewicht im Allgemeinen den Einsatz von ebenso vielen Instrumenten verlangt, wie Ziele verfolgt werden sollen. Meade hatte einen *policy mix* vorgeschlagen, der die Nachfragepolitik in den Dienst des internen, die Wechselkurspolitik in den Dienst des externen Gleichgewichts stellt. Mundell zeigte nun, dass der Ausfall des Wechselkursinstrumentes in einer Währungsordnung mit festen Wechselkursen durch eine Aufspaltung der Nachfragepolitik in Geld- und Fiskalpolitik kompensiert werden kann und dass bei Existenz internationaler Kapitalbewegungen die Geldpolitik gegenüber der Fiskalpolitik einen komparativen Vorteil in der Erreichung des externen Gleichgewichts aufweist. Die Idee, Aufgaben und Verantwortlichkeiten für bestimmte Ziele bestimmten Institutionen zuzuweisen und die Zuordnung nach Effizienzkriterien vorzunehmen, hat sich als außerordentlich befruchtend für die wirtschaftspolitische Diskussion erwiesen. In »A Theory of Optimum Currency Areas« geht Mundell der Frage nach, nach welchen Kriterien sich ein optimaler Währungsraum bestimmen lässt. Sollten alle Regionen eines Landes das gleiche Geld und jedes Land sein eigenes Geld nutzen? Das von Mundell zur Abgrenzung zweier durch flexible Wechselkurse getrennte Währungsräume verwendete Kriterium ist die Faktormobilität. Wenn sich z. B. die Nachfrage auf den Gütermärkten von den Erzeugnissen der Region 1 auf solche der Region 2 verlagert, könnte Arbeit, wenn sie mobil ist, der Nachfrage folgen und Unterbeschäftigung in der Region 1 vermeiden. Bei Immobilität der Arbeit sowie festen Löhnen und Preisen müsste Region 1 hingegen abwerten, um Nachfrage und Beschäftigung zurückzugewinnen. Mundell gebührt das Verdienst, als Erster den allokativen Vorteil des gemeinsamen Geldes seinem stabilisierungspolitischen Nachteil gegenübergestellt zu haben.

Die Beiträge Mundells sind in zweifacher Hinsicht außergewöhnlich: Zum einen beinhalten sie Prototypen makroökonomischer Modelle offener Volkswirtschaften, die infolge ihrer Einfachheit, Eleganz und wirtschaftspolitischen Anwendbarkeit für Jahrzehnte die wissenschaftliche Diskussion befruchtet haben. Zum anderen haben sie bereits Anfang der 1960er Jahre weltwirtschaftliche Entwicklungen antizipiert, die sich erst im letzten Viertel des Jahrhunderts Bahn gebrochen haben, wie z. B. die Globalisierung der Finanzmärkte, die Flexibilität der Wechselkurse und die Europäische Währungsunion.

Lit.: R. Dornbusch: *Open Economy Macroeconomics*, New York: Basic Books, 1980; H.-J. Jarchow/P. Rühmann: *Monetäre Außenwirtschaft. I. Monetäre Außenwirtschafttheorie*, Göttingen: Vandenhoeck & Ruprecht, [5]2000; K. Rose/K. Sauernheimer: *Theorie der Außenwirtschaft*, München: Vahlen, [13]1999.

Karlhans Sauernheimer

Musgrave, Richard Abel

Richard A. Musgrave wurde am 14.12.1910 in Königstein im Taunus geboren. Er studierte Nationalökonomie in München, am Exeter College in England und in Heidelberg, wo er sein Studium im Mai 1933 als Diplom-Volkswirt abschloss. In demselben Jahr musste er in die USA emigrieren. Nach einem Studium in Rochester und an der Harvard University erwarb er an dieser Universität im Jahre 1937 den Ph.D. in Economics. Nach mehreren Zwischenstationen – u. a. an der University of Michigan in Ann Arbor – wurde er Professor of Economics an der Harvard University, der er bis zu seiner Emeritierung angehörte. Danach lehrte er an der University of California in Santa Cruz. Er fungierte auch als Berater zahlreicher Regierungen und Herausgeber mehrerer wissenschaftlicher Zeitschriften. Richard Musgrave starb am 15.01.2007 in Santa Cruz, Kalifornien.

The Theory of Public Finance

A Study in Public Economy

EA: New York-Toronto-London: McGraw-Hill, 1959. **DA:** Finanztheorie, Tübingen: J.C.B. Mohr (Siebeck), 1966 (2. erg. & verb. Aufl., 1974).

Die *Theory of Public Finance* gilt als das erste moderne Lehrbuch der Finanzwissenschaft. Kernstück ist die »multiple Theorie des öffentlichen Haushaltes«, welche den öffentlichen Haushalt als Konglomerat aus Allokationsabteilung, Distributionsabteilung und Stabilisationsabteilung begreift, die aus den staatlichen fiskalpolitischen Zielsetzungen resultieren. Aufgabe der Allokationsabteilung ist die Bereitstellung öffentlicher Güter, die der Distributionsabteilung die Korrektur der aus dem Wirken des Marktmechanismus resultierenden Primäreinkommensverteilung erlaubt, und Aufgabe der Stabilisationsabteilung ist der Einsatz der Fiskalpolitik zu Zwecken der Glättung konjunktureller Ausschläge. Wie Musgrave dem Verfasser dieses Beitrages selbst mitteilte, war ihm die Idee zur multiplen Theorie des öffentlichen Haushaltes anlässlich einer Bahnreise zu einem Vortrag nach Kiel gekommen. Sie wurde bereits vorab unter dem Titel »A Multiple Theory of Budget Determination« (in: *Finanzarchiv*, N.F., 17, 1957, S. 333–343) veröffentlicht. Nach dem Einführungsteil folgt der Aufbau der drei Hauptteile dieses Werkes den Komponenten der multiplen Theorie des öffentlichen Haushaltes. Teil II untersucht die Bereitstellung öffentlicher Güter und ihre Finanzierung. Diese kann entweder dem Äquivalenzprinzip (Finanzierung der öffentlichen Güter nach individueller Wertung derselben) oder dem Leistungsfähigkeitsprinzip folgen (Steuerfinanzierung der Staatsleistungen nach Opfergleichheitsprinzipien). Zur Entwicklung des Modells freiwilliger Beiträge, eines Kernstücks des Äquivalenzprinzips, wurde Samuelson durch einen Aufsatz Musgraves (1939), in dem dieser über die Behandlung der Bereitstellung öffentlicher Güter im Rahmen der Grenznutzenlehre der europäischen Ökonomen berichtet hatte, angeregt. Auch der Untersuchung politischer Prozesse bei der Bereitstellung öffentlicher Güter wird breiter Raum eingeräumt. Teil III ist der Distributionsaufgabe gewidmet. Hier untersucht Musgrave Steuerwirkungen auf Arbeitsangebot, Konsum und Sparen, Preise und Produktion sowie auf Investitionen. Steuern treiben Keile zwischen die Marginalbedingungen des erstbesten Optimums, was Verzerrungseffekte und Effizienzverluste in Form einer Zusatzlast der Besteuerung zeitigt (der geldwerte Nutzen- bzw. Effizienzverlust übersteigt das Steueraufkommen für den Fiskus). Schließlich analysiert Musgrave in diesem Teil auch die Inzidenz der Besteuerung, wobei er das einfache klassische Inzidenzproblem »Wer trägt die Last der Besteuerung ökonomisch?« subtil in drei aufgabenbedingte Untersuchungsmethoden, nämlich spezifische Inzidenz (Auswirkungen von Steuer- oder Staatsausgabenänderungen), differentiale Inzidenz (Ersatz einer Abgabe durch eine aufkommensneutrale andere Abgabe) und Budgetinzidenz (betragsgleiche Erhöhung von Steueraufkommen und Staatsausgaben) aufspaltet. Teil IV schließlich untersucht die Stabilisationsaufgabe. Dieser Teil ist deutlich von Gedanken kompensatorischer Fiskalpolitik im keynesianischen Sinn beherrscht (kompensatorische Staatsnachfrage für unzureichende private Nachfrage in einer Depression; Rückführung der Staatsnachfrage bei überschießender privater Nachfrage bei Konjunkturüberhitzung) und hat daher kaum noch moderne Bedeutung. Schließlich umfasst dieser Teil auch dynamische Aspekte der Fiskalpolitik, die sich in Form von Staatsverschuldung manifestieren.

Mit Ausnahme des vierten Teiles nimmt dieses epochale Werk bis heute einen zentralen Platz in der finanzwissenschaftlichen Lehrbuchliteratur ein. Musgrave zeichnet sich sowohl durch eine profunde Kenntnis des Standes der Ökonomie zur Zeit der Abfassung dieses Werkes als auch ihrer geistigen Väter aus. Eine beeindruckende Sprachkenntnis gestattete ihm darüber hinaus, die Quellen bis in ihre historischen Ursprünge außerhalb des angelsächsischen Sprachraumes zu verfolgen. Davon zeugt auch sein gemeinsam mit Alan Peacock herausgegebenes Werk *Classics in the Theory of Public Finance* (1973).

Lit.: R.A. Musgrave/A. Peacock: *Classics in the Theory of Public Finance*, London-Melbourne-Toronto-New York: Macmillan- St. Martin's Press, 1973; R.A. Musgrave/P. Musgrave: *Public Finance in Theory and Practice*, New York et al.: McGraw-Hill, 1973 (dt.: *Öffentliche Finanzen in Theorie und Praxis*, Mitautorin L. Kullmer, 4 Bde., Tübingen: J.C.B. Mohr (Siebeck), 1975); R.A. Musgrave: *Collected Papers (= Public Finance in a Democratic Society)*, 2 Bde., Brighton: Harvester Pr., 1986; R.A. Musgrave: »The Voluntary Exchange Theory of Public Economy«, in: *Quarterly Journal of Economics*, 53/2, 1939, S. 213–237.

Christian Seidl

Myrdal, Karl Gunnar

Gunnar Myrdal wurde am 6.12.1898 in Kopparberg (Schweden) geboren und starb am 17.5.1987 in Stockholm. An der Universität Stockholm promovierte er 1927 mit *Prisbildningsproblemet och föränderligheten* (»Das Problem der Preisbildung und die Wandelbarkeit«) zum Dr. jur. und habilitierte sich im gleichen Jahr im Fach Politische Ökonomie. 1930 erhielt er eine Professur in Genf, der 1933 ein Ruf an die Universität Stockholm folgte, wo er bis 1950 und von 1960 bis zu seiner Emeritierung 1967 lehrte. Myrdal war Mitglied des schwedischen Reichstags, schwedischer Handelsminister, Generalsekretär der Economic Commission for Europe der UNO und Leiter eines Forschungsprojektes der UNO, das in der dreibändigen Studie *Asian Drama* (1968) resultierte. Myrdal, ein Schüler der schwedischen Nationalökonomen Wicksell und Cassel, hat neben Lindahl und Ohlin die berühmte Stockholmer Schule begründet. Auf vier ökonomischen Gebieten hat er bahnbrechende Leistungen erbracht: (i) Werturteile in der Nationalökonomie, (ii) Makroökonomik, (iii) Ökonomische Theorie der Finanzpolitik und (iv) Sozialökonomik. 1974 erhielt er zusammen mit Hayek den Nobelpreis für seine Beiträge zur Makroökonomik und Sozialökonomik.

Om penningteoretisk jämvikt

En studie över den »normala räntan« i Wicksells penninglära

(»Vom geldtheoretischen Gleichgewicht«) (Monetary Equilibrium)

(»Eine Studie über den ›normalen Zins‹ in Wicksells Lehre vom Geld«)

EA: in: *Ekonomisk Tidskrift*, 33/5–6, 1931, S. 191–302, **DA:** »Der Gleichgewichtsbegriff als Instrument der geldtheoretischen Analyse«, in: F.A. von Hayek (Hg.): *Beiträge zur Geldtheorie*, Wien: J. Springer, 1933, S. 361–487 (teilw. überarb.). **EEA:** *Monetary Equilibrium*, London et al.: William Hodge & Co., 1939 (nochm. überarb.).

Om penningteoretisk jämvikt (Monetary Equilibrium) ist nicht nur Myrdals bedeutendstes geldtheoretisches Werk, sondern einer der ersten Beiträge zur Makroökonomik, in dem wesentliche Erkenntnisse von Keynes' *General Theory* (1936) antizipiert wurden. Das Buch erschien zwar erst drei Jahre später, doch das schwedische Original und die deutsche Fassung wurden bereits vorher veröffentlicht. In seinem Buch will Myrdal mit der Idee des

»monetären Gleichgewichts« – der Begriff stammt von ihm – die Bedingungen für das Gleichgewicht makroökonomischer Größen analysieren. Das »monetäre Gleichgewicht« dient ihm dabei nicht nur als theoretisches Instrument, sondern auch als operationales Ziel der Wirtschaftspolitik. Ausgangspunkt für *Monetary Equilibrium* ist ein Ansatz, mit dem Wicksell erstmals eine makroökonomische Theorie vorgelegt hatte (*Geldzins und Güterpreise*, 1898). In ihrem Mittelpunkt steht die Erklärung der Bewegung des allgemeinen Preisniveaus – sein berühmter »kumulativer Prozess«. Ein solcher Prozess kann nach Wicksell nur durch die »normale Zinsrate« verhindert werden, den Geldzins, der mit dem Kapitalzins übereinstimmt, wobei letzterer der Grenzproduktivität des Kapitals entspricht. In seiner Weiterentwicklung dieses Ansatzes konnte Lindahl (*Penningpolitikens medel*, 1930) laut Myrdal zeigen, dass Wicksells Vorstellung des »normalen« Zinses drei verschiedene Bedingungen für ein makroökonomisches Gleichgewicht enthält: (i) Übereinstimmung von Geld- und Kapitalzins, (ii) Gleichgewicht von Investition und Sparen sowie (iii) Stabilität des Preisniveaus. Myrdal integriert Lindahls Theorie der Erwartungen mit Hilfe seiner in Kapitel 1–3 der deutschen Fassung von *Monetary Equilibrium* erstmals vorgestellten Methode von *ex ante*, der Kalkulation zukünftiger ökonomischer Größen zu Beginn einer Periode, und *ex post*, der Registrierung der Verwirklichung dieser Größen am Ende einer Periode. In Kapitel 4–6 werden die drei Bedingungen für das geldtheoretische Gleichgewicht näher analysiert. In den abschließenden Kapiteln 7–9 wird versucht, die Ergebnisse seiner Analyse durch Einführung wirklichkeitsnäherer Annahmen differenzierter darzustellen. In Kapitel 4 analysiert Myrdal die Übereinstimmung von Geld- und Kapitalzins und wendet sich gegen Wicksells Identifikation des Kapitalzinses mit der physischen Grenzproduktivität des Kapitals, da diese in einer Geldwirtschaft nicht unabhängig von Kredit und Geldzins bestimmt werden kann. Er ersetzt daher die Grenzproduktivität mit der sogenannten Tauschwertproduktivität des Kapitals, d. h. einer erwarteten monetären Profitrate von Investitionen im Verhältnis zu ihren Produktionskosten, die aber von Wicksell (1906) bereits gesehen wurde und die Keynes' berühmte Grenzleistungsfähigkeit des Kapitals in dessen *General Theory* (1936) vorwegnimmt. Myrdals Profitrate ist entsprechend der Diskontfaktor, der die Kapitalwerte von Investitionen ihren Produktionskosten gleichmacht. Da der herrschende Geldzins andererseits das Verhältnis der erwarteten Erträge der Investitionen zu ihren Kapitalwerten bestimmt, also implizit in letzteren enthalten ist, bedeutet die Gleichheit von Kapitalwerten und Produktionskosten die Übereinstimmung von (Geld-) Zins und Profitrate. Eine solche Übereinstimmung taugt aber nicht als Bedingung für monetäres Gleichgewicht, da sie bedeutet, dass keine Profite existieren und somit keine Nettoinvestitionen getätigt werden. Wicksells erste Bedingung kann daher nur vor dem Hintergrund seiner zweiten Bedingung, dem Gleichgewicht von Investition und Sparen, sinnvoll diskutiert werden – und zwar als Bestimmungsfaktor der Investitionen, der zeigt, ob und wie auf dem Kapitalmarkt ein monetäres Gleichgewicht erreicht wird. Dabei geht Myrdal in Kapitel 5 im Anschluss an Lindahl von einer Trennung von Investition und Sparen aus, indem er letzteres nicht von Veränderungen des Zinses, sondern des Einkommens abhängig macht. Eine Diskrepanz zwischen Investition und Sparen *ex ante*, die durch eine Differenz zwischen Profitrate und Zins verursacht werden kann, aber nicht muss, zeigt dann ein monetäres Ungleichgewicht an, das über Einkommensbewegungen zu einem Gleichgewicht *ex post* von Investition und Sparen führt, das von einer bloß buchhalterischen Übereinstimmung *ex post* zu unterscheiden ist und die grundlegende Bedingung des monetären Gleichgewichts bildet. Während Myrdal also Wicksells erste Bedingung zugunsten einer Reformulierung seiner zweiten relativiert, verwirft er in Kapitel 6 die dritte Bedingung, die Stabilität des Preisniveaus, da gleichförmige Veränderungen aller Geldpreise das Gleichgewicht des Kapitalmarkts nicht stören. Weil in der Wirklichkeit diese Gleichförmigkeit nicht gegeben ist – einige, wie Kapitalwerte, sind sehr schwankungsanfällig, während andere, wie Geldlöhne, sich als relativ träge erweisen – sollten letztere als Stabilisatoren, d. h. als geldpolitische Norm genutzt werden, um ein monetäres Ungleichgewicht zu beseitigen. Wie er in den Kapiteln 7–9 näher erläutert, bedeutet eine derartige Geldpolitik keine Stabilisierung des Preisniveaus, sondern des Konjunkturzyklus. Für den Fall eines monetären Ungleichgewichts mit fallenden Investitionen und steigender Arbeitslosigkeit zeigt Myrdal, wie ein derartiger Konjunkturabschwung über eine Zinssenkung der Zentralbank und unterstützt durch eine expansive Finanzpolitik gestoppt werden kann, indem insbesondere die gesunkenen Kapitalwerte auf das Niveau der trägen Löhne angehoben werden.

Wenngleich sich Myrdal in *Monetary Equilibrium* vor allem auf Preisbewegungen konzentriert, so werden Veränderungen des Outputs und damit der Beschäftigung durchaus beachtet. Ohlin hat dies in *Penningpolitik* (1934) unter Hinweis auf Myrdals *Finanspolitiken* (1934) vorbehaltlos anerkannt. Genau das aber wurde in der Debatte über die Bedeutung von *Monetary Equilibrium* als einem Vorläufer von Keynes' *General Theory* nicht beachtet, allen voran von Autoren wie Don Patinkin, die Myrdals nie übersetzte Schrift von 1934 nicht studieren konnten.

Lit.: E. Lundberg: »Gunnar Myrdal's Contribution to Economic Theory. A Short Survey«, in: *The Swedish Journal of Economics*, 76/4, 1974, S. 472–478; D. Patinkin: *Anticipations of the General Theory? And Other Essays on Keynes*, Chicago: U of Chicago Pr., 1982; C.-H. Siven: »Monetary Equlibrium«, in: *History of Political Economy*, 38, 2006, O. Steiger: »Prelude to the Theory of a Monetary Economy«, in: *History of Political Economy*, 10/3, 1978, S. 420–446; ders.: »Ex ante und Ex post«, in: *The New Palgrave. A Dictionary of Economics*, London: Macmillan, 1987, Bd. 2, S. 199b-201a; ders.: »Monetary Equilibrium«, in: *The New Palgrave. A Dictionary of Economics*, London: Macmillan, 1987, Bd. 3, Sp. 506b-508b; K. Wicksell: *Föreläsningar i nationalekonom. Teoretisk Nationalökonomi*, Häft. 2: *Om penningar och kredit*, Stockholm: Fritzes Bokhandel, 1906; ders.: *Vorlesungen über Nationalökonomie auf Grundlage des Marginalprinzips. Theoretischer Teil*, 2. Bd.: *Geld und Kredit*, Aalen: Scientia, 1969 (Nachdr., Jena: G. Fischer, 1922).

Otto Steiger

Nash, John Forbes, Jr.

John Forbes Nash, Jr., wurde am 13. Juni 1928 in Bluefield, West Virginia (USA) geboren. Das Studium der Mathematik in Pittsburgh am Carnegie Institute of Technology schloss er 1948 gleichzeitig mit einem B.S. und einem M.S. ab. Dort hat Nash auch seinen einzigen Kurs in Ökonomie belegt. Das Empfehlungsschreiben seines Lehrers von Carnegie enthielt lediglich einen Satz: »This man is a genius.« 1948 erhielt er ein Graduiertenstipendium an der Mathematischen Fakultät in Princeton und wurde dort 1950 promoviert. Von 1951 bis 1959 war er zunächst »Instructor« und dann Professor für Mathematik am Massachusetts Institute of Technology in Cambridge. Von 1950 bis 1954 war er »Consultant« bei der RAND Corporation, einem *think tank* in Santa Monica, der die amerikanische Regierung beriet und eine Reihe der besten Mathematiker und Ökonomen des Landes beschäftigte, die sich auch mit der Entwicklung der Spieltheorie befassten. Nash war eine schillernde Persönlichkeit und galt als einer der brillantesten Nachkriegsmathematiker, der eine Reihe schwieriger Probleme löste. 1959 erkrankte er an paranoider Schizophrenie, verlor seine Professur am MIT und geriet in Vergessenheit. Er erholte sich vorübergehend, hatte aber keine akademische Position mehr inne. Anfang der 1990er Jahre galt er als weitgehend geheilt und begann erneut mit mathematischen Forschungen. Nash erhielt 1994 zusammen mit John C. Harsanyi und Reinhard Selten den Nobelpreis für Wirtschaftswissenschaften für seine fundamentalen Beiträge zum Gleichgewichtskonzept in der nicht-kooperativen Spieltheorie. Im Zusammenhang mit der Verleihung des Nobelpreises wurde er zum »Visiting Research Collaborator« am Mathematikdepartment in Princeton ernannt. John Forbes Nash starb am 23. Mai 2015 nahe Monroe Township, New Jersey.

Rüdiger Dragendorf

Non-Cooperative Games

EA: in: *Annals of Mathematics*, 54/2, 1951, S. 286–295. **AA:** in: H.W. Kuhn (Hg.): *Classics in Game Theory*, Princeton, NJ: Princeton UP, 1997, S. 14–26.

Nash führt mit diesem Werk, das auf seiner Dissertation von 1950 beruht, die später nach ihm benannte zentrale Idee des Nash-Gleichgewichts in die Spieltheorie ein. Ein Nash-Gleichgewicht liegt dann vor, wenn bei gegebenen Strategien der anderen Spieler kein Spieler einen Anreiz zur Abweichung von seiner Strategie hat. Nash beweist durch Rückgriff auf Brouwers Fixpunkt-Theorem, dass in jedem Spiel mit endlich vielen Spielern mindestens ein Nash-Gleichgewicht in gemischten Strategien existiert. Gemischte Strategien sind solche, bei denen die verschiedenen Handlungsalternativen mit jeweils einer bestimmten Wahrscheinlichkeit ausgewählt werden. Weiterhin leitet Nash Aussagen zur Symmetrie und (eindeutigen) Lösbarkeit von Spielen ab, definiert den spieltheoretischen Dominanzbegriff und betrachtet das Beispiel eines einfachen Poker-Spiels. Schließlich führt er die wichtige Unterscheidung von kooperativen Spielen, in denen Kommunikation, Koalitionsbildung und bindende Vereinbarungen möglich sind, und nichtkooperativen Spielen ein, wobei letztere erstere als Spezialfall mit der Wahlmöglichkeit von Strategien der Zusammenarbeit umfassen.

Die Bestimmung von Nash-Gleichgewichten erlaubt eine allgemeine Anwendung der Spieltheorie für beliebig viele Spieler mit den unterschiedlichsten Präferenzen, während zuvor nur 2-Personen-Nullsummen-Spiele systematisch gelöst werden konnten. Von daher ist die moderne Spieltheorie, die inzwischen in fast allen Bereichen der Ökonomie angewandt wird, ohne Nashs Beitrag unvorstellbar. Später ging es vor allem um »Verfeinerungen« (*refinements*) des Gleichgewichtsbegriffs, da es häufig viele Nash-Gleichgewichte gibt, von denen sich die Spieler auf eines festlegen sollten. Daneben ist die Modellierung unvollständiger Informationen ein wichtiger Forschungszweig geworden, während Nash vereinfachend vollständige Informationen für alle Spieler und damit die Erfüllung ihrer Erwartungen im Gleichgewicht annahm. Nashs Beitrag ist so grundlegend, dass keine Veröffentlichung zur Spieltheorie daran vorbeigehen kann.

Lit.: D. Fudenberg/J. Tirole: *Game Theory*, Cambridge, MA- London: MIT Press, 1991; W. Güth: *Spieltheorie und ökonomische (Bei)Spiele*, Berlin et al.: Springer, [2]1999; M.J. Holler/G. Illing: *Einführung in die Spieltheorie*, Berlin et al.: Springer, [4]2000; D.M. Kreps: *Game Theory and Economic Modelling*, Oxford et al.: Clarendon Pr., 1990; R.B. Myerson: *Game Theory. Analysis of Conflict*, Cambridge, MA,-London: Harvard UP, 1991; S. Nasar: *A Beautiful Mind. A Biography of John Forbes Nash, Jr., Winner of the Nobel Prize in Economics, 1994*, New York: Simon & Schuster, 1998.

Alexander Dilger

Neumann, John von/Oskar Morgenstern

John (ursprünglich Jancsi) von Neumann (28.12.1903 bis 8.3.1957) gilt als einer der bedeutendsten und vielseitigsten Mathematiker des 20. Jhs. Er hat Spuren in fast allen Gebieten der Mathematik hinterlassen – von der Mengentheorie bis zur Quantenmechanik – und war der führende Wissenschaftler bei der Entwicklung der modernen Computerarchitektur in den 1950er Jahren. Er wurde in Budapest geboren und studierte Chemie und Mathematik in Zürich, wo er 1926 sein Diplom in Chemie ablegte, in Berlin und Budapest, wo er ebenfalls 1926 seinen Doktortitel in Mathematik erhielt. Von 1927 bis 1930 las er als jüngster Privatdozent für Mathematik an den Universitäten in Berlin und Hamburg. Von 1930 bis 1933 war er Visiting Professor in Princeton (USA) und wurde dort 1933 zu einem der sechs Gründungsprofessoren für Mathematik am neu gegründeten Institute for Advanced Studies ernannt. Diese Position hatte er bis zu seinem Tode inne. Er war maßgeblich an der Entwicklung der Atombombe und des amerikanischen Raketenprogramms beteiligt und wurde 1954 zu einem der fünf amerikanischen Atomenergiebeauftragten ernannt.

Oskar Morgenstern (24.1.1902 bis 26.7.1977) wurde in Görlitz (Schlesien) geboren und erhielt seine ökonomische Ausbildung an der Universität Wien, wo er 1925 promovierte und 1929 habilitierte. Zwischen 1931 und 1938 war er Direktor des Österreichischen Instituts für Konjunkturforschung und ab 1935 Professor an der Universität Wien. Nach seiner Emigration in die USA 1938 wurde er Professor in Princeton, wo er 1970 emeritierte und bis zu seinem Tode als Professor an der New York University arbeitete.

Theory of Games and Economic Behavior

EA: Princeton: Princeton UP, 1944, ^{2}1947, ^{3}1953. **AA:** Düsseldorf: Verlag Wirtschaft und Finanzen, 2001 (Faks. d. EA). **DA:** *Spieltheorie und wirtschaftliches Verhalten*, Würzburg: Physica, 1961, ^{3}1973.

Das Werk entstand auf Anregung Morgensterns, der sich mit Fragen der Unsicherheit und Erwartungen befasst hatte und dabei auf den 1928 in den Mathematischen Annalen veröffentlichten Artikel John von Neumanns »Zur Theorie der Gesellschaftsspiele« gestoßen war. Nach seiner Emigration nach Princeton suchte er die Zusammenarbeit mit Neumann. Dieser verfasste in den Jahren 1941 bis 1943 allein das Manuskript, das er dann gemeinsam mit Morgenstern intensiv überarbeitete. Er hat das anfechtbare Kapitel I »Formulierung des ökonomischen Problems« verfasst. Neumann war sicherlich der intellektuell überragende Kopf bei der Schaffung der Fundamente der Spieltheorie. Trotz des geringeren Anteils Morgensterns kann dessen Rolle als Katalysator – wie er sie selbst bezeichnet – gar nicht genug gewürdigt werden. Die historischen Zufälligkeiten, die zur Zusammenarbeit der beiden so unterschiedlich ausgebildeten Wissenschaftler führten, ermöglichten die Entwicklung der Spieltheorie als Wissenschaft! Das Werk ist der erste und grundlegende Entwurf einer Theorie der strategischen Spiele. Es stellt eine grundlegende Neuorientierung der ökonomischen Theorie dar und behandelt die strategischen Interaktionen rational handelnder Akteure in einer Welt der Unsicherheit. Seine zwölf Kapitel entwickeln systematisch und mathematisch anspruchsvoll, ausgehend von Zwei-Personen-Nullsummenspielen bis hin zu Allgemeinen Nicht-Nullsummen-Spielen, die Fundamente der Theorie. Dabei wird auch das berühmte *Minimax-Theorem* bewiesen, das allgemein die Existenz einer Lösung in Zwei-Personen-Nullsummenspielen sichert. Besondere Betonung wird auf die Verallgemeinerung der Theorie auf mehr als zwei Spieler gelegt, da hier *Koalitionen* von Spielern möglich werden. Zur Teilung der dabei möglichen Tauschgewinne wird das Konzept einer *Zurechnung* entwickelt und darauf aufbauend ein Lösungskonzept, die sogenannte *von Neumann/Morgenstern-Lösung* vorgestellt, die die Menge stabiler sozialer Verhaltensstandards angeben soll. Neben seiner Bedeutung als Geburtsurkunde der Spieltheorie hat ein Nebenprodukt des Buches in der ökonomischen Theorie große Bedeutung gehabt: Die Auszahlungen in einem Spiel unter Unsicherheit werden in dem Werk durch eine Nutzenfunktion gemessen, die additiv und linear in den Wahrscheinlichkeiten ist. Dieser Erwartungsnutzen – auch als *von Neumann/Morgenstern-Nutzenfunktion* bezeichnet – wurde erstmals *axiomatisch* eingeführt und stellt den Ausgangspunkt der gesamten modernen, axiomatischen Nutzentheorie dar. Da diese Konzeption bestimmte kardinale Eigenschaften hat, ohne dass interpersonelle Vergleichbarkeit impliziert ist, wurde sie sofort kontrovers diskutiert, blieb einige Zeit umstritten und hat sich in der modernen Theorie als Grundlage der Entscheidungen unter Unsicherheit etabliert.

Theory of Games and Economic Behavior ist ein wahrer Klassiker – es wird häufig zitiert und kaum mehr gelesen. Dies hat auch durchaus seine Berechtigung, da die moderne Spieltheorie – aufbauend auf diesem monumentalen Werk – erfolgreich andere Wege jenseits der von Neumann-Morgenstern-Lösung hin zum Nash-Gleichgewicht gegangen ist und sich dabei zu einem grundlegenden Paradigma in den Wirtschafts- und Sozialwissenschaften entwickelt hat. Das Werk war der Ausgangspunkt und der erste Schritt auf diesem langen Weg. Aber – um Neumann zu paraphrasieren – ohne das Minimax-Theorem in diesem Werk hätte es keine Theorie der Spiele gegeben.

Lit.: M.D. Davis: *Game Theory. A Nontechnical Introduction*, New York: Basic, ^{2}1983 (dt.: Spieltheorie für Nichtmathematiker, München-Wien: Oldenbourg, ^{2}1993); R. Henn/O. Moeschlin (Hg.): *Mathematical Economics and Game Theory. Essays in Honor of Oskar Morgenstern*, Berlin-Heidelberg-New York: Springer, 1977; R.J. Leonard: »From Parlor Games to Social

Science. Von Neumann, Morgenstern, and the Creation of Game Theory, 1928–1944«, in: *Journal of Economic Literature*, 33, 1995, S. 730–761; N. Macrae: *John von Neumann. The Scientific Genius who Pioneered the Modern Computer, Game Theory, Nuclear Deterrence, and Much More*, New York: Pantheon, 1992 (dt.: *John von Neumann. Mathematik und Computerforschung – Facetten eines Gehirns*, Basel-Boston-Berlin: Birkhäuser, 1994); W. Poundstone: *Prisoner's Dilemma*, New York et al.: Anchor, 1992.

Rüdiger Dragendorf

North, Douglass Cecil

Douglass C. North wurde am 5. November 1920 in Cambridge, Massachusetts, geboren. Sein Studium der Ökonomik an der University of California in Berkeley schloss er 1952 mit dem Ph.D. ab. Nach über dreißigjähriger Lehrtätigkeit an der University of Washington in Seattle folgte er 1983 einem Ruf an die Washington University in St. Louis, wo er das Center in Political Economy gründete, das er von 1984 bis 1990 leitete, und an dem er bis 2011 wirkte. 1993 wurde North (gemeinsam mit Robert W. Fogel) mit dem Nobelpreis für Wirtschaftswissenschaft ausgezeichnet. Douglass C. North starb am 23. November 2015 in Benzonia, Michigan.

Institutions, Institutional Change and Economic Performance

EA: Cambridge et al.: Cambridge UP, 1990. **DA:** *Institutionen, institutioneller Wandel und Wirtschaftsleistung*, Tübingen: J.C.B. Mohr (Paul Siebeck), 1992.

Ging North in seinen frühen wirtschaftsgeschichtlichen Untersuchungen noch von einer rein neoklassischen Perspektive aus, so sind seine späteren Arbeiten, beginnend mit *The Rise of the Western World* (1973) und *Structure and Change in Economic History* (1981), zunehmend von einer skeptischen Einschätzung der Möglichkeit geprägt, im Rahmen des neoklassischen Ansatzes eine angemessene Erklärung für grundlegenden gesellschaftlichen Wandel und für andauernde Unterschiede in der Wirtschaftsleistung von Gesellschaften finden zu können. Seine späteren Arbeiten reflektieren denn auch sein Bemühen, den konventionellen ökonomischen Denkansatz um theoretische Sichtweisen zu erweitern, die die Defizite der neoklassischen Theorie zu korrigieren geeignet sind. In *Structure and Change* ergänzt North seine ursprüngliche neoklassische »Effizienzsicht« institutionellen Wandels um eine Theorie des Staates, die die Persistenz ineffizienter Institutionen mit Verweis auf die Rolle etablierter Interessen und von Transaktionskosten im politischen Prozess zu erklären sucht. *Institutions, Institutional Change and Economic Performance* ist die Fortsetzung seines Bemühens um ein besseres theoretisches Verständnis des Zusammenhangs zwischen institutionellen Rahmenbedingungen und Wirtschaftsleistung und um mögliche Erklärungen, wie es zu den großen und anhaltenden Divergenzen in der Evolution institutioneller Strukturen kommen kann, die den enormen und über lange Zeitspannen fortdauernden Unterschieden in der Wirtschaftsleistung zugrunde liegen, die in der Welt zu beobachten sind. Besonders betont er nunmehr die Notwendigkeit, die neoklassische Theorietradition nicht nur im

Sinne der Berücksichtigung institutioneller Faktoren zu ergänzen, sondern auch das ihr zugrunde liegende Modell rationalen Handelns in einer Weise zu revidieren, die der Subjektivität menschlicher Wertvorstellungen und dem handlungssteuernden Einfluss von Ideologien Rechnung trägt. Der Band ist in drei Teile gegliedert. Unter der Überschrift »Institutionen« geht es im ersten Teil um konzeptionelle und theoretische Fragen ökonomischer Institutionenanalyse, um die Frage des zugrunde gelegten Verhaltensmodells, die Bedeutung von Transaktionskosten, die Unterscheidung zwischen formellen und informellen Regeln und das Problem der Regel- und Vertragsdurchsetzung. In den beiden folgenden Teilen, »Institutioneller Wandel« und »Wirtschaftsleistung«, wendet North die im ersten Teil entwickelte theoretische Perspektive auf das eigentliche Thema seines Buches an, auf die Frage, wie die Herausbildung und der Fortbestand der institutionellen Differenzen erklärt werden können, durch die sich reiche von armen Volkswirtschaften unterscheiden. Sein analytisches Augenmerk richtet North auf die Frage, wie die institutionellen Rahmenbedingungen über ihren Einfluss auf die Transaktionskosten die Chancen bestimmen, dass durch Arbeitsteilung und Tausch wechselseitige Vorteile realisiert werden können. Die Ausweitung des Marktes, auf der modernes Wirtschaftswachstum beruht, ist nach North nur dort möglich, wo die Organisation »Staat« als Rechts- und Vertragsdurchsetzungsinstanz für die erforderliche Senkung der Transaktionskosten wirtschaftlicher Tätigkeit sorgt. Allerdings ist das Vorhandensein staatlicher Autorität nur eine notwendige, aber keine hinreichende Bedingung für wirtschaftliche Leistungsfähigkeit, da die im Staatsapparat konzentrierte Macht auch in einer Weise eingesetzt werden kann, und in der Geschichte häufig eingesetzt worden ist, die wirtschaftliche Entwicklung behindert. Die entscheidende Frage ist daher, wovon es abhängt, ob der Staat als unparteiische Rechts- und Vertragsdurchsetzungsinstanz Austausch und Handel befördert oder zum Hindernis für wirtschaftliche Entwicklung wird. Eine angemessene Antwort auf diese Frage vermag nach North weder die herkömmliche *Public-choice*-Theorie noch die traditionelle neoklassische Perspektive zu bieten. Erforderlich scheint ihm dazu vor allem, die übliche Rationalitätsannahme durch eine Vorstellung zu ersetzen, die in Rechnung stellt, dass Menschen »unvollkommene Akteure« (im Sinne von R. Heiner 1983) sind, die in ihren Handlungen von kulturell geprägten Weltdeutungen, unvollständig informierten mentalen Modellen und von Ideologien geleitet sind.

Mit seinem Plädoyer für eine Institutionenökonomik, die das herkömmliche ökonomische Rationalitätsmodells zugunsten einer realitätsnäheren Theorie der Natur und der Grenzen menschlicher kognitiver Fähigkeiten aufgibt, hat North wichtige Impulse für Bestrebungen gegeben, die Erkenntnisse der modernen kognitionswissenschaftlichen Forschung in die Diskussion um die angemessene verhaltenstheoretische Fundierung der Ökonomik einzubringen.

Lit.: D.C. North: »Economic Performance Through Time«, *American Economic Review* 84, 1994, S. 359–368; ders.: »Hayeks Beitrag zum Verständnis des Prozesses wirtschaftlichen Wandels«, in: V. Vanberg (Hg.): *Freiheit, Wettbewerb und Wirtschaftsordnung*, Freiburg et al.: Haufe 1999, S. 57–78; R. Heiner: »The Origins of Predictable Behavior«, *American Economic Review*, 73, 1983, S. 560–595; C. Mantzavinos: *Individuals, Institutions, and Markets*, Cambridge: Cambridge UP, 2001.

Viktor J. Vanberg

Nozick, Robert

Robert Nozick, geboren am 16. November 1938 in Brooklyn, New York, einer der bedeutendsten US- amerikanischen Gegenwartsphilosophen, studierte Philosophie am Columbia College (New York) und an der Universität von Princeton, wo er im Jahre 1963 seinen Doktortitel mit einer Arbeit über Entscheidungstheorie erwarb. Danach war Nozick an der Rockefeller University tätig, bevor er im Jahre 1969 als Professor für Philosophie an die Harvard University berufen wurde, wo er bis zu seinem Tode forschte und lehrte. Nozick hat eine Reihe von akademischen Auszeichnungen und Ehrungen erhalten und war darüber hinaus Mitglied zahlreicher wissenschaftlicher Vereinigungen (u. a. Präsident der American Philosophical Association's Eastern Division). 1982 nahm Nozick überdies als Berater der US- amerikanischen Delegation an der UNESCO-Konferenz über Weltkulturpolitik teil. Nozick starb am 23. Januar 2002 in Cambridge, Massachusetts.

Anarchy, State, and Utopia

EA: New York-Oxford: Basic Books-Basil Blackwell, 1974. **AA:** Malden, MA: Blackwell Publ., 2001. **DA:** *Anarchie, Staat, Utopia*, übers. von H. Vettel, München: Moderne Verlags-Gesellschaft, 1976.

Nozicks Werk *Anarchy, State, and Utopia* stellt einen Gegenentwurf zu Rawls' 1971 erschienener Schrift *A Theory of Justice* dar. Er entwickelt darin eine liberale Wirtschafts- und Staatskonzeption, in der v. a. die Bedeutung der individuellen Freiheit, des Eigentumsrechts und des freien Marktes hervorgehoben wird, wobei Nozick an die Vertragstheorie in der Tradition von Locke anknüpft. Sein Buch gliedert sich in drei gleichwertige Abschnitte. Im ersten Teil wendet sich Nozick gegen den individualistischen Anarchismus und geht der Frage nach, warum es unter rational handelnden Individuen überhaupt einen Staat geben sollte. Die grundlegende Legitimation des Staates versucht Nozick zu begründen, indem er eine bestmögliche staatenlose Situation annimmt, die im Wesentlichen mit dem Naturzustand bei Locke übereinstimmt. Nozick zeigt auf, wie aus dieser Konstellation vollkommener Freiheit heraus über den Mechanismus der unsichtbaren Hand (»Invisible-Hand- Process«) ein Staat entstehen würde: Die herrschende Rechtsunsicherheit führt zum Abschluss von Verträgen über private Schutzdienste und weiter zur Etablierung eines lokalen Monopols – des Ultraminimalstaates. Dieser verfügt allerdings über keine Legitimation: Erst die Ausdehnung der Schutzvereinigung auf alle Bewohner eines Gebietes – und damit die Garantie der natürlichen Rechte aller Betroffenen – lässt den Minimalstaat entstehen, einen Nachtwächterstaat der klassischen liberalen Tradition. Im zweiten Teil seines Werkes (»Beyond the Minimal State«) versucht Nozick im Namen einer Anspruchstheorie der Gerechtigkeit (»Entitlement Theory of Justice«) zu zeigen, dass jeder Staat, der über den Minimalstaat hinausreicht, Individualrechte verletzen würde. Nozicks Anspruchstheorie zufolge ist der Besitz von Gütern dann gerecht, wenn (1) bei der Erstaneignung keine Individualrechte verletzt worden sind und (2) rechtmäßig erworbenes Eigentum zwangsfrei übertragen worden ist (z. B. Schenkung). Nur für den Fall, dass gegen eines dieser Prinzipien verstoßen wurde (z. B. Diebstahl), wird dem Staat eine begrenzte Korrekturmöglichkeit eingeräumt. Damit bleibt als alleinige Aufgabe des Staates die Sicherung der individuellen Eigentumsrechte: Alle Maßnahmen, die ein bestimmtes Verteilungsergebnis anstreben, werden als illegitim verworfen, da sie letztlich die Anspruchstheorie verletzen würden. Im abschließenden dritten Teil des Buches (»A Framework for Utopia«) stellt Nozick die Frage nach der bestmöglichen Gesellschaft: Der von Nozick entwickelte Minimalstaat soll in diesem libertären Utopia einen institutionellen Rahmen für eine entwicklungsfähige pluralistische Gesellschaft bieten, innerhalb welcher – auf der Grundlage privatrechtlicher Verträge – unterschiedliche Gesellschaftsvorstellungen verwirklicht werden können.

Nozick, neben Rawls und Buchanan einer der drei so genannten »new contractarians«, hat mit seinem Werk *Anarchy, State, and Utopia*, das kontrovers aufgenommen wurde, einen weitreichenden Einfluss auf die wissenschaftliche Diskussion innerhalb der politischen Philosophie und der Ökonomie ausgeübt. Das Werk erhielt mehrere Auszeichnungen und wurde u. a. als eines der 100 einflussreichsten Bücher nach dem Zweiten Weltkrieg bezeichnet (*The Times Literary Supplement*).

Lit.: B. Barry: Rezension, in: *Political Theory*, 3/3, 1975, S. 331–336; J.S. Coleman: Rezension, in: *The American Journal of Sociology*, 82/2, 1976, S. 428–442; J.S. Coleman/B. Frankel/D.L. Phillips: Rezension, in: *Theory and Society*, 3/3, 1976, S. 437–458; J. Paul (Hg.): *Reading Nozick. Essays on Anarchy, State, and Utopia*, Totowa, N.J.: Rowman & Littlefield, 1981.

Jörg Ramel

Ohlin, Bertil Gotthard

Bertil Ohlin wurde am 23. April 1899 im südschwedischen Klippan geboren und starb am 3. August 1979 in Vålådalen. Bereits im Alter von 16 Jahren begann er in Lund ein Studium der Mathematik, Statistik und Nationalökonomie, das er – ergänzt um Betriebswirtschaftslehre – an der Handelshochschule Stockholm 1922 mit dem Lizentiat abschloss. Mit seiner Schrift von 1924, *Handelns teori* (»Theorie des Handels«), die bereits den Kern seines berühmten Werkes *International and Interregional Trade* (1933) enthielt, wurde er dort im gleichen Jahr promoviert und habilitiert. Ebenfalls 1924 erhielt er eine Professur an der Universität Kopenhagen, der 1930 ein Ruf an die Handelshochschule Stockholm folgte, wo er bis zu seiner Emeritierung 1965 lehrte. Ohlin war auch ein führender Politiker Schwedens: Mitglied des Reichstags, Handelsminister und Vorsitzender der liberalen Volkspartei. Als Schüler von Eli F. Heckscher, dem Nestor der ökonomisch-theoretisch fundierten Wirtschaftsgeschichte, gilt er neben Lindahl und Myrdal, mit denen er die Stockholmer Schule – die Bezeichnung stammt von ihm – begründete, als der bedeutendste schwedische Nationalökonom in der Zeit zwischen den Weltkriegen. Auf zwei Gebieten hat er bahnbrechende Leistungen erbracht: In *International and Interregional Trade* begründete er 1933 mit dem berühmten Heckscher-Ohlin-Theorem die moderne neoklassische Theorie des Außenhandels, wofür er 1977 zusammen mit James Meade den Nobelpreis erhielt; 1934 antizipierte er mit *Penningpolitik* wesentliche Elemente der Makroökonomik von Keynes.

Otto Steiger

Interregional and International Trade

EA: Cambridge, MA: Harvard UP, 1933. **AA:** London-New York: Routledge, 1998.

Ausgangspunkt der Analyse von Ohlin ist der interregionale Handel. Handel zwischen zwei Regionen kommt dann zustande, wenn sich die Güterpreise in den beiden Regionen unterscheiden. Als Kriterium der Abgrenzung der Regionen untereinander wählt Ohlin die Faktorausstattungen: Regionen sind so definiert, dass sie im Innern eine ähnliche Faktorausstattung aufweisen, während sie sich nach außen in ihrer Faktorausstattung signifikant unterscheiden. Unterschiedliche Faktorausstattungen führen dazu, dass die einzelnen Produktionsfaktoren in den verschiedenen Regionen unterschiedlich knapp sind. Da knappe Faktoren höher entlohnt werden, hat eine Region einen Preisvorteil für dasjenige Gut, bei dessen Produktion der reichliche Faktor besonders intensiv eingesetzt wird. Komparative Preisvorteile sind somit auf Differenzen in den Faktorpreisen zurückzuführen. Aus der Tendenz des interregionalen Handels, Güterpreisunterschiede abzubauen, ergibt sich laut Ohlin eine Tendenz zum Faktorpreisausgleich. Mit den gehandelten Gütern werden indirekt auch die darin enthaltenen Faktormengen gehandelt, so dass Güterhandel eine mangelnde interregionale Mobilität von Faktoren ersetzen kann. Dadurch können die Faktoren einer produktiveren Verwendung zugeführt werden – die gesamte Produktionsmenge steigt und beide Regionen profitieren vom Handel untereinander. Ohlin wendet diese grundlegenden Erkenntnisse über den Handel zwischen Regionen auf den Handel zwischen Staaten an und untersucht ausführlich, inwieweit internationale Unterschiede in den Konsumgewohnheiten, in den Produktionsfaktoren, in den technologischen Möglichkeiten der einzelnen Länder sowie in den politischen Rahmenbedingungen die grundsätzlichen Aussagen bezüglich der Handelsströme beeinflussen können. Zudem entwickelt er aus der Außenhandelstheorie eine Standorttheorie: Schritt für Schritt werden die vereinfachenden Annahmen aufgehoben und die Wirkungen von Transportkosten, Zöllen, internationalen Faktorbewegungen und nationalen (intraregionalen) Mobilitätsbeschränkungen auf die nationale und internationale Arbeitsteilung analysiert. Zu guter Letzt geht Ohlin auch auf die monetären Aspekte des internationalen Handels ein.

Ohlin gilt als einer der Mitbegründer der modernen Außenhandelstheorie. Mit *Interregional and International Trade* legte er den Grundstein einer Theorie, die noch heute unter dem Namen Heckscher-Ohlin-Theorie die Sichtweise vieler Ökonomen über die Determinanten und Folgen internationaler Handelsströme prägt. Auf der Grundlage seiner Ausführungen wurden zwei für die moderne Außenhandelstheorie zentrale Theoreme formuliert: Das Heckscher-Ohlin-Theorem besagt, dass ein Land einen komparativen Preisvorteil bei der Produktion desjenigen Gutes hat, das den relativ reichlich vorhandenen Faktor relativ intensiv einsetzt; das Faktorpreisausgleichstheorem besagt, dass unter gewissen Voraussetzungen Freihandel zu einem vollkommenen Ausgleich der realen Faktorpreise führt.

Lit.: J.N. Bhagwati: »The Pure Theory of International Trade. A Survey«, in: *The Economic Journal*, 74, 1964, S. 1–84; R.E. Caves: *Trade and Economic Structure. Models and Methods*, Cambridge, MA: Harvard UP, 1960; H. Flam/M.J. Flanders (Hg.): *Heckscher-Ohlin Trade Theory*, Cambridge, MA-London: MIT Press, 1991; J.C. Wood (Hg.): *Bertil Ohlin. Critical Assessments*, London-New York: Routledge, 1995.

Carsten Eckel

Olson, Mancur

Der US-Ökonom Mancur Olson wurde am 22.1.1932 in Grand Forks, North Dakota, geboren. Er studierte an der North Dakota State University (1954 B.S.), in Oxford und Harvard (1963 Ph.D. in Economics). Zuletzt unterrichtete er als Distinguished Professor of Economics an der University of Maryland, College Park, wo er ab 1991 das von ihm mitbegründete Center on Institutional Reform and the Informal Sector (IRIS) leitete. Olson starb am 19.2.1998.

Wolfgang Eibner

The Logic of Collective Action

Public Goods and the Theory of Interest Groups

EA: Cambridge, MA: Harvard UP, 1965. **DA:** *Die Logik des kollektiven Handelns*, Tübingen: J.C.B. Mohr (Siebeck), 1985.

Olsons Ruhm als Ökonom fußt auf den beiden Werken *The Logic of Collective Action* (1965) und *The Rise and Decline of Nations* (1982). Die Logic ist insofern das bedeutendere der beiden, als Olson hier die Theorie der Interessengruppen und deren Einfluss auf das politische und wirtschaftliche Geschehen entwickelt, mit deren Hilfe er in *Rise and Decline* der unterschiedlichen Performance internationaler Volkswirtschaften auf den Grund geht. Olson analysiert die Logik von Gruppenhandeln als Logik des umfassenden, ökonomisch verstandenen Eigeninteresses in seiner politischen Anwendung: Weshalb sind manche Interessenvertretungen mächtig, andere machtlos? Weshalb gelingt es manchen interessierten Gruppen überhaupt, sich zu organisieren, während andere (sogar stärker verbreitete Interessen) ohne Vertretung bleiben? Für die Beantwortung dieser Fragen ist, so Olson, eine genaue Betrachtung der Determinanten kollektiven Handelns notwendig. Als Grund für den Zusammenschluss von Individuen zu kollektiven Einheiten sind in der Regel gemeinsame Interessen leicht zu identifizieren. Die Interessenvertretung einer Gruppe (wobei eine »Gruppe« als Menge von Individuen mit gemeinsamem Interesse, nicht aber als »Organisation« zu verstehen ist) stellt aber – und darin liegt das Kardinalproblem kollektiven Handelns – für die Gruppenmitglieder ein öffentliches Gut dar. Vom Nutzen der Bereitstellung dieses öffentlichen Gutes profitieren somit auch Trittbrettfahrer, die sich nicht an der Finanzierung der Interessenvertretung – also an der Herausbildung einer »Organisation« – beteiligen. Es entsteht die Gefahr eines

Gefangenendilemmas mit kollektiv irrationalem Nash- Gleichgewicht, in dem die Organisation der Gruppe scheitert und alle Gruppenmitglieder eine Nutzeneinbuße erleiden – die Unsichtbare Hand schlägt zurück! Olson unterscheidet zwischen »privilegierten« Gruppen, bei denen der Nettonutzen eines Individuums bei Beteiligung an der Finanzierung der Gruppenleistung positiv ist, und »latenten« Gruppen, bei denen dies nicht der Fall ist. Je größer die Gruppe, desto wahrscheinlicher, dass es sich um eine lediglich latente Gruppe handelt. Das eng rational agierende Individuum erkennt, dass die Verschleierung der eigenen Präferenzen die Organisation der Gruppe nicht gefährdet, da der eigene Finanzierungsbeitrag rechnerisch mit zunehmender Gruppengröße abnimmt. Trittbrettfahrerverhalten wird zur dominanten Strategie. Zur Organisation wird es nur dann kommen, wenn eines oder mehrere Gruppenmitglieder eine Präferenzintensität aufweisen, die ausreichend hoch ist, um trotz der Trittbrettfahrer (also trotz der nicht-internalisierbaren Externalitäten für die *free rider*) die Organisation und Finanzierung selbst in die Hand zu nehmen. Eine hohe Wahrscheinlichkeit für die Organisierbarkeit eines gemeinsamen Interesses zeigt sich in Fällen, in denen die Gruppe so klein ist, dass Trittbrettfahrerverhalten die Nicht-Bereitstellung der Leistung zur Folge hätte. Die dominante Strategie besteht dann in wahrheitsgemäßer Präferenzoffenbarung, da es andernfalls nicht zur Bereitstellung des öffentlichen Gutes »Interessenvertretung« käme. Die Gemeinsamkeit von Interessen ist also keineswegs zur Verbandsbildung ausreichend (eine ähnliche Feststellung traf William Baumol bereits 1952 – die damalige Rezeption war jedoch deutlich zurückhaltender als die von Olsons Buch). Wenn keine Zwangsmitgliedschaft (wie etwa in Industriekammern) möglich ist und die Gruppe so groß ist, dass sie keine optimale Versorgung mit ihrem Gruppengut gewährleisten kann, dann muss die Organisation über den Umweg eines Anreizsystems gewährleistet werden. Für Olson liegt der Hauptgrund für den Erfolg manch großer Gruppen in der Tatsache, dass sie außer der eigentlichen Interessenvertretung noch Leistungen (»selektive Anreize«, insbesondere materieller und sozialer Natur) anbieten. Das unmittelbare Organisationsziel der Interessenvertretung wird dann nur noch Nebenprodukt der Nutzung des selektiv angebotenen Gutes sein. Individuelle Nutzenmaximierung tritt in den Dienst des Gruppenzieles.

Die Konsequenzen aus den in der *Logic* entwickelten Überlegungen zeigt Olson in *Rise and Decline* auf: Mit seinem konsequent interdisziplinären Ansatz kommt er zu dem Ergebnis, dass Gesellschaften mit stark ausgeprägten Organisationen, deren Ziel Umverteilung zugunsten ihrer Mitglieder ist, weniger schnell wachsen als Gesellschaften, in denen es solche Koalitionen nicht gibt. Die in der *Logic* entwickelte Theorie bietet hier wie auch in der Theorie des Rent-Seeking und in Beckers Lobbyismus-Theorie die Grundlage für die Erklärung der Mechanismen, mit denen der Gruppeneinfluss auf den politischen Prozess und die gesamte gesellschaftliche Struktur wirkt. Die Determinanten des

Verbandseinflusses im politischen Prozess wären ohne Olsons Gruppenlogik nicht konzipierbar. Ein derart unmittelbarer, weitreichender und empirisch nachvollziehbarer Erklärungsbeitrag für den Wohlstand der Nationen ist in kaum einem anderen Teilgebiet der Neuen Politischen Ökonomie zu finden.

Lit.: D. Reisman: *Theories of Collective Action. Downs, Olson and Hirsch*, London: Basingstoke, 1990; A. Vieler: *Interessen, Gruppen und Demokratie*, Tübingen: J.C.B. Mohr (Siebeck), 1986; M. Olson: »Collective Action«, in: J. Eatwell/M. Milgate/P. Newman (Hg.): *The New Palgrave. A Dictionary of Economics*, Bd. 1, London: Macmillan, 1987, S. 474–477.

Thomas Hart

Pareto, Vilfredo

Vilfredo Pareto (15.7.1848 bis 19.8.1923) studierte Mathematik, Physik und Ingenieurwissenschaften an der Universität Turin. Er arbeitete zwanzig Jahre in der Industrie und verfasste daneben Artikel zugunsten des Freihandels, bevor er Léon Walras 1893 auf dem Lehrstuhl für politische Ökonomie an der Universität Lausanne folgte. Seine Vorlesungen veröffentlichte er als *Cours d'économie politique* (1896/97). Mit *Les systèmes socialistes* vollzog Pareto eine Wendung zum sozialistischen Denken. Das *Manuale* (1906) ist eine Präzisierung und Weiterführung der im *Cours* entwickelten Ideen und gleichzeitig der Höhe- und Schlusspunkt der ökonomischen Schriften Paretos. Danach wandte er sich ganz der Soziologie zu, was zum *Trattato di sociologia generale* (1916) führte. Seine antidemokratische Elitentheorie der Geschichte machte ihn zum Stichwortgeber des Faschismus, dessen Sieg Pareto begrüßte; die ihm von Mussolini angetragene Senatorenwürde lehnte er allerdings kurz vor seinem Tod ab.

Manuale di economia politica

Con una introduzione alla scienza sociale

EA: Mailand: Società editrice libraria, 1906. **AA:** Verlag Wirtschaft und Finanzen, Düsseldorf, 1992 (Faks. d. EA). **Erw. franz. A:** *Manuel d' Economie Politique,* Genf: Droz, 1966 (Nachdr. 1909).

Der Kern des *Manuale* ist eine Theorie des ökonomischen Gleichgewichts, d. h. des Prinzips einer abstrakten Gesellschaft von *homines oeconomici*, die ihren Präferenzen entsprechend ihren individuellen Nutzen (Pareto nennt dies Ophelimität) maximieren. Auf diesen Prozess wirken unterschiedliche natürliche, gesellschaftliche und konkurrentielle Beschränkungen ein. Die abstrakte Gleichgewichtsanalyse wird in eine generelle Sozialwissenschaft eingebettet. Dadurch, dass Pareto die von Francis Y. Edgeworth eingeführten Indifferenzkurven (*Mathematical Psychics*, 1881) als geometrischen Ort gleicher Wahlakte (nicht gleichen kardinalen Nutzens) umdefiniert, gelingt es ihm, eine Werttheorie ohne Rückgriff auf den Nutzen alleine auf der Basis der beobachtbaren Wahlakte zu begründen. Die Theorie des Tauschs (Konsums) ist relativ einfach im Vergleich zur Theorie der Produktion, die schon im »reinen« Fall der vollständigen Konkurrenz die komplexe technische, räumliche und zeitliche Transformation von Gütern mit der Möglichkeit fixer oder variabler Produktionskoeffizienten darstellt. Aus den Tausch- und Produktionsprozessen erhalten wir zwei Gleichungssysteme, die im allgemeinen Gleichgewicht miteinander verbunden sind. Die Dinge werden noch schwieriger, wenn man den »reinen« Fall des vollständigen Wettbewerbs verlässt, bei dem jeder Preisnehmer ist. Preissetzung und unvollständiger Wettbewerb machen das Modell zwar um einiges realistischer, doch treten hier zusätzliche Bestimmungsfaktoren hinzu, ohne dass ein eindeutiges Gleichgewicht erreicht werden kann. Die Interdependenzen aller für die Bestimmung des Gleichgewichts relevanten Gegebenheiten – der ökonomischen wie der sozialen – führt zu einer hohen Komplexität und zwingt zur mathematischen Methode der Darstellung. Mit der Feststellung, dass ein Konkurrenzgleichgewicht, ausgehend von einer gegebenen Anfangsverteilung, ein Optimum in dem Sinne impliziere, dass kein Individuum bessergestellt werden könne, ohne ein anderes schlechter zu stellen, bestätigt Pareto die entsprechende Vermutung von Adam Smith und begründet die Wohlfahrtstheorie. Ausgehend von gleichen Präferenzen kann dieses Optimum aber auch vom Zentralplaner eines kollektivistischen Staates erreicht werden. Vom Standpunkt der »reinen« Ökonomie sind Privateigentum *cum* Marktkoordination und Planung *cum* sozialistische Organisation äquivalent.

Mit seinem konsequent subjektivistischen Ansatz, seiner mathematischen Methode und seiner komplexen Darstellung des allgemeinen Gleichgewichts ist Pareto der Begründer der modernen Allokations- und Preistheorie, wie sie dreißig bis vierzig Jahre später von Hicks, Allen, Arrow, Debreu, Samuelson und Allais ausgearbeitet wurde. Aufgrund fehlender brauchbarer Übersetzungen des *Cours d'économie politique* und des *Manuale* ins Deutsche und ins Englische ist er jedoch außerhalb des romanischen Sprachraums ein verhältnismäßig wenig gelesener Klassiker. Dadurch beschränkt sich Paretos Einfluß vor allem auf die mathematische Gleichgewichtstheorie.

Lit.: G. Eisermann/E. Malinvaud: *Vilfredo Pareto und sein »Manuale«. Vademecum zu einem Klassiker der Ökonomie und Soziologie*, Düsseldorf: Verlag Wirtschaft und Finanzen, 1992; J. Wood/M. McLure (Hg.): *Vilfredo Pareto*, 4 Bde., London: Routledge, [2]1999.

Hans-Jürgen Wagener

Patinkin, Don Israel

Don Patinkin (8.1.1922 bis 6.8.1995) studierte in Chicago bei Oskar Lange. Anschließend hatte er verschiedene Lehrpositionen inne, bis er 1948 den Posten eines Assistant Professor für Ökonomie erhielt. 1948 folgte er einem Ruf an die University of Illinois. Bereits ein Jahr später emigrierte Patinkin nach Israel, wo er von 1949 bis 1952 an der Hebrew University Jerusalem tätig war. Ab 1956 bekleidete er Positionen in der israelischen Wirtschaft und Politik: Research Director des Maurice Falk Institute for Economic Research, Mitglied im Aufsichtsrat der Bank of Israel, Mitglied im israelischen Rat für Bildung und im Rat für Entwicklung, Vorsitzender des Haushaltsausschusses. Von 1983 bis 1986 fungierte er als Präsident der Hebrew University und lehrte weltweit als Visiting Professor. Patinkins vieldiskutierten Thesen beeinflussten insbesondere den Neo-Keynesianismus.

Money, Interest, and Prices

EA: Evanston, IL.: Row, Peterson & Co., 1956. **AA:** 2. überarb. und verm. Aufl., New York: Harper & Row, 1965.

Patinkins 1956 erschienenes Werk (in der 2. Aufl. stark erweitert und überarbeitet) ist ein Meilenstein auf dem Weg zu einer Integration von »Werttheorie« (Theorie der relativen Gleichgewichtspreise) und »Geldtheorie« (Quantitätstheorie des Preisniveaus) bzw. der neoklassischen Theorie des allgemeinen Gleichgewichts Walrasscher Provenienz und der Keynesschen Makroökonomik. Patinkins Ausgangspunkt ist Langes Interpretation des Sayschen Gesetzes und dessen Kritik an der neoklassischen (monetären) Gleichgewichtstheorie. Diese sei zwar nicht mathematisch, wohl aber »ökonomisch inkonsistent«, in ihrem Rahmen lasse sich die Wirkung eines monetären Schocks nicht adäquat beschreiben. Eine Verdoppelung der Geldmenge etwa sollte alle Preise (im Endeffekt proportional) erhöhen – wie wäre dies aber denkbar, wenn doch die Güterangebots- und -nachfragefunktionen von der Geldmenge gar nicht abhängen und deshalb ein solcher monetärer Schock auch keine Gütermarktungleichgewichte auslösen kann, die zu reequilibrierenden Preisanpassungen führen? Patinkins Lösung des Problems ist die Herleitung der individuellen Angebots- und Nachfragefunktionen aus dem Optimierungskalkül von Haushalten und Firmen unter Budget-Nebenbedingungen, in die auch die Ausstattungen mit Kassenbeständen und die Geldnachfragen eingehen. Die gesamtwirtschaftlich aggregierte Budgetbeschränkung, das sogenannte Walrassche Gesetz, besagt dann im einfachsten Fall, dass die Differenz zwischen dem Gesamtwert des

Güterangebots und jenem der Güternachfrage stets gleich der Überschussnachfrage nach Kassenbeständen sein muss, das Saysche Gesetz demnach nur für ein Gleichgewicht am »Geldmarkt« gilt. Patinkins Modell ist offenbar nicht mit dem »Makel« der neoklassischen Dichotomie behaftet, dennoch ist Geld »neutral« (zumindest wenn das Gleichgewicht eindeutig und global stabil ist), d. h. die relativen Gleichgewichtspreise werden durch einen monetären Schock nicht verändert, und es gilt die Quantitätstheorie. In der Tat ist es eines der Ziele Patinkins, zu zeigen, dass Neutralität des Geldes und Quantitätstheorie nicht von den einschränkenden Annahmen des überkommenen neoklassischen Modells abhängen. Patinkins Formulierung gestattet es, die desequilibrierende Wirkung etwa einer exogenen Verdopplung der nominellen Geldmenge nicht nur auf den Geldmarkt, sondern auch auf die Gütermärkte explizit zu analysieren: Ausgehend von einem Gleichgewicht kommt es bei gegebenen Preisen zu einer Verdoppelung der Realkasse und dadurch zu einer Erhöhung der Überschussnachfrage nach sämtlichen Gütern und nach Geld selbst. Dies ist Patinkins berühmter »Realkassen-Effekt« (*real-balance effect*) in seiner elementarsten Form. Auf allen Gütermärkten beginnen die Preise zu steigen, während die Realkasse wieder sinkt. Die Stabilitätsanalyse dieser Tâtonnement-Dynamik ist ein essentieller Teil von Patinkins Theorie. Dabei übersieht die Kritik an Patinkin, dass die neoklassische Dichotomie als analytische Technik eines Geldmengen-kompensierten Preis-Tâtonnements ihre Berechtigung hat. Patinkin trägt seine Theorie in zwei Teilen vor, die er (wie einst Marshall) durch die Ausgliederung eines umfangreichen mathematischen Anhangs lesbarer macht und durch über hundert Seiten theoriegeschichtlicher Anmerkungen ergänzt. Im ersten Teil entwickelt er die mikroökonomischen Grundlagen im Rahmen eines Fisherschen 2-Perioden-Modells mit Kassen- und Wertpapierhaltung (und dem Zinssatz als intertemporalem relativen Preis). Sein Gleichgewichtskonzept entspricht Hicks' temporärem Gleichgewicht für die »kurze Periode« (bei gegebenen Erwartungen über zukünftige Preise, Ausstattungen etc.), wobei er in der Version von 1965, in Reaktion auf Archibald und Lipsey, auch auf die Konvergenz von Folgen temporärer Gleichgewichte zu einem langfristigen Gleichgewicht (Hicks' *full equilibrium over time*) eingeht. In der zweiten Auflage stellt er eine Nutzentheorie der Geldhaltung bei stochastischen Zahlungsströmen vor und baut die Geldnachfrage von Firmen (*money as a producer's good*) in sein Modell ein. Vor allem aber geht es Patinkin um eine konsistente mikroökonomische Fundierung der Makroökonomik. Die makroökonomische Theorie ist Gegenstand des zweiten Teils seines Werkes. Sein Anliegen ist, den revolutionären Ansatz von Keynes und dessen Kritik an der »klassischen« Theorie im Rahmen einer wirklich allgemeinen Theorie temporärer Voll- und Unterbeschäftigungsgleichgewichte und ihrer Stabilitätseigenschaften verständlich zu machen. Er geht dabei weit über das – auch in den heutigen Lehrbüchern noch dominierende – Hickssche IS-LM-Modell hinaus, in dem Vermögenseffekte ausgeblendet werden bzw. die Interaktion zwischen Portfolioentscheidungen und Gütermärkten nicht konsistent modelliert wird. Pigou-Effekt und Keynes-Effekt von durch Preisniveauschwankungen bewirkten Änderungen der Realkasse erweisen sich als Spezialfälle des Patinkinschen *real-balance effect*. In der zweiten Auflage untersucht Patinkin eingehend die Konsequenzen einer verzinslichen Staatsschuld und des von Banken emittierten Binnengeldes (*inside money*). Bemerkenswert ist u. a. seine Analyse der viel später durch Barro popularisierten »Neoricardianischen Äquivalenz«: Falls sie zutrifft, was Patinkin für unrealistisch hält, bleibt der reine Realkasseneffekt und die Neutralität des Außengeldes (*outside money*) bzw. dessen quantitätstheoretische Wirkung auf das Preisniveau bei Vollbeschäftigung erhalten. Andernfalls (Patinkin spricht von »Fiskalillusion«) gehen infolge eines allgemeineren Realvermögenseffekts die Neutralität des Geldes und der strikt quantitätstheoretische Zusammenhang verloren; außerdem sind die realen Wirkungen einer Geldmengenveränderung verschieden je nachdem, ob sie durch Defizitfinanzierung oder eine Offenmarktoperation zustande kommt.

Patinkins Theorie der »unfreiwilligen« Unterbeschäftigung (*involuntary unemployment*) ist von Keynes inspiriert, aber theoretisch konsequenter als dieser und die keynesianische Makroökonomik seiner Zeit. Vor allem lässt Patinkin die Keynessche Annahme fallen, dass die tatsächliche Beschäftigung stets auf der Arbeitsnachfragefunktion der Firmen liegt und fallende Beschäftigung deshalb nur mit steigenden Reallöhnen kompatibel ist. Patinkins Analyse von Unterbeschäftigungslagen bei rigiden Löhnen und Güterpreisen ist zweifellos nicht voll ausgereift, sie kann aber als erster anspruchsvoller Versuch einer Theorie allgemeiner bzw. makroökonomischer Gleichgewichte mit Mengenrationierung angesehen werden, wie sie später u. a. von Barro und Grossmann sowie von Benassy ausgearbeitet wurde.

Lit.: R.J. Barro: »Are Government Bonds Net Wealth?« in: *Journal of Political Economy*, 82, 1974, S. 1095–1117; R.J. Barro/H.I. Grossman: *Money, Employment and Inflation*, Cambridge et al.: Cambridge UP, 1976; J.P. Benassy: *The Economics of Market Disequilibrium*, New York: Acad. Pr., 1982; J.-M. Grandmont: *Money and Value*, Cambridge et al.: Cambridge UP, 1983; J.R. Hicks: »Mr. Keynes and the ›Classics‹«, in: Econometrica, 5, 1937, S. 147–159; J.R. Hicks: *Value and Capital*, Oxford: Clarendon Pr., 1939; O. Lange: »Say's Law. A Restatement and Criticism«, in: O. Lange et al. (Hg.): *Studies in Mathematical Economics and Econometrics*, Chicago, IL: U of Chicago Pr., 1942, S. 49–68.

Gerhard Schwödiauer

Phillips, Alban William Housego

Der Neuseeländer A.W. Phillips (1914–1975) machte nach der Tätigkeit als Elektroingenieur, der Zeit im Kriegsdienst und japanischer Gefangenschaft zunächst wissenschaftliche Karriere an der London School of Economics (1950 Assistant Lecturer, 1954 Reader, 1958–1967 Tooke Professor), war ab 1967 Professor an der University of Canberra (Australien) und lebte nach einem Schlaganfall 1969 bis zu seinem Tode in Auckland (Neuseeland). Er hat einige wichtige theoretische und empirische Beiträge zur ökonomischen Dynamik und Stabilisierung geleistet.

The Relationship between Unemployment and the Rate of Change of Money Wages in the United Kingdom, 1861–1957

EA: in: *Economica*, 25, 1958, S. 283–289.

Auf der Grundlage von langfristigen britischen Zeitreihen (1861 bis 1957) suchte Phillips nach empirischer Evidenz für eine Erklärung der Veränderung der Nominallohnsätze durch die Höhe und die Veränderung der Arbeitslosigkeit. Er zeigte zum einen an Diagrammen für die Subperioden 1861 bis 1913, 1913 bis 1948 und 1948 bis 1957, dass ein niedriger (hoher) Anstieg der Nominallöhne mit einer hohen (niedrigen) Arbeitslosenquote einherging (fallender Verlauf der Phillips-Kurve). Zum anderen beobachtete er, dass für eine gegebene Höhe der Arbeitslosenquote die Nominallohnsteigerung bei jährlicher fallender Arbeitslosigkeit höher war als bei steigender (gegen den Uhrzeigersinn um die Phillips-Kurve verlaufende Phillips-Loops). Er kommt zu dem Ergebnis, dass die Stabilität des Nominallohnsatzes bei einer Arbeitslosenquote von 5,5 % erreicht würde.

Richard G. Lipsey (1960) präsentierte eine mikroökonomische Fundierung und regressionsanalytische Bestätigung dieser Erkenntnis. Paul A. Samuelson und Robert M. Solow (1960) leiteten mit Hilfe einer *Mark-up*-Hypothese einen *Trade-off* zwischen Inflationsrate und Arbeitslosenquote (modifizierte Phillips-Kurve) ab, der im keynesianischen IS-LM-Modell, einem Festpreisansatz ohne Arbeitsmarkt, eine Lücke füllte. Beide Arbeiten popularisierten die Phillips-Kurve. Friedman (1968) und andere Monetaristen betonten die Reallohnabhängigkeit der Beschäftigung: Die Lage der (modifizierten) Phillips-Kurve hänge von der (adaptiv) erwarteten Inflationsrate ab und gelte nur kurzfristig. Sie verlaufe langfristig senkrecht über der natürlichen Rate der Unterbeschäftigung. Die Existenz eines kurzfristigen *Trade-off* wird bei rationalen Erwartungen und flexiblen Preisen (neue klassische Makroökonomik) von Lucas (1972) u. a. bestritten. In der Folge wurden in vielen Ansätzen (neue keynesianische Makroökonomik) die Implikationen inflexibler Preise und Löhne für die Existenz und den Verlauf von kurz- und langfristiger Phillipskurve untersucht (Überblick bei Kösters und Hofmann 1998).

Lit.: R.G. Lipsey: »The Relation between Unemployment and the Rate of Change of Money Wage Rates in the United Kingdom, 1861–1957. A Further Analysis«, in: *Economica*, 27, 1960, S. 1–31; P.A. Samuelson/R.M. Solow: »Analytical Aspects of Anti-Inflation Policy«, in: *American Economic Review. Papers and Proceedings*, 50, 1960, S. 177–194; M. Friedman: »The Role of Monetary Policy«, in: *American Economic Review*, 58, 1968, S. 1–17; R.E. Lucas, Jr.: »Expectations and the Neutrality of Money«, in: *Journal of Economic Theory*, 4, 1972, S. 103–124; W. Kösters/B. Hofmann: »40 Jahre Phillipskurve. Ein kurzer aktueller Überblick über eine lange Diskussion«, in: R. Hüpen/T. Werbeck (Hg.): *Wirtschaftslehre zwischen Modell und Realität*, Stuttgart: Lucius & Lucius, 1998.

Wim Kösters

Pigou, Arthur Cecil

Der aus einer Hugenottenfamilie stammende Arthur Cecil Pigou (18.9.1877 bis 7.3.1959) studierte Geschichte am King's College, Cambridge, und beschäftigte sich auch mit Literatur und Philosophie. Pigou gilt als Begründer der modernen Wohlfahrtstheorie, welche die staatliche Wirtschafts- und Sozialpolitik damit erstmals auf ein theoretisches Fundament stellte. Als Assistent und ab 1908 als Nachfolger Marshalls auf dessen Lehrstuhl am King's College der Universität Cambridge konnte Pigou die innovativen, jedoch oft nicht völlig klar strukturierten Gedanken seines Lehrers und Mentors zu einem geschlossenen System weiterentwickeln. Weniger Anerkennung als seine Wohlfahrtsökonomik fanden Pigous beschäftigungstheoretische Beiträge (insbes. *The Theory of Unemployment*, 1933), in denen er lange Zeit auf klassischen Positionen verharrte und daher von Keynes heftig angegriffen wurde. Mit seiner Analyse von Realkasseneffekten in den 1940er Jahren gelang Pigou schließlich die Rehabilitation der klassischen Sicht für den längerfristigen Zeithorizont; zugleich gesteht er seine ursprüngliche Fehleinschätzung der *General Theory* (1936) ein und erkennt die kurzfristige Relevanz des Keynesschen Ansatzes an. Aus heutiger Sicht beeindruckt Pigous umfassendes Lebenswerk von 30 Büchern und über 100 Aufsätzen durch fachliche Breite, klare Analytik und originelle Gedanken, die noch immer einen festen Platz in modernen Lehrbüchern beanspruchen.

Udo H. Raab

The Economics of Welfare

EA: London et al.: Macmillan, 1920; [4]1932 (Nachdr. 1960). **AA:** New Brunswick, NJ-London: Transaction, 2002.

The Economics of Welfare gilt als Pigous bedeutendstes Werk und führt den zentralen Gedanken aus *Wealth and Welfare* fort. Von der klassischen Wohlstandsdefinition abweichend, unterscheidet Pigou »social welfare«, »economic welfare« und »national dividend«. Die Verbindung von Sozialprodukt und ökonomischer Wohlfahrt erfolgt durch die Einkommensverteilung. Pigou führt zwei Kriterien für Wohlfahrtsteigerungen an: (1) Sozialproduktsteigerung ohne erhöhten Faktoreinsatz und ohne Verschlechterung der Einkommensverteilung und (2) Einkommenstransfer von Reichen zu Armen ohne Sozialproduktverminderung. An Pigous Anregungen zur Messung des Sozialprodukts schließen sich verschiedene Kompensationstests der Wohlfahrtsökonomie an. Ein weiterer

Schwerpunkt von Pigous Ausführungen liegt bei der Unterscheidung von privater und volkswirtschaftlicher Grenzproduktivität. Unterschiedliche Produktionsbedingungen werden als wichtigste Ursache dieser Divergenz hervorgehoben. Daran schließt sich einerseits die Diskussion interner und externer Ersparnisse bzw. Verluste an, andererseits die Untersuchung interner und externer Effekte in der Produktion oder im Konsum und die wirtschaftspolitische Forderung nach deren Internalisierung. *The Economics of Welfare* umfasst vier Teile. Der erste Teil enthält die drei Begriffe des Volkswohlstandes und ihre Beziehung zur Einkommensverteilung und Bevölkerung. Der zweite Teil untersucht die optimale Allokation der Produktionsfaktoren und die Ursachen ihrer Störung sowie die Folgerungen für die Wirtschaftspolitik. Der dritte Teil ist auf die Analyse der Beschäftigung, Beschäftigungspolitik und Lohnpolitik ausgerichtet. Im vierten Teil werden Tendenzen der Einkommensverteilung und Maßnahmen der Einkommensumverteilung und deren Wirkungen auf das Sozialprodukt untersucht. Ein umfangreicher Anhang ergänzt das Buch. Es hat sich seit seiner ersten Veröffentlichung als grundlegendes Meisterwerk der ökonomischen Fachliteratur erwiesen.

Pigous Werk hat weitere grundlegende Entwicklungen der ökonomischen Theorie ausgelöst, vor allem Beiträge zum interpersonellen Nutzenvergleich, zur gesamtwirtschaftlichen Beschäftigung, zu der kurz- und langfristigen Gleichgewichtsanalyse, der Analyse der Konjunkturschwankungen und zur Theorie der Stabilisierungspolitik.

Lit.: A. Robinson: »Pigou, Arthur Cecil«, in: *International Encyclopedia of the Social Sciences*, Bd. 12, New York: Collier-Macmillan, 1968; J. de V. Graaff: »Pigou, Arthur Cecil«, in: *The New Palgrave Dictionary*, Bd. 3, S. 876–878; G. v. Haberler: *Prosperity and Depression*, Genf: League of Nations, 1937 (dt.: *Prosperität und Depression*, Bern: A. Francke, 1948, Tübingen-Zürich: J.C.B. Mohr, [2]1955); P. Keller: *Dogmengeschichte des wohlstandspolitischen Interventionismus*, Winterthur: Keller, 1955; W. Noll: »Pigou, Arthur Cecil«, in: *Handbuch der Sozialwissenschaften*, Bd. 8, Stuttgart et al.: G. Fischer et al., 1964, S. 304–308.

Karl-Heinz Schmidt

Prebisch, Raúl

Wie kaum ein anderer Ökonom hat der gebürtige Argentinier Raúl Prebisch (17.4.1901 bis 29.4.1986) theoretische Reflexion und politische Praxis miteinander verbunden. Er begann seine Karriere in verschiedenen Ministerien (1930 bis 1935) und als Zentralbankpräsident (1935 bis 1943) seines Heimatlandes, wurde Professor für Politische Ökonomie an der Universität Buenos Aires (bis 1948) und beriet die mexikanische Zentralbank (1948 bis 1950). Von 1950 bis 1963 übte er als Exekutivsekretär der Economic Commission for Latin America (ECLA) der Vereinten Nationen einen nachhaltigen Einfluss auf die Entwicklung der Dependenztheorie sowie auf die entwicklungspolitischen Positionen Lateinamerikas aus. Von 1965 bis 1969 forcierte Prebisch als erster Generalsekretär der United Nations Conference on Trade and Development (UNCTAD) die Forderung nach einer Neuen Weltwirtschaftsordnung, in der die gerechte Einbeziehung der Dritten Welt in die Weltwirtschaft gewährleistet werden sollte. Unter seinen vielfältigen Schriften nimmt die Analyse *The Economic Development of Latin America and Its Principal Problems* eine programmatische Rolle ein.

The Economic Development of Latin America and Its Principal Problems

EA: New York: United Nations, 1950. **DA:** »Die ökonomische Entwicklung Lateinamerikas und ihre Hauptprobleme«, in: *Für eine bessere Zukunft der Entwicklungsländer*, Berlin (DDR): Verlag Die Wirtschaft, 1968, S. 7–70.

Im System der internationalen Arbeitsteilung muss nach Prebisch zwischen einem industrialisierten Zentrum und einer abhängigen Peripherie unterschieden werden, der vor allem die Produktion von Nahrungsmitteln und Rohstoffen zukommt. Er identifiziert eine langfristige Verschlechterung der *terms of trade* zuungunsten der Dritten Welt, also einen säkularen relativen Preisverfall der aus den unterentwickelten Ländern exportierten Primärgüter im Vergleich mit den aus den Industrieländern ausgeführten industriellen Erzeugnissen. Die auf dieser Erkenntnis aufbauende strukturalistische »Theorie der peripheren Wirtschaft« besagt, dass die Länder der Dritten Welt für den Import einer konstanten Menge von Industriegütern eine ständig steigende Menge von Primärgütern zu exportieren haben. Prebisch befürwortet protektionistische Maßnahmen in Form einer »Neuen Weltwirtschaftsordnung«, regionaler wirtschaftlicher Integration sowie importsubstituierender Industrialisierung, um einen nachhaltigen Entwicklungspfad zu ermöglichen. Die ärmeren Länder würden dann nach wie vor ihre Primärprodukte auf dem Weltmarkt verkaufen, doch müssten ihre Deviseneinkünfte nicht für Industrieimporte verwendet werden.

In den 1960er und 1970er Jahren folgten eine Vielzahl von Entwicklungsländern sowie Organisationen wie die UNCTAD und die Gruppe der 77 dieser Strategie. Aus drei Gründen erwies sie sich letztlich jedoch als Sackgasse: Erstens waren die Binnenmärkte der armen Länder zu klein, um jene *Economies-of-scale*-Effekte nutzen zu können, die die reicheren Länder einsetzten, um die Preise niedrig zu halten. Zweitens waren viele Entwicklungsländer von den Industriestaaten abhängig: Es mangelte ihnen an politischem Handlungsspielraum, um einen Substitutionspfad beschreiten zu können. Drittens wurden die Weltmarktpreise vieler Primärprodukte von den Nachfragern in den Industriestaaten und nicht von den Anbietern bestimmt. Es zeigte sich, dass die zunehmende Differenzierung der »Dritten Welt«, aus der sich z. B. eine Reihe sogenannter Schwellenländer emanzipierte, ein Aufbrechen der gemeinsamen Front und eine Erosion ursprünglicher Solidarität bewirkte. Damit fand auch die auf der »Theorie der peripheren Wirtschaft« aufbauende Dependenzdiskussion der 1960er und 1970er Jahre ihr Ende.

Lit.: W. Bärtschi/H.-D. Jacobsen: *Kritische Einführung in die Außenhandelstheorie*, Reinbek b. Hamburg: Rowohlt, 1976; K.S. Dadzie/S. Dell/H.W. Singer: »Homage to Raúl Prebisch«, in: *Journal of International Relations and Development*, 2/1, 1986; E.V. Iglesias (Hg.): *El legado de Raúl Prebisch*, Washington, D.C.: Banco Interamericano de Desarrollo, 1993.

Hanns-D. Jacobsen

Ramsey, Frank Plumpton

Frank Plumpton Ramsey, geboren am 22.2.1903 in Cambridge, England, starb im Alter von nur 26 Jahren am 19.1.1930 an den Folgen einer Lebererkrankung. Sein Vater, Mathematiker an der Universität Cambridge, hatte sein abstraktes Denkvermögen schon in der frühen Kindheit erkannt und gefördert. Ramsey studierte Mathematik in Cambridge und schloss mit höchsten Ehren ab. Ohne sich je zu promovieren, erhielt Ramsey die Stelle eines *Lecturer* an der Universität Cambridge. Er pflegte einen regen Austausch mit den Philosophen George E. Moore, Bertrand Russell und Ludwig Wittgenstein; die Ökonomen Keynes und Pigou lenkten Ramseys Interesse auf ökonomische Fragen.

Foundations: Essays in Philosophy, Logic, Mathematics and Economics

EA: *Foundations of Mathematics and Other Logical Essays*, London: Kegan Paul, Trench, Trubner & Co., 1931; erw. Aufl., *Foundations: Essays in Philosophy, Logic, Mathematics and Economics*, London: Routledge & Kegan Paul, 1978. **AA:** London et al.: Taylor & Francis, 2000 (Nachdr.). **DA:** *Grundlagen: Abhandlungen zur Philosophie, Logik, Mathematik und Wirtschaftswissenschaften*, Stuttgart-Bad Cannstatt: Frommann-Holzboog, 1980.

Nach Ramseys frühem Tod gab Richard B. Braithwaite, ein Kollege am King's College in Cambridge, 1931 den Band *The Foundations of Mathematics and Other Logical Essays* heraus. Ausschließlich Ramseys Beiträge zur Logik und Philosophie der Mathematik, in denen er Russells und Whiteheads *Principia Mathematica* weiterentwickelte, und bis dahin unveröffentlichte Schriften zur Wahrscheinlichkeitstheorie sind in diesem Band enthalten. Zunächst nicht aufgenommen wurden die beiden volkswirtschaftlichen Beiträge Ramseys: »A Contribution to the Theory of Taxation« (1927) und »A Mathematical Theory of Saving« (1928), die in der Fachzeitschrift *The Economic Journal* erschienen waren. Sie gehören zu den Grundlagen der modernen Volkswirtschaftslehre. Erst D. Hugh Mellor schloss diese Aufsätze 1978 in den erweiterten Ramsey-Band *Foundations: Essays in Philosophy, Logic, Mathematics and Economics* ein. In seinem Beitrag zur Steuerlehre »A Contribution to the Theory of Taxation« sucht Ramsey dasjenige Steuergefüge, das für ein gewünschtes Steueraufkommen die Wirtschaftstätigkeit am wenigsten verzerrt. Er ermittelt unter allgemeinen Bedingungen folgenden Grundsatz: Die Besteuerung soll so gestaltet sein, dass die Absatzmenge aller Güter in der gleichen Proportion fällt. Demzufolge sollen diejenigen Güter am stärksten besteuert und daher am teuersten angeboten werden, deren Nachfrage am wenigsten preisempfindlich ist, und umgekehrt. Damit leitete Ramsey einen Grundsatz der Preisstellung her, der nicht nur die Steuerlehre entscheidend fortentwickelte. Sein Ansatz kann auch als ein Vorläufer der Theorie des *Second Best* verstanden werden. Darüber hinaus kehrt Ramseys Prinzip der Preisstellung in der Industrieökonomik und der Regulierung von Monopolen wieder, wo es den Namen Ramsey-Preisstellung (*Ramsey pricing*) erhielt. Ramseys Aufsatz »A Mathematical Theory of Saving« zur optimalen Sparquote ist eine der frühesten Anwendungen der Variationsrechung in der Volkswirtschaftslehre. Wie viel sollte eine Volkswirtschaft sparen? Für seine Herleitung nimmt Ramsey an, dass das Wohlergehen einer Volkswirtschaft mit der Nutzenfunktion eines repräsentativen Individuums ausgedrückt werden kann. Ramsey zeigt, dass die optimale Sparquote folgendem Prinzip gehorcht: Eine Volkswirtschaft sollte genau so viel sparen, dass der entgangene Grenznutzen einer heute nicht konsumierten Einheit zu jedem Zeitpunkt genau dem Vorteil gleicht, den der Konsum des Ersparten in der Zukunft mit sich bringt.

Ramseys Aufsatz ist zu einem Grundstein der Wachstumstheorie geworden, auf dem das später fortentwickelte Modell optimalen Wachstums gründet. In der angelsächsischen Tradition erhielt es den Namen *Ramsey-Cass-Koopmans-Modell* (nach Verfeinerungen durch David Cass und Koopmans im Jahr 1965). Selbst in zahlreichen Modellen endogenen Wachstums, die seit etwa 1985 in der Wachstumsforschung vorherrschen, ist Ramseys Ansatz ein zentraler Referenzpunkt für die Bestimmung der Sparquote geblieben. Mit nur zwei Artikeln vermochte Ramsey so, Grundlagen für mehrere Gebiete der modernen Ökonomie zu schaffen.

Lit.: A.J. Auerbach: »The Theory of Excess Burden and Optimal Taxation«, in: ders./M. Feldstein (Hg.): *Handbook of Public Economics*, Bd. 1, Amsterdam: North-Holland, 1985; D. Bos: *Pricing and Price Regulation. An Economic Theory for Public Enterprises and Public Utilities*, Amsterdam: North-Holland, 1994; D. Cass: »Optimum Growth in an Aggregative Model of Capital Accumulation«, in: *Review of Economic Studies*, 32/3, 1965, S. 233–240; G.M. Grossman (Hg.): *Economic Growth. Theory and Evidence*, 2 Bde., Cheltenham: E. Elgar, 1996; T.C. Koopmans: »On the Concept of Optimal Economic Growth«, in: Pontificia Accademia delle Scienze (Hg.): *Semaine d'étude sur le rôle de l'analyse économétrique dans la formulation de plans de développement*, Amsterdam: North-Holland, 1965; N.-E. Sahlin: *The Philosophy of F.P. Ramsey*, Cambridge et al.: Cambridge UP, 1990.

Marc-Andreas Mündler

Rawls, John

John Rawls war einer der bedeutendsten politischen Philosophen der zweiten Hälfte des 20. Jhs. und gilt als bedeutender Verfechter liberaler Ansichten. Er wurde am 21. Februar 1921 in Baltimore, USA, geboren und verstarb am 24. November 2002. Nach seinem Abschluss an der episkopalischen Privatschule in Kent besuchte er die Princeton University, wo er 1943 seinen B.A. und schließlich 1950 seinen Doktortitel erwarb. Daraufhin lehrte er zunächst in Princeton und Cornell, bevor er 1979 eine Professur für Philosophie in Harvard übernahm, die er auch bis zu seiner Emeritierung innehatte. Rawls publizierte wichtige Bausteine seines Theoriegebäudes in vorläufiger Form bereits in den 1950er und 1960er Jahren (»Justice as Fairness«, 1958; »Distributive Justice«, 1967). Weiterentwicklungen seiner Theorie der Gerechtigkeit finden sich in den Monographien *Political Liberalism* (1993) sowie in *The Law of Peoples* (1999).

Wulf Gaertner/Olaf Karitzki

A Theory of Justice

EA: Cambridge, MA.: Harvard UP, 1971. **AA:** Revised Ed., Cambridge, **MA:** Belknap, 1999.
DA: *Eine Theorie der Gerechtigkeit*, Frankfurt/M.: Suhrkamp, 1975; ^{14}2005.

Rawls entwickelt zwei Prinzipien der Gerechtigkeit, die die grundlegenden Beziehungen zwischen den Mitgliedern einer Gesellschaft regeln sollen. Der Autor stellt sich vor, dass diese Grundsätze das Ergebnis einer kollektiven Vereinbarung sind, die in einem »Urzustand« der Gleichheit hinter einem »Schleier der Unwissenheit« von freien und rational handelnden Individuen beschlossen werden. Die beiden Prinzipien, die nach Rawls lexikographisch anzuordnen sind, lauten in revidierter Form: (1) Jede Person hat denselben unveränderlichen Anspruch auf ein völlig adäquates System gleicher Grundfreiheiten, das mit dem entsprechenden System von Freiheiten für alle vereinbar ist. (2) Soziale und ökonomische Ungleichheiten sind zulässig, insofern sie (a) zum größten zu erwartenden Vorteil für die am wenigsten Begünstigten und (b) mit Positionen und Ämtern verbunden sind, die allen unter Bedingungen fairer Chancengleichheit offen stehen. Wichtig ist, dass beide Prinzipien auf die »Grundstruktur« einer Gesellschaft angewandt werden sollen.

Weiter ist zu beachten, dass sich die beiden Grundsätze auf sogenannte repräsentative Individuen oder Gruppen von Personen beziehen, die die verschiedenen sozialen Positionen oder Ämter innehaben. Der erste Grundsatz betrifft die bürgerlichen Grundfreiheiten (wie Rede- und Versammlungsfreiheit, Gewissensfreiheit sowie z. B. das Recht auf privates Eigentum), der zweite Grundsatz macht in seinem ersten Halbsatz eine Aussage über die Verteilung von Einkommen und Vermögen. Dieses Postulat wird häufig als Maximin-Regel der Gerechtigkeit bezeichnet; Rawls selbst nennt diesen Grundsatz »Differenzprinzip«. Rawls richtet sein Hauptaugenmerk auf die am wenigsten privilegierten Schichten der Gesellschaft und betrachtet keine sogenannte *Trade-offs* zwischen besser und schlechter gestellten Bevölkerungsgruppen. Abwägungen zwischen Vor- und Nachteilen für die verschiedenen betroffenen Personengruppen sind typisch für den Utilitarismus, der seit Bentham über zwei Jahrhunderte wohlfahrtsökonomische Überlegungen der Volkswirtschaftslehre dominiert hatte. Man kann Rawls' Theoriegebäude durchaus als *den* Gegenentwurf zum Utilitarismus bezeichnen. Während letzterer ausschließlich Vor- und Nachteile der Betroffenen in einem Endzustand betrachtet, ist Rawls' Ansatz auf allgemein dienliche Mittel zur Verfolgung unterschiedlicher Lebenspläne konzentriert. Mit anderen Worten, Rawls verwendet nicht den kardinalen Nutzenbegriff des Utilitarismus, sondern ersetzt diesen durch das Konzept sogenannter Grundgüter. Als solche Grundgüter werden von Rawls bürgerliche und politische Grundrechte, Freizügigkeit und freie Berufswahl, Vorrechte von Ämtern und Positionen, Einkommen und Vermögen sowie die sozialen Grundlagen der Selbstachtung verstanden.

Rawls' Gerechtigkeitstheorie hat einige Bereiche der Nationalökonomie ganz wesentlich beeinflusst. Neben der Theorie der kollektiven Entscheidungen wären hier vor allem die Verteilungs- und Wachstumstheorie, die Theorie der Besteuerung sowie Fragestellungen der Berücksichtigung zukünftiger Generationen zu nennen.

Lit.: N. Daniels (Hg.): *Reading Rawls. Critical Studies of A Theory of Justice*, Oxford: Basil Blackwell, 1975; S.R. Freeman (Hg.): *Collected Papers – John Rawls*, Cambridge, MA: Harvard UP, 1999; Philosophische Gesellschaft Bad Homburg/W. Hinsch (Hg.): *Zur Idee des politischen Liberalismus. John Rawls in der Diskussion*, Frankfurt a.M.: Suhrkamp, 1997; J. Rawls: *Die Idee des politischen Liberalismus. Aufsätze 1978–1989*, Frankfurt a.M.: Suhrkamp, 1992; J. Rawls: *Justice as Fairness. A Restatement*, Cambridge, MA: Harvard UP, 2001; J.E. Roemer: *Theories of Distributive Justice*, Cambridge, MA: Harvard UP, 1996.

Wulf Gaertner

Ricardo, David

David Ricardo wurde am 18.4.1772 als Sohn eines holländischen Kaufmanns, der sich in England als Geldhändler erfolgreich niedergelassen hatte, geboren. Er beteiligte sich schon im Knabenalter an Börsengeschäften und kam dabei im Laufe seines Lebens zu Ansehen und Reichtum. In den Wissenschaften war er Autodidakt. Er beschäftigte sich ab dem 25. Lebensjahr mit mathematischen, chemischen und mineralogischen Studien. Während eines Badeurlaubs las er Adam Smiths Schrift *The Wealth of Nations*, durch die seine Begeisterung für die Politische Ökonomie geweckt wurde. Ab 1809 trat er mit eigenen Schriften zu ökonomischen Tagesfragen an die Öffentlichkeit. Seit 1819 war Ricardo Mitglied des Unterhauses. Er starb am 11.9.1823.

On the Principles of Political Economy and Taxation

EA: London, J. Murray, 1817. **AA:** Düsseldorf: Verlag Wirtschaft und Finanzen, 1988 (Faks. d. EA). **DA:** *Über die Grundsätze der Politischen Ökonomie und der Besteuerung*, Marburg: Metropolis, 1994.

Ricardos *Principles* folgen in der Wertlehre dem Vorbild Adam Smiths und erklären die gesellschaftlich notwenige Arbeitszeit als einzige Ursache des Wertes der Waren. Die Arbeiter erhalten jedoch nicht den Gesamtertrag aus ihren Arbeitseinsätzen. In der Konkurrenz können sie nur den Reproduktionslohn durchsetzen, der die von den Unternehmern nachgefragte Menge Arbeiter arbeitsfähig am Leben erhält. Der Überschuss aus der Beschäftigung der Arbeiter, das Einkommen im Sinne der Klassiker, wird als Profit auf das eingesetzte Kapital »abgeleitet«. Die Arbeiter gewähren ihn, um ihre Arbeitskraft an Produktivität erhöhenden Maschinen einsetzen zu können, die sie sich aus dem Reproduktionslohn nicht selbst ersparen können. Vor allem aber bei der Preislehre hat Ricardo eine andere Sicht als Adam Smith: Er hält den Preis und nicht nur den Wert durch die Arbeitszeit bestimmt und nimmt deswegen an, dass sich Lohn, Profit und Grundrente als Quote in ihn teilen. Smith dagegen hatte unterstellt, der Profit sei eine Rate, die auf die Kosten der Produktion (Produktionsmittel, Lohn und Rente) aufgeschlagen werden könne. Aus diesem Unterschied ergeben sich bedeutsame Folgerungen für die Einschätzung der wirtschaftlichen Entwicklung. Die optimistischen Erwartungen Smiths weichen bei Ricardo einer pessimistischen Theorie der langfristigen Stagnation. Das erklärende Element liefert ihm dafür die Differenzialrententheorie. Ricardo nahm an, ein Gemeinwesen werde die Agrarflächen in der Reihenfolge ihrer Güte unter den Pflug nehmen. Solange nur Böden der besten Qualität genutzt wurden, mussten nach der Arbeitswertlehre alle Preise sich in Lohn und Profit teilen. Eine Rente kann in dieser Situation nicht in der Konkurrenz durchgesetzt werden, weil Land nicht beschränkend wirksam ist. Erfordert aber die Ernährung der Zahl der beschäftigten Arbeiter, dass Nahrungsmittel auch von weniger guten Böden gewonnen werden müssen, steigt auf den schlechteren Böden die Einsatzmenge an Kapital, die eine gleichgroße Nahrungsmittelmenge hervorbringt. Bedingung der Produktion ist für alle Klassiker aber die Reproduktion des Kapitals. Sie ist bei unterschiedlich fruchtbaren Böden nur möglich, wenn die Bedingungen auf den schlechtesten einzusetzenden Böden den Preis der Nahrungsmittel bestimmen. Dadurch fällt auf den Böden besserer Qualität eine Differenz zwischen den Kosten der Produktion und dem Preis der Produkte an. In der Konkurrenz realisieren die Pächter (Agrarunternehmer bei Ricardo) diese Differenz nicht als Profit, sondern müssen sie als Differenzialrente an die Grundherren abführen. Diese weitere Einkommensart kann nicht zu Lasten der Reproduktionslöhne überwälzt werden, sondern mindert den Profit. In dem Differenzialrententheorem glaubte Ricardo das Verteilungsgesetz gefunden zu haben. Die Ausweitung der Beschäftigung infolge steigender Akkumulation trägt die Neigung zur Stagnation in sich, wenn es der Wirtschaft nicht durch technischen Fortschritt in den nicht agrarischen Produktionen gelingt, die steigenden Nahrungsmittelkosten zu kompensieren und durch konsequenten Freihandel sich gleichschrittlich mit ihrem Wirtschaftswachstum billige Nahrungsmittel aus ausländischer Produktion zu erschließen.

Ricardo ist unbestritten der erfolgreichste Ökonom des 19. Jhs. Es sind seine Gedanken, die Marx in seinem *Kapital* fortgesponnen hat. Die Konsequenzen seiner Lehre haben aber auch dem Historismus und der Neoklassik Auftrieb gegeben. Ersterer glaubte sie durch Sozialpolitik aufheben zu können; Letztere verbannte sie durch den Wechsel zur Grenznutzenbetrachtung aus ihrem Fokus.

Lit.: S. Hollander: *The Economics of David Ricardo*, Toronto- Buffalo-London: U of Toronto Pr., 1984.

Hans-Joachim Stadermann

Robinson, Joan Violet

Joan Violet Robinson, geboren am 31.10.1903 in Camberly (UK), gestorben am 5.8.1983 in Cambridge (UK), gehörte seit den 1930er Jahren dem »Cambridge-Circus« an, einem Kreis von Ökonomen um Keynes, Kahn, Kalecki und Sraffa. Ihr akademischer Ziehvater Keynes war es auch, der wesentliche Impulse für ihre Arbeit lieferte. Nach ihrer ersten großen Veröffentlichung, *The Economics of Imperfect Competition* (1933), die sich noch an Marshalls Kategorien der Gleichgewichtstheorie orientierte, versuchte sie mit *Accumulation of Capital* (1956) eine Verallgemeinerung der Keynesschen Analyse vorzunehmen. Ihre schleppende Karriere ist ein Modellfall der Geschlechterforschung: Erst 1962 erhielt Robinson, damals schon Mitglied der British Academy, ein Fellowship am Newnham College, dem 1965 eine volle Professur am Frauencollege Girton folgte. 1979 errang sie als erste Frau überhaupt einen Platz unter den Fellows von King's College.

Detlev Ehrig

The Economics of Imperfect Competition

EA: London: Macmillan, 1933. **AA:** London: Macmillan, ^{2}1976.

Schon in jungen Jahren legte Joan Robinson mit *The Economics of Imperfect Competition* ihr erstes bedeutendes Werk vor. Das von den Ideen von Marshall und Pigou beeinflusste Werk wird neben Chamberlins *Theory of Monopolistic Competition* (1933) als grundlegendes Werk für die Theorie der monopolistischen Konkurrenz angesehen. Das Werk ist in zehn Bücher untergliedert, welche eine umfassende Darstellung der mikroökonomischen Theorie des Monopols, des Monopsons, des vollständigen Wettbewerbs auf Güter- und Arbeitsmärkten sowie Vergleiche zwischen den verschiedenen Marktsituationen enthalten. Zudem werden Aspekte der Preisdiskriminierung und der Ausbeutung des Produktionsfaktors Arbeit behandelt und Grundzüge einer »Welt von Monopolen« skizziert, in der Wettbewerb über die Vielfalt an angebotenen Produkten entsteht und eine höhere Produktvielfalt mit höherem Wohlstand einhergeht. Robinson verwendet in ihrer Analyse vor allem geometrische Methoden und Argumente, welche auf der Diskussion des Verlaufs und der wechselseitigen Lage von Grenzertrags-, Grenzkosten- und Stückkostenkurven beruhen, und somit richtungsweisend für die später publizierte Lehrbuchliteratur waren.

Der hier von Robinson verfolgte Ansatz, anstelle der klassischen Annahme des vollkommenen Wettbewerbs eine »Welt von Monopolen« als Ausgangspunkt für die Analyse von Marktsituationen zu wählen, stellt neben dem gleichzeitig und unabhängig erschienenen Werk von Chamberlin die Begründung der ökonomischen Theorie des imperfekten Wettbewerbs dar. Die Ideen von Robinson und Chamberlin wurden von Dixit und Stiglitz (»Monopolistic Competition and Optimum Product Diversity«, 1977) formalisiert und damit deren Integration in allgemeinere theoretische Modelle ermöglicht. Diese Formalisierung stellt heute einen wesentlichen Baustein für die Modellierung unvollkommenen Wettbewerbs dar, welcher aus der modernen wirtschaftstheoretischen Diskussion nicht mehr wegzudenken ist.

Lit.: E.H. Chamberlin: *The Theory of Monopolistic Competition*, Cambridge, MA: Harvard UP, 1933; A.K. Dixit/J.E. Stiglitz: »Monopolistic Competition and Optimum Product Diversity«, in: *American Economic Review*, 67/3, 1977, S. 297–308; J. Robinson: *The Accumulation of Capital*, London: Macmillan, 1956.

Klaus Eberl

Roscher, Wilhelm Georg Friedrich

Wilhelm Roscher (21.10.1817 bis 4.6.1894) wurde in Hannover als Sohn einer Beamtenfamilie geboren. Er studierte (1835 bis 1839) in Göttingen und Berlin, promovierte in Göttingen (1838) und habilitierte sich dort (1840), wurde ebenda zum außerordentlichen (1843) und ordentlichen Professor (1844) berufen, folgte aber 1848 einem Ruf nach Leipzig, wo er bis zu seinem Lebensende lehrte. Protestantische Haltung und breite akademische Bildung prägten seine Lehr- und Forschungstätigkeit. Seit seinen ersten Veröffentlichungen trat er für die Anwendung der historischen Methode in der Nationalökonomie ein. Daher gilt er als einer der Begründer und führender Kopf der Älteren Historischen Schule der deutschen Nationalökonomie. Dieses Urteil ist jedoch einseitig, wie seine vielfältigen Publikationen und deren internationale Verbreitung zeigen. Seinem Vorbild Karl Heinrich Rau entsprechend, erreichten seine Lehrbücher sehr hohe Auflagen. Roscher wurde im In- und Ausland durch akademische Titel und Rufe geehrt. Sein umfangreiches Werk umspannt historische, theoretische sowie wirtschafts- und sozialpolitische Studien. Damit stand er dem System der klassischen ökonomischen Theorie näher als die Vertreter der Jüngeren Historischen Schule. Er ergänzte die theoretische Analyse durch historische Betrachtungen und Erläuterungen. Infolge seiner religiösen Überzeugung berücksichtigte er dabei das menschliche Gewissen als einen das Selbstinteresse regulierenden Mechanismus.

Karl-Heinz Schmidt

Geschichte der National-Oekonomik in Deutschland

EA: München: Oldenbourg, 1874. **AA:** Düsseldorf: Verlag Wirtschaft und Finanzen, 1992 (Faks. d. EA).

Roschers *Geschichte der National-Oekonomik* erschien als Band XIV der von der Königlichen Bayerischen Akademie der Wissenschaften herausgegebenen *Geschichte der Wissenschaften in Deutschland*. Es ist ein in jeder Hinsicht herausragendes Werk der deutschsprachigen wirtschaftswissenschaftlichen Literatur. Einzigartig ist es dadurch, dass es nicht eine reine Dogmengeschichte ist, sondern der Vielzahl der nach dem Original behandelten Werke jeweils eine Betrachtung der Epoche voranstellt, die es erlaubt, die dann vorgetragenen Theorien einzuordnen und zu erkennen, warum in jener Zeit Ökonomie auf diese Weise gedacht wurde. Das Faszinierende an Roschers Werk ist der überwältigende Hang zur Vollständigkeit. Es bietet nicht die dünne Auswahl von Hauptwerken der Zeit der Physiokratie und der Klassik an, sondern spannt für den deutschen Sprachraum einen Bogen von den Wirtschaftsauffassungen der Germanen bis über die Mitte des 19. Jhs., wobei selbst die ökonomischen Überzeugungen Herders und Schillers nicht ausgespart bleiben und ein erster Zugang zu einer sehr großen Zahl ökonomischer Werke offen gehalten wird, die sonst längst in Vergessenheit geraten wären. Dabei entfallen von den rund 1.000 Seiten des Buches fast die Hälfte auf den Zeitraum vor der Physiokratie, mit der das knapp 30 Jahre später nachfolgende Standardwerk der Theoriegeschichte, die *Histoire des doctrines économiques* von Gide und Rist (1909), erst beginnt. Das Studium der *Geschichte der National-Oekonomik* verdeutlicht vielleicht am besten, wie flach die Kenntnisse der heutigen ökonomischen Theorie über die geschichtlichen und theoriegeschichtlichen Wurzeln des modernen ökonomischen Denkens im Allgemeinen sind. Die Theoriegeschichte mit Bezug auf die realhistorischen Bezüge aufzuarbeiten entsprach dem Anspruch der Historischen Schule auf besondere Weise. So konnte Roscher verständlich machen, wie neuartig seine Ökonomie war. Er fand Regelmäßigkeiten und nicht »Gesetze« der Wirtschaft. Er gewann sie durch das Studium der Wirtschaft selbst und der Ideen, die sie beschrieben und nicht – wie beispielsweise Ricardo – rein deduktiv durch Introspektion. Er bemühte sich, aus den Quellen zu zeigen, warum bestimmte Ideen zu bestimmten Zeiten aufkamen und sich als vorherrschende behaupten konnten oder warum dies gerade nicht gelang. Man beurteilt daher die Historische Schule, aber vor allem Roscher falsch, wenn man ihr Theoriefeindlichkeit unterstellt. Roschers Werk und insbesondere seine Theoriegeschichte legen Zeugnis davon ab, dass hier im strengsten Sinne Wirtschaftstheorie hervorgebracht wurde.

Roscher ist zuweilen vorgeworfen worden, nicht eindeutig genug Stellung bezogen zu haben. Tatsächlich zeigen aber derartige Urteile nur, wie wenig die Kritiker in sein Werk eingedrungen sind. Überall spricht es sich lobend oder tadelnd über die referierten Theorien aus. So urteilt er beispielsweise über die Verfasser der Flugschriften im Sächsischen Münzstreit um 1530: »Diese Schriftchen gehören zu den merkwürdigsten Monumenten der älteren Volkswirthschaftslehre. Das Ernestinische Pamphlet ist auffallend schlecht geschrieben: sophistisch, [...], unklar, [...] schwülstig, um seine großen Mängel zu verdecken. Aber es ist darum höchst interessant, weil es die Grundgedanken des sogenannten Merkantilsystems enthält, 131 Jahre vor Colbert [...]. Dagegen sprechen die Albertinischen Flugschriften ein so reines, klares, einfach sachgemäßes und doch kraftvoll schönes Deutsch [...]. Und was den Inhalt betrifft, so beruhet derselbe auf so richtigen Ansichten von dem Wesen und den Kennzeichen des Volksreichthums, von der Natur des Geldes und Handels, endlich von den Rechten und Pflichten des Staates gegenüber der Volkswirthschaft, daß ich den (leider ungenannten!) Verfasser allermindest jenen englischen Kolonialtheoretikern am Ende des 16. und im Anfang des 17. Jahrhunderts gleichstellen muß, welche mir sonst als die frühesten Kenner der volkswirtschaftlichen Grundwahrheiten gegolten hatten.« Ganz genau so kann man wohlbegründete Urteile im ganzen Buche finden.

Lit.: W. Roscher: *System der Volkswirthschaft. Ein Hand- und Lesebuch für Geschäftsleute und Studierende*, 5 Bde., Stuttgart: Cotta, 1854–1886.

Hans-Joachim Stadermann

Samuelson, Paul Anthony

Paul Anthony Samuelson (geb. am 15. Mai 1915, gest. am 13. Dezember 2009) war Professor am Massachusetts Institute of Technology und hat auf beinahe allen Gebieten der ökonomischen Theorie grundlegende Beiträge geleistet, die 1970 mit dem Nobelpreis für Wirtschaftswissenschaft ausgezeichnet wurden. Seine von Leontief und Schumpeter betreute Dissertation an der Harvard-University, 1947 als *Foundations of Economics Analysis* veröffentlicht, war ein Meilenstein auf dem Weg zur Mathematisierung der Wirtschaftswissenschaft, insbesondere der Mikroökonomik. Mit seinem Lehrbuch *Economics* (1948) gelang ihm das im letzten Jahrhundert weltweit meistverkaufte Einführungswerk.

Foundations of Economic Analysis

EA: Cambridge, MA: Harvard UP, 1947. **AA:** Düsseldorf: Verlag Wirtschaft und Finanzen, 1997 (Faks. d. EA).

»Mathematik ist eine Sprache« (T. Willard Gibbs). – »Die Existenz von Gemeinsamkeiten zwischen zentralen Fragen verschiedener Theorien legt das Existieren einer allgemeingültigen Theorie nahe, welche den Teiltheorien zugrunde liegt und sie unter Berücksichtigung ihrer zentralen Fragen vereinigt« (E.H. Moore). Diese beiden Zitate, das erste auf der Titelseite, das zweite zu Beginn der Einleitung, bringen das Ziel und den wesentlichen Beitrag der *Foundations of Economic Analysis* auf den Punkt. Vor ihrem Erscheinen wurde Wirtschaftstheorie größtenteils sprachlich formuliert; was an mathematischen Elementen enthalten war, wurde entweder in unbeholfenen Worten ausgedrückt oder in Anhang und Fußnoten verbannt. Die *Foundations*, die Samuelson mit Anfang Zwanzig als Junior Fellow an der Harvard University verfasste, trugen mehr als irgendein anderes Werk zur »Mathematisierung« der Ökonomie bei, zumindest jedoch zu einem selbstverständlichen Gebrauch der Mathematik als Sprache der ökonomischen Theorie. Der Wert der Mathematik für die Ökonomie ist durchaus umstritten. Kritiker behaupten, ihre Anwendung führe zu einer »Entmenschlichung«, zu einer großen Konzentration auf solche Themen, die mathematisch ausgedrückt werden können, und diene dazu, Nicht-Mathematiker – seien ihre Beiträge auch noch so kreativ – von der Teilnahme an der wirtschaftstheoretischen Diskussion auszuschließen. Die *Foundations* argumentieren jedoch höchst überzeugend, dass die Vorteile der Verwendung mathematischer Formulierungen in der Wirtschaftstheorie diese Nachteile klar überwiegen. Die Anwendung der Mathematik in diesem Bereich hat viele Vorteile. Offensichtlich sind Kürze und Genauigkeit im Ausdruck (Vermeidung von semantischer Mehrdeutigkeit) sowie Schnelligkeit im Ziehen von logischen Schlüssen (bei der Erforschung der Implikationen einer bestimmten Reihe von Annahmen). In den *Foundations* geht Samuelson auf zwei weitere, weniger offensichtliche Vorteile ein. Erstens: Durch die Umwandlung einer ökonomischen Problemstellung in eine mathematische, die Anwendung des gesamten Arsenals der (klassischen) Mathematik auf die Entwicklung eines Lösungsansatzes unter Verwendung aller mathematischen Möglichkeiten und schließlich die Rückübertragung der mathematischen Lösung in die Ökonomie können bedeutende *ökonomische* Erkenntnisse erzielt werden. Samuelson entwickelte dieses Thema unter Einbeziehung nahezu aller Zweige der ökonomischen Theorie. Die Konsumentenentscheidung kann als Nutzenmaximierung unter der Bedingung eines begrenzten Budgets formuliert werden; die Lösung des Problems lässt sich durch die Anwendung der Theorie der eingeschränkten Nutzenmaximierung ermitteln, seine komparativ-statischen Eigenschaften mittels der Theorie der quadratischen Formen. Auf ähnliche Weise kann die Theorie der Differenzgleichungen einschließlich der Theorie der Stabilität angewendet werden, um die Eigenschaften eines Wirtschaftskreislaufes abzuleiten. Der zweite, weniger offensichtliche Vorteil ist, dass die Mathematisierung der Ökonomie die Wahrnehmung einer allgemeinen mathematischen Struktur erlaubt. Erkenntnisse einer Richtung der Ökonomie können so mit denen anderer Zweige verknüpft werden. Die Analyse einer gemeinsamen mathematischen Struktur vermag überdies gleichzeitig Erkenntnisse zu vielen verschiedenen ökonomischen Problemstellungen hervorzubringen.

Während die zentrale Wirkung der *Foundations* in der Anwendung der Mathematik auf die ökonomische Theorie besteht, leistet das Buch auch einige weitere originelle Beiträge, so die Theorie der offenbarten Präferenzen (*revealed preferences*) oder die Grundlagen der Wohlfahrtstheorie und der Theorie des Konjunkturzyklus. Ironischerweise war die von Samuelson verfochtene Mathematisierung der Wirtschaftstheorie derartig überzeugend, dass die von ihm herangezogene klassische Mathematik bereits größtenteils durch reine, auf der Mengentheorie basierende Mathematik ersetzt worden ist. Samuelsons weitere Karriere bezeugt die Macht der Methode, für die er in den *Foundations* eintritt. In buchstäblich Hunderten weiterer Aufsätze leistete er bedeutende und in vielen Fällen grundlegende theoretische Beiträge zu fast allen Bereichen der Ökonomie. Die außerordentliche Bandbreite seiner Konzeptualisierungen, Resultat der Entdeckung gemeinsamer mathematischer Strukturen, ist Grund für den enormen Erfolg seines Lehrbuchs *Principles of Economics* und für das hohe Maß an Bekanntheit, den sein Name in den Wirtschaftswissenschaften genießt.

Lit.: K.E. Boulding: »Samuelson's Foundations. The Role of Mathematics in Economics«, in: *The Journal of Political Economy*, Bd. 56, 1948, S. 187–199; W. Krelle: »Wirtschaftstheorie als Mathematik. Bemerkungen zu Paul Anthony Samueslon, Foundations of Economic Analysis«, in: *Jahrbücher für Nationalökonomie und Statistik*, 153/1, 1951, S. 49–62; K. Puttaswamaiah: *Paul Samuelson & the Foundations of Modern Economics*, New Brunswick et al.: Transaction Publishers, 2002; L.J. Savage: »Samuelson's Foundations. Its Mathematics«, in: *The Journal of Political Economy*, Bd. 56, 1948, S. 200–202.

Richard Arnott

Aus dem Englischen von Matthias Finke

Say, Jean-Baptiste

Jean-Baptiste Say (5.1.1767 bis 15.11.1832) war einer der wichtigsten Autoren der politischen Ökonomie im Frankreich des späten 18. und frühen 19. Jhs. Wiewohl hauptsächlich Ökonom und der erste Professor für Politische Ökonomie in Frankreich, war Say ein Gelehrter mit vielen Interessen. Der in Lyon Geborene zog 1787 im Alter von zwanzig Jahren mit seinen Eltern nach Paris. Im Geschäft der Eltern und in London zum Kaufmann ausgebildet, wurde Say 1799 Mitglied des Tribunats, das mit dem von Napoleon ins Leben gerufenen Comité des Finances assoziiert war. Allerdings legte Say zusammen mit einigen Kollegen aus Protest gegen die Diktatur das Amt nieder. Die Lektüre von Adam Smiths Klassiker *The Wealth of Nations* verstärkte sein Interesse an der Ökonomie und 1803 veröffentlichte er den *Traité d'économie politique*.

Traité d'économie politique

ou simple exposition de la manière dont se forment, se distribuent, et se consomment les richesses

EA: Paris: Deterville, 1803. **AA:** Düsseldorf: Verlag Wirtschaft und Finanzen, 1986 (Faks. d. EA). **DA:** *Abhandlung über die National-Oekonomie oder einfache Darstellung der Art und Weise, wie die Reichthümer entstehen, vertheilt und verzehrt werden*, übers. von L.H. Jakob, Halle- Leipzig: Ruff, 1807. A**DA:** Dillenburg: Gruber, 1999 (Nachdr. 1807).

Der *Traité d`économie politique*, der im napoleonischen Frankreich nicht erscheinen durfte, wurde zu Lebzeiten Says fünfmal aufgelegt und in alle bedeutenderen europäischen Sprachen übersetzt – ins Englische allerdings erst 1821. Auch diente das Werk als Lehrbuch an vielen europäischen Universitäten. In Amerika erfuhr es nach seiner Veröffentlichung 1821 innerhalb von 60 Jahren 28 Nachdrucke, was den enormen Einfluss der Abhandlung in den Vereinigten Staaten belegt. Buch I beschäftigt sich mit der Produktion von Vermögen und enthält Kapitel über Produktion sowie Themen, die heutzutage der Makroökonomie und dem monetären Bereich zugeordnet werden. Say klarifiziert die Definition von Vermögen, dessen Bemessung in Wert und Preis und formuliert insbesondere die Erkenntnis, dass Wert nicht durch die in die Produktion eingehende Arbeit entsteht, sondern durch den intrinsischen Nutzen, den potentielle Käufer des Produktes an anderen Gütern einzutauschen bereit sind. Say nimmt für sich in Anspruch, als Erster den Begriff des »Nutzens« zu verwenden, um die Eignung oder Fähigkeiten bestimmter Dinge zu beschreiben, verschiedene menschliche Bedürfnisse zu befriedigen. In Kapitel XV erkläutert er das berühmte Gesetz des Marktes. Obwohl er an keiner Stelle den berühmt gewordenen Satz schreibt, dass Angebot die eigene Nachfrage schaffe, scheint er dies jedoch verschiedentlich zu implizieren. Er schreibt, dass die Napoleonischen Kriege, indem sie den Handel zwischen England und anderen Ländern zusammenbrechen ließen, diesen Staaten sehr geschadet hätten, und argumentiert, dass Frankreich von diesen Eroberungen wegen der Aufhebung der Handelsbarrieren sehr profitiert habe. Die ganze Welt, so fährt er fort, würde von einer Abschaffung dieser Barrieren, die die einzelnen Nationen voneinander trenne, auf ähnliche Weise profitieren. Das zweite Buch ist der Vermögensverteilung und den Staatseinkünften aus Landwirtschaft, Boden und Kapital gewidmet. Dieser Teil schließt auch Ausführungen über Zölle, Handelspolitik, Handel und die Bevölkerung ein. Laut Say muss man das Wesen des Wertes, das Ziel der Verteilung und die Gesetzte der Wertverteilung hinterfragen, bevor man die Verteilung verstehen kann. Weitere Kapitel befassen sich mit der Verteilung des Einkommens aus Industrie, Kapital und Boden. Ein zusätzliches Kapitel ist den Einkünften aus dem Außenhandel gewidmet. Say diskutiert ausführlich, welche Rolle die Bevölkerung bei der wirtschaftlichen Entwicklung spielt und welche Faktoren die Einkommensverteilung zwischen den verschiedenen Bevölkerungsgruppen eines Staates bestimmen. Auch die wichtige Rolle der Besitzrechte wird untersucht. Buch III behandelt den Verbrauch von Vermögen und die Implikatikonen privaten und öffentlichen Konsums für die Einnahmen und die Wirtschaft. Say spricht die Verbindung von Konsum und Produktion an und stellt fest, dass Produktion ohne Konsum nicht geleistet werden könne. Konsum wird definiert als der Prozess der Zerstörung von Nutzen, nicht von Materie. Der staatliche Konsum besteht aus der Summe aller Werte, die innerhalb eines Jahres von allen Individuen und Gemeinschaften verbraucht werden, wobei er mit Konsum den Verbrauch von Erträgen meint. Wie bei der Produktion betont Say, dass »Nutzen« und nicht Materie verbraucht werde. Seine Bemerkung, dass ein Gut nur einmal konsumiert werden könne, zeigt, dass er »öffentliche« Güter, deren Nutzen gleichzeitig von vielen wahrgenommenen werden kann, nicht in seine Betrachtungen einbezieht. Er unterscheidet jedoch zwischen Stammkapital und Umlaufkapital im Rahmen staatlicher Berechnungen (Landbesitz kann im Gegensatz zu seinen jährlichen Erträgen nicht konsumiert werden). Say bemüht sich, einige Konzepte der staatlichen Einkommensberechnungen näher zu beleuchten. Der jährliche Konsum einer Nation wird definiert als Summe aller Werte, welche von allen Individuen und Gemeinschaften einer Nation verbraucht wird. Say vertritt die Ansicht, dass Importe als Teil des Inlandsproduktes und Exporte als Teil des staatlichen Verbrauchs berechnet werden sollten, und er unterscheidet zwischen produktivem und unproduktivem Konsum. Während unproduktiver Konsum eine sofortige Gratifikation ohne neue Wertschöpfung bedeutet, erfordert produktiver Konsum den Einsatz von Arbeit und Fähigkeiten. Dies ist die Standardunterscheidung zwischen Konsum und Investition. Wirft man heute einen Blick auf das Inhaltsverzeichnis des Werkes, findet man eine Verflechtung von mikro- und makroökonomischen Themen, wobei jedoch die Gliederung der Kapitel nach ökonomischen Aktivitäten – Produktion, Verteilung und Konsum – auffällt.

Der *Traité* ist eines der wichtigsten Bücher der politischen Ökonomie, geschrieben wenige Jahrzehnte nach der Veröffentlichung von Adam Smiths *The Wealth of Nations*. Wie dieses hinterließ es dauerhafte Spuren in vielen Bereichen. Zu nennen sind hier insbesondere die Einführung der Ökonomie, der Umfang und die Methodologie der Wirtschaftswissenschaft, die Nutzentheorie, die Betonung der Rolle des Unternehmers, seine Diskussion der drei Produktionsfaktoren, seine Erkenntnis der wichtigen Rolle wirtschaftlicher Ausbildung und nicht zuletzt sein Gesetz des Marktes. Clement Biddle schrieb in seiner Einleitung zu dem Werk, dass es sich ohne Frage um die umfassendste, methodischste und am besten durchdachte Abhandlung der Elemente der politischen Ökonomie handle, die bis dato vorgelegt worden sei. Kritiker haben vor allem Says übertriebene Betonung der *Laissez-faire*-Doktrin und sein Versäumnis der Untersuchung jeglicher Möglichkeit eines Marktversagens kritisiert, wie auch die Tatsache, dass er die Rolle des Staates für den Freihandel und freie Märkte zu gering einschätzte.

Lit.: W.J. Baumol: *Jean-Baptiste Say und der »Traité«*, Frankfurt a.M. et al.: Verlag Wirtschaft und Finanzen, 1986; S. Hollander: *Jean-Baptiste Say and the Classical Canon in Economics. The British Connection in French Classicism*, London: Routledge, 2005; S. Kates: *Two Hundred Years of Say's Law. Essays on Economic Theory's Most Controversial Principle*, Cheltenham: E. Elgar, 2003; R. Whatmore: *Republicanism and the French Revolution: An Intellectual History of Jean-Baptiste Say's Political Economy*, Oxford: Oxford UP, 2000.

Munir Quddus/Salim Rashid

Aus dem Englischen von Wibke Reger

Schmoller, Gustav von

Der in Heilbronn geborene Gustav von Schmoller (24.6.1838 bis 27.6.1917) wurde 1860 in Tübingen promoviert und trat 1864 seine erste Professur in Halle an. 1872 wurde er an die Universität Straßburg, 1882 nach Berlin berufen. Er war 1872 zusammen mit Lujo Brentano und Adolph Wagner Mitbegründer und ab 1890 Vorsitzender des Vereins für Socialpolitik. 1881 begründete er das *Jahrbuch für Gesetzgebung*, nach ihm »Schmoller-Jahrbuch« genannt. Als Haupt der sogenannten Jüngeren Historischen Schule der deutschen Nationalökonomie war er auch international angesehen und einflussreich.

Grundriß der Allgemeinen Volkswirtschaftslehre

EA: München-Leipzig: Duncker & Humblot, 1. Teil: 1900, 2. Teil: 1904. **AA:** Düsseldorf: Verlag Wirtschaft und Finanzen, 1989 (Faks. d. EA, mit Kommentarband).

In seinem *Grundriß*, an dem Schmoller von 1887 an bis zu seinem Tode arbeitete, fasste er nach seinen Worten »in grundrißartiger Form« den Inhalt seiner Vorlesungen zusammen. Schmoller betrachtete das Werk als »die Summe meiner wissenschaftlichen und persönlichen Überzeugungen«. In der Tat finden sich in diesem ca. 1.400 Seiten starken Buch die nationalökonomischen, besonders die wirtschafts- und sozialpolitischen Auffassungen des Autors ebenso wie die Breite seiner Kenntnisse und die Tiefe seiner Einsichten auf dem Gebiet der Wirtschafts- und Sozialwissenschaften. Im umfangreichen Werk Schmollers nimmt der *Grundriß* damit den Rang des enzyklopädisch angelegten Hauptwerkes ein. Die das gesamte Werk durchziehende ganzheitliche Sichtweise wird in der Einleitung entwickelt: Die Volkswirtschaft ist ein Bestandteil des gesellschaftlichen Lebens und nur im Zusammenhang mit diesem zu verstehen. Sie entsteht in einer Stufenfolge von kleinen Einheiten (z. B. Familienwirtschaft) hin zur gesellschaftlichen Organisation des Wirtschaftslebens eines staatlich verfassten Volkes, und sie beruht auf dem arbeitsteiligen Zusammenwirken ihrer gesellschaftlichen Organe Familie, Unternehmen, Gemeinde, Staat in Verbindung mit den konstituierenden Elementen der Siedlung, des Eigentums und dessen Verteilung sowie der Klassenbildung. Es folgt eine detaillierte Darstellung des Güterumlaufs und seiner Institutionen, der Elemente der Verkehrswirtschaft und ihres sozialen Rahmens. Das Buch schließt mit einem Blick auf die Entwicklungsgeschichte der Volkswirtschaft und der Menschheit, die Schmoller nicht rein wirtschaftlich, sondern umfassend sieht. Denn wirtschaftlicher Fortschritt ist für ihn nur in Verbindung mit Fortschritt auf allen übrigen Lebensgebieten und als Ergebnis des Wirkens sittlicher Kräfte denkbar. Schmoller bietet ein in dieser Form einzigartiges Gesamtbild der Wirtschaft, ihrer Elemente, ihrer Bewegung und der diese beeinflussenden natürlichen und gesellschaftlichen Kräfte. Nahezu alles, was die neoklassische Wirtschaftstheorie in den Datenkranz verbannt, bezieht er in seine Betrachtung ein. Was diese dadurch an interdisziplinärer Breite und an Perspektivenreichtum gewinnt, verliert sie freilich an analytischer Schärfe. Im Ergebnis liegt eine auf breiter empirischer Grundlage beruhende anschauliche Theorie vor (Schefold 1989), die Schmoller selbst allerdings nur als Zwischenergebnis auf dem Wege zu der von ihm angestrebten umfassenden Theoriebildung ansah.

Der *Grundriß* fand vor 1914 eine im Ganzen positive Aufnahme. Mit dem Rückgang des Einflusses der Historischen Schule in der Zwischenkriegszeit verlor er schnell an Wirkung, und seit dem Siegeszug der Neoklassik und des Keynesianismus ist er nur noch Vergangenheit – wohl auch zu Unrecht, denn einige seiner Grundgedanken sind (wieder) aktuell und könnten helfen, der Volkswirtschaftslehre den vieldiskutierten breiteren Blick auf ihren Gegenstand über die reine Marktlehre hinaus zu geben.

Lit.: J.G. Backhaus/Y. Shionoya/B. Schefold: *Gustav von Schmollers Lebenswerk. Eine kritische Analyse aus moderner Sicht*, Düsseldorf: Verlag Wirtschaft und Finanzen, 1989; J.G. Backhaus (Hg.): *Gustav Schmoller und die Probleme von heute*, Berlin: Duncker & Humblot, 1993.

Karl Heinrich Kaufhold

Schumpeter, Joseph Alois

Joseph A. Schumpeter, geboren am 8.2.1883 im südmährischen Triesch (heute Tschechien), studierte in Wien, wo er 1906 zum Doktor der Rechte promoviert wurde. Sein Hauptinteresse galt jedoch der Ökonomie, über die er seine Habilitationsschrift verfasste. Nach einer Berufung als außerordentlicher Professor an die Universität Czernowitz im Jahr 1909 übernahm er 1911 einen Lehrauftrag für Politische Ökonomie an der Universität Graz. Nach einer kurzen Mitgliedschaft in der Sozialisierungskommission der jungen Weimarer Republik stieg Schumpeter 1919 zeitweise zum österreichischen Finanzminister auf. Es folgten drei Jahre, in denen Schumpeter sich als Banker und Spekulant betätigte, bevor er von 1925 bis 1932 eine Professur in Bonn übernahm. Dann folgte er einem Ruf nach Harvard, seiner letzten großen Lebensstation. Schumpeter starb am 8.1.1950 in Tacomic, Connecticut.

Theorie der wirtschaftlichen Entwicklung

EA: Leipzig: Duncker & Humblot, 1911. **AA:** Düsseldorf: Verlag Wirtschaft und Finanzen, 1988 (Faks. d. EA); Berlin: Duncker & Humblot, ^{9}1997.

Das wirtschaftstheoretische und -empirische Werk Joseph A. Schumpeters basiert auf der Frage nach den internen Bestimmungsgründen wirtschaftlicher Entwicklung. Während sich Schumpeters frühe Arbeiten, insbesondere seine Wiener Habilitationsschrift, um die Positionierung reiner statischer Wirtschaftstheorie mit walrasianischer Orientierung bemühen, ist das Hauptwerk ganz dem analytischen Zugang zur wirtschaftlichen Entwicklung gewidmet. Die theoretische Fundierung des Schumpeterschen Ansatzes ist in seinen späteren Arbeiten, insbesondere in seinem Werk zu den Konjunkturzyklen, nur noch verfeinert und historisch-empirisch angewendet, keinesfalls aber substantiell umformuliert worden. In seinem Hauptwerk *Theorie der wirtschaftlichen Entwicklung* erhebt Schumpeter den Anspruch, eine konsistente Erklärung dynamischer ökonomischer Phänomene zu leisten. Dabei wird Entwicklung als Prozess diskontinuierlicher Brüche aufgefasst, der dem graduellen Wandel im Rahmen eines Kreislaufs gegenüberzustellen ist. Unternehmergewinn, Kapital, Kredit, Zins und Konjunkturzyklen werden aus demselben evolutorischen Prozess der Generierung und Diffusion von Innovationen hergeleitet. Als unverzichtbare Triebkraft dieses Prozesses stilisiert Schumpeter das Wirken unternehmerischer Wirtschaftsakteure, die ihre Innovationen mit Krediten finanzieren. Diese Unternehmer sind von einer spezifischen Motivstruktur geprägt, sie übernehmen als kommerzielle Neuerer im Entwicklungsprozess eine ökonomische Führungsrolle. Die Wechselwirkung aus Kredit, Zins und Kapital unterstreicht die geldwirtschaftliche Perspektive des Schumpeterschen Ansatzes, die seine entwicklungs- und innovationstheoretischen Überlegungen ergänzt, und den allgemein gehaltenen Anspruch seiner Entwicklungstheorie untermauert.

Schumpeters *Theorie der wirtschaftlichen Entwicklung* ist als eines der einflussreichsten ökonomischen Werke des 20. Jhs. mit den Keynesschen Arbeiten auf eine Stufe gestellt worden. Während der Keynesianismus das Schumpetersche Gesamtwerk für lange Zeit überstrahlte, hat sich inzwischen vor allem der innovationsökonomische Aspekt der Schumpeterschen Entwicklungstheorie als äußerst einflussreich erwiesen. Der konzeptionelle Zusammenhang aus Unternehmertum, Innovation und Entwicklung hat nicht nur die Entwicklungs- und Wachstumstheorie befruchtet, auch moderne industrie- und innovationsökonomische Debatten knüpfen an den entsprechenden Teilaspekten der Schumpeterschen Theorie an. In diesem Sinne kann von einer aktuellen Schumpeter-Renaissance gesprochen werden.

Lit.: J.E. Elliott: »Schumpeter's Theory of Economic Development and Social Change: Exposition and Assessment«, in: *International Journal of Social Economics* 12/6–7, 1985, S. 6–33; H.C. Recktenwald/F.M. Scherer/W.F. Stolper: *Schumpeters monumentales Werk – Wegweiser für eine dynamische Analyse. Vademecum zu einem zukunftsträchtigen Klassiker der ökonomischen Wissenschaft*, Düsseldorf: Verlag Wirtschaft und Finanzen, 1988; Y. Shionoya: *Schumpeter and the Idea of Social Science: A Metatheoretical Study*, Cambridge: Cambridge UP, 1997.

Alexander Ebner

Sen, Amartya Kumar

Amartya Kumar Sen wurde am 3.9.1933 im bengalischen Santiniketan, Indien, geboren. Er lehrte an Universitäten in Indien, Großbritannien und den USA, zuletzt an der Harvard University. Seit 1998 ist er Master des Trinity College in Cambridge (England). 1998 erhielt Sen den Wirtschaftsnobelpreis für seine Beiträge zur Wohlfahrtsökonomie.

Collective Choice and Social Welfare

EA: San Francisco: Holden-Day, 1970. **AA:** Amsterdam: North-Holland, 1995 (Nachdr.).

Collective Choice and Social Welfare entstand zwischen 1966 und 1969 an der Delhi School of Economics. Das Werk ist nach Arrows *Social Choice and Individual Values* (1951) der zweite »Klassiker« der modernen *Social-choice*-Theorie. Im Gegensatz zu Arrows bahnbrechendem Werk steht hier allerdings nicht ein einzelnes grundlegendes Resultat im Mittelpunkt. Das Werk stellt eher eine Synthese der Forschung im Bereich der Theorie kollektiver Entscheidungen bis zum Jahre 1970 dar. Dabei berücksichtigt Sen insbesondere auch seine eigenen Beiträge, die zwischen 1963 und 1970 in wissenschaftlichen Fachzeitschriften veröffentlicht wurden. Das Spektrum der behandelten Themen reicht von einer ausführlichen Diskussion des Arrowschen Unmöglichkeitstheorems über die Problematik des interpersonellen Nutzenvergleichs bis hin zu den Bedingungen der Konsistenz der paarweisen Mehrheitsabstimmung. Unter den behandelten Problemen hat wohl das im 6. Kapitel des Buches vorgestellte »Liberalismus-Paradoxon« die wissenschaftliche Diskussion am nachhaltigsten beeinflusst. (Dieses Kapitel des Buches bezieht sich auf Sens Artikel »The Impossibility of a Paretian Liberal«, in: *Journal of Political Economy*, 78, 1970, S. 152–157.) Ausgangspunkt von Sens Überlegungen ist die Beobachtung, dass manche Entscheidungen, die zwar rein theoretisch die Wohlfahrt mehrerer Personen beeinflussen können, in die Privatsphäre einzelner Individuen fallen sollten. Zum Beispiel sollte es im Allgemeinen jedem Einzelnen selbst überlassen sein, ob er lieber auf dem Bauch oder auf dem Rücken schlafen möchte, selbst wenn eines von beiden, aus welchen Gründen auch immer, eine Reihe von anderen Personen stört. Ein sinnvolles allgemeines Verfahren zur Auswahl wünschenswerter gesellschaftlicher Zustände sollte daher in der Lage sein, zwischen gemeinschaftlichen und privaten Entscheidungen zu unterscheiden, und bei Letzteren den jeweiligen Individuen volle Entscheidungsfreiheit zugestehen. Sens überraschende Feststellung ist, dass diese grundlegende liberale Forderung im Allgemeinen nicht vereinbar ist mit dem ebenso fundamentalen Pareto-Prinzip, demzufolge kein gesellschaftlicher Zustand gewählt werden darf, der *einstimmig* von allen Individuen abgelehnt wird. Um dies zu demonstrieren, führt Sen folgendes Beispiel an: Betrachten wir eine Gesellschaft bestehend aus zwei Personen, Herrn *A* und Herrn *B*. Das Entscheidungsproblem besteht in der Auswahl einer der drei Alternativen *x*, *y* und *z*, wobei *x* für den Zustand steht, in dem nur Herr *A* ein bestimmtes Buch liest, *y* für den Zustand, in dem nur Herr *B* dieses Buch liest, und *z* für den Zustand, in dem keiner der beiden das Buch liest. Nun handelt es sich bei diesem Buch nicht um irgendein Buch, sondern um ein Exemplar von Lady Chatterly's Lover. Herr *A* ist prüde und würde es am liebsten sehen, dass keiner dieses Buch liest. Wenn aber einer das Buch lesen sollte, dann lieber er selbst als der allzu leicht beeinflussbare Herr *B*. Mit anderen Worten, Herr *A* bevorzugt *z* gegenüber beiden anderen Alternativen und außerdem *x* gegenüber *y*. Der aufgeschlossene Herr *B* hingegen möchte auf jeden Fall, dass das Buch gelesen wird, meint aber, es sei noch wichtiger, dass Herr *A* vom literarischen Wert des Werkes überzeugt wird; d. h. Herr *B* bevorzugt *x* gegenüber beiden anderen Alternativen und außerdem *y* gegenüber *z*. Das Problem liegt nun darin, dass *jede* Wahl einer Alternative entweder die Liberalismusforderung oder das Pareto-Prinzip verletzt. Betrachten wir zunächst das Alternativenpaar *x* und *z*. Diese unterscheiden sich nur darin, ob Herr *A* das Buch liest oder nicht. Gestehen wir Herrn *A* volle Entscheidungsfreiheit in dieser privaten Frage zu, so darf aufgrund seiner Präferenz *x* nicht das Wahlergebnis sein. Aus demselben Grund darf aber *z* auch nicht gewählt werden, da Herr *B* die Alternative *y* bevorzugt und die Entscheidung über *y* und *z* in Herrn *B*s Privatsphäre fällt. Es verbleibt also lediglich die Alternative *y*; diese kommt aber als Wahlergebnis wegen des Pareto-Prinzips nicht in Frage, da *beide* Personen *x* bevorzugen.

In der gegenwärtigen Forschung wird sehr kontrovers diskutiert, inwieweit Sens Beispiel tatsächlich ein Grundproblem bei der Zuweisung individueller Rechte aufzeigt und ob die *Social-choice*-Theorie überhaupt einen geeigneten Rahmen bietet, um die Wirkungsweise liberaler Rechte angemessen zu beschreiben. Seinen großen Erfolg verdankt das Werk der Klarheit der Darstellung und der gedanklichen Tiefe der Argumentation. Eine expositorische Besonderheit, die zur Verbreitung des Buches sicherlich auch beigetragen hat, ist die Aufteilung jedes Kapitels in einen verbalen Teil, der oft auch historische Anmerkungen enthält, und einen formalen Teil, der die vorangehenden Argumente in mathematisch exakter Sprache untermauert.

Lit.: A.K. Sen: *On Economic Inequality. Enlarged Edition*, Oxford: Clarendon Pr., 1997; A.K. Sen: *Commodities and Capabilities*, Amsterdam: North-Holland, 1985; M. Baurmann/A. Leist (Hg.): »Das Paradox des Liberalismus«, in: *Analyse & Kritik*, 18, 1996.

Clemens Puppe

Simon, Herbert Alexander

Herbert Alexander Simon wurde am 15.6.1916 in Milwaukee, Wisconsin, USA, geboren. Er hatte seit 1965 die Richard King Mellon-Professur für Psychologie, Informatik und Philosophie an der Carnegie-Mellon Universität in Pittsburgh inne. Seine Forschungsaktivitäten lassen sich drei Themenkomplexen zuordnen: dem Verhältnis von Vernunft zu Intuition und Gefühl, der Analogie zwischen rationaler Anpassung und evolutionären Prozessen sowie der Bedeutung der begrenzten Rationalität zur Erklärung der Funktionsweise sozialer und politischer Institutionen. Er erhielt 1978 den Nobelpreis für seine bahnbrechende Forschungstätigkeit auf dem Gebiet der Entscheidungsprozesse innerhalb ökonomischer Organisationen. Neben diesen Arbeiten ist er in der Ökonomik bekannt geworden für seine theoretischen Arbeiten zur begrenzten Rationalität des menschlichen Handelns und deren Anwendung auf dem Gebiet des Entscheidungsverhaltens. Simon starb am 9.2.2001 in Pittsburgh, USA.

Models of Thought

EA: 2 Bde., New Haven, CT-London: Yale UP, 1979. **AA:** 2 Bde., New Haven, CT-London: Yale UP, 1989 (Nachdr.).

Bei den beiden Bänden von *Models of Thought* handelt es sich nicht um Monographien, sondern jeweils um eine thematische Zusammenstellung von Aufsätzen. Simon weist in den Beiträgen – die teilweise in Zusammenarbeit mit verschiedenen Autoren entstanden sind – nach, wie weite Bereiche kognitiver Prozesse anhand von Prozessen der Informationsverarbeitung erklärt und mit Computerprogrammen modelliert werden können. Der erste Band enthält 32 Aufsätze, die über einen Zeitraum von annähernd 25 Jahren entstanden sind. Die Beiträge sind thematisch in sieben Kapitel geordnet. Den Ausgangspunkt zur Entwicklung einer Theorie des Denkens bilden die ersten beiden Kapitel, »System Principles« (Grundlagen des Systems) und »Memory Structures« (Gedächtnisstrukturen), die eine grundlegende Beschreibung von Denkprozessen sind. Die im ersten Kapitel enthaltenen drei Aufsätze geben das theoretische Fundament für die folgenden Arbeiten wieder. Jedes weitere Kapitel wird von einem Essay eingeleitet, der eine Verbindung zu den im ersten Kapitel enthaltenen theoretischen Grundlagen herstellt. Das zweite Kapitel beinhaltet einen Überblick über die empirischen Kenntnisse zur Organisation des menschlichen Gedächtnisses; zudem werden Spezifikationen für ein Gedächtnissystem abgeleitet, das von einem Denkprozess verwendet wird. Aufbauend auf diese beiden wird in den folgenden Kapiteln ein bestimmter Bereich des menschlichen Denkens analysiert und ein Baustein der Theorie zur Erklärung des Denkens entwickelt. Die Kapitel sind betitelt mit »Learning Processes« (Lernprozesse), »Problem Solving« (Problemlösung), »Rule Induction and Concept Formation« (Herausbildung von Regeln und die Formung von Konzepten), »Perception« (Wahrnehmung) und »Understanding« (Verstehen). Neben den theoretischen Abhandlungen werden die Ergebnisse der empirischen Tests dieser in Form von Computerprogrammen gefassten Modelle präsentiert. Es wird so ein Entwurf eines Modells vorgelegt, da die in den einzelnen Abschnitten entwickelten Modelle nicht unabhängig voneinander sind, sondern aufeinander aufbauen bzw. in enger Verbindung zu einander stehen. Im zweiten Band, dessen Aufbau mit dem des ersten Bandes übereinstimmt, sind 30 Arbeiten enthalten, die zum Großteil seit Mitte der 1970er Jahre erschienen sind und die Weiterentwicklung der im ersten Band enthaltenen Ansätze hinsichtlich einer allgemeinen Theorie zur Erklärung des menschlichen Denkens darstellen.

Die in den beiden Bänden veröffentlichten Arbeiten haben die Forschung nachhaltig beeinflusst und die Bildung neuer Schwerpunkte initiiert. So basiert z. B. die heutige Forschung der Betriebswirtschaftslehre und der Verwaltungswissenschaft zur Entscheidungsfindung innerhalb von Organisationen zu einem Großteil auf den Ideen von Simon.

Lit.: R. Lachman/J.L. Lachman: »Thinking at Its Best«, in: *Contemporary Psychology*, 26, 1981, S. 179–180; S. Rizzello: »Herbert Simon's Heritage«, in: *Rivista Internazionale di Scienze Economiche e Commerciali*, 49, 2002, S. 289–304; ders.: »A Tribute to Herbert A. Simon (1916–2001)«, in: *History of Economic Ideas*, 9, 2001, S. 7–11.

Uwe Fachinger

Smith, Adam

Adam Smith wurde 1723 im schottischen Kirkcaldy geboren (sein Geburtsdatum ist unbekannt, getauft wurde er am 5. Juni). Sein Vater, ein Zollbeamter, starb noch vor seiner Geburt; Smith hatte zeitlebens ein enges Verhältnis zu seiner Mutter, die aus einer Familie reicher Landbesitzer stammte und die Ausbildung ihres Sohnes nach Kräften förderte. Bereits mit vierzehn Jahren begann Smith ein Studium an der Glasgow University, wo sein Denken vor allem durch die Philosophie Francis Hutchesons beeinflusst wurde. In Glasgow, dank der Schottischen Aufklärung wie Edinburgh ein intellektuelles Zentrum und eine schnell wachsende Stadt im industriellen Aufbruch, begann Smith sich für ökonomische Fragen zu interessieren. 1740 schloss er sein Studium mit herausragenden Leistungen ab und erhielt ein Stipendium für ein weiterführendes Studium der Philosophie in Oxford. Da er nach dessen Abschluss zunächst keine Anstellung fand, verdiente der umfassend gebildete Smith sich seinen Lebensunterhalt mit öffentlichen Vorträgen in Edinburgh zu Themen aus Literatur, Philosophie und Recht. Diese Vorträge begründeten eine lebenslange Freundschaft mit David Hume und brachten Smith 1751 die Berufung auf eine Professur für Logik in Glasgow ein. Schon ein Jahr später übernahm er Hutchesons Lehrstuhl für Moralphilosophie – eine Disziplin, die von der Ethik bis zur politischen Ökonomie reichte. Durch die Veröffentlichung von *The Theory of Moral Sentiments* erwarb Smith sich die Gunst Charles Townshends, der ihn zum Erzieher seines Stiefsohnes machte und ihm eine zweijährige Bildungsreise durch Europa (1764–1766) ermöglichte. Während seines Aufenthalts in Toulouse, bei dem der nur mäßig französisch sprechende Smith Muße für schriftstellerische Arbeit fand, begann er 1764 mit der Niederschrift seines bekanntesten Werkes *An Inquiry into the Nature and Causes of the Wealth of Nations*, welches ihn nach seinem Erscheinen 1776 berühmt machen sollte. Das Jahrzehnt vor der Publikation seines Hauptwerks verbrachte Smith vorwiegend in seiner Geburtsstadt. 1778 wurde Smith zum Zollinspekteur von Schottland berufen, ein Amt, in dem er sich insbesondere durch die Bekämpfung des Schmuggels und die Reorganisation des Zoll- und Abgabenwesens bleibende Verdienste erwarb. 1787 wurde Smith Rektor der Universität Glasgow. Er starb am 17. Juli 1790 in Edinburgh.

An Inquiry into the Nature and Causes of the Wealth of Nations

EA: Edinburgh, 2 Bde., 1776; ^{2}1778; 3 Bde., ergänzt um *Additions and Corrections to the First and Second Editions of Dr. Adam Smith's Inquiry into the Nature and Causes of the Wealth of Nations*, ^{3}1784. **AA:** hg. von E. Cannan, Chicago: U of Chicago P, 2002 (Nachdr.

1904). **DA:** *Untersuchung über Wesen und Ursachen des Reichtums der Völker*, hg. von E.W. Streissler, übers. von M. Streissler, Düsseldorf: Verlag Wirtschaft und Finanzen, 1999; *Der Wohlstand der Nationen. Eine Untersuchung seiner Natur und seiner Ursachen*, übers. von H.C. Recktenwald, München: Dt. Taschenbuch-Verlag, [10]2003.

An Inquiry into the Nature and Causes of the Wealth of Nations ist das Hauptwerk des schottischen Ökonomen und Moralphilosophen Adam Smith. *Der Wohlstand der Nationen* wurde 1776 nach vierzehnjähriger Arbeit veröffentlicht; die Industrielle Revolution hatte zu dieser Zeit in England ihren ersten Höhepunkt erreicht – die wirtschaftliche Entwicklung beschleunigte sich in bisher ungeahntem Ausmaß. Das aus fünf großen Abschnitten bestehende Buch ist ein Amalgam aus Smiths persönlichen Eindrücken und Analysen wirtschaftlicher Vorgänge sowie einer Systematisierung und Weiterentwicklung der Gedanken von Hutcheson, Hume, Turgot und anderen mit ökonomischen Fragestellungen beschäftigten Philosophen und Theoretikern des 18. Jhs. Smith geht von einer Beschreibung und Analyse der Arbeitsteilung aus: Das – seither berühmte – Beispiel der Produktion in einer Stecknadelfabrik verdeutlicht, dass eine Gruppe von Arbeitern, in der jeder Einzelne auf bestimmte Arbeitsabläufe spezialisiert ist, produktiver ist als ein Arbeiter, der eine einzige Stecknadel für sich allein anfertigt. Für Smith war dieses Konzept der Arbeitsteilung verbunden mit der Vorstellung, dass jedes Individuum seine speziellen Fähigkeiten entwickeln und damit möglichst gute Leistungen und also wirtschaftlichen Erfolg erreichen sollte. Eine solche Arbeitsteilung wird durch freien Wettbewerb ermöglicht und im Verlauf der wirtschaftlichen Entwicklung immer spezifischer. Im Anschluss an die Diskussion der Arbeitsteilung analysiert Smith den Tausch, die Funktion und Bedeutung von Geld und erläutert schließlich seine Arbeitswert- und Distributionstheorie. Smith ist der erste Ökonom, der die Produktionsfaktoren Arbeit, Kapital und Boden klar voneinander abgrenzt und genau definiert. Den Produktionsfaktoren stellt er sodann die entsprechenden Einkommensarten (Lohn, Profit, Rente) an die Seite. Smith ist realistisch genug, die Höhe der durch die Produktionsfaktoren erzielten Einkommen auch im Verhältnis zur politischen Macht der Klassen zu analysieren, die über die betreffenden Faktoren verfügen. Dass den Kapitalisten dabei der größte Anteil zukommt, wird von Smith durchaus konstatiert. Allerdings, so argumentiert er weiter, führen der freie Markt und der dort stattfindende Wettbewerb zu relativ geringen Profiten, über Zeit sodann zu höheren Löhnen und niedrigeren Preisen. Das System funktioniert somit zum Wohle der Allgemeinheit: Der Wohlstand aller wächst. Keineswegs aber ist der freie Markt unangefochten. Gegen monopolistische (im politischen Bereich: merkantilistische) Tendenzen muss er stets und mit Vehemenz verteidigt werden – einer merkantilistischen Wirtschaftspolitik erteilt Smith eine klare Absage. Berühmt ist Smiths Werk wegen des Konzepts der »invisible hand«, der unsichtbaren Hand des Marktes (auch wenn dieses im *Wohlstand der Nationen* nur beiläufig erwähnt wird). Smith betont, dieses Prinzip begründe, dass Individuen aus Eigeninteresse handeln: »Nicht vom Wohlwollen des Metzgers, Brauers und Bäckers erwarten wir das, was wir zum Essen brauchen, sondern davon, dass sie sie ihre eigenen Interessen wahrnehmen. Wir wenden uns nicht an ihre Menschen-, sondern an ihre Eigenliebe, und wir erwähnen nicht die eigenen Bedürfnisse, sondern sprechen von ihrem Vorteil.« Wettbewerb und egoistisch motivierter Tauschhandel führen also letztlich zu einem Wohlfahrtsgewinn der Gesellschaft. Wo ein Tausch stattfindet, profitieren beide Tauschpartner. Vor Smith war angenommen worden, es gäbe bei jeder Transaktion nur einen Gewinner. Smith argumentiert nun, dass jeder Partner immer nur den Preis zahle, den er für das zu erwerbende Gut tatsächlich für angemessen halte. Die »unsichtbare Hand« ist auch in anderer Hinsicht einflussreich: Der Wohlstand eines Staates, den Smith als die Summe aus den Erträgen von Boden und Arbeit definiert, steigt mit der Zahl der Arbeitskräfte eines Staates. Es gilt: Die Höhe des Lohns der Arbeiter steuert den Faktor Arbeit; steigende Löhne führen zu einem Anwachsen der Geburtenzahl und steigern die Zahl der verfügbaren Arbeitskräfte. Nahrungsknappheit hingegen führt zu einer hohen Sterberate und reduziert somit das Angebot an Arbeitskräften. Smith kennzeichnet die politische Ökonomie als eine historische Sozialwissenschaft mit klaren politischen Intentionen. Letztlich erteilt das Buch auch Handlungsanweisungen für Politiker und Wirtschaftsführer. Der *Wohlstand der Nationen* ist – politisch betrachtet – ein Hauptwerk des Liberalismus. So ist es nicht verwunderlich, dass ausführliche Passagen über die Schädlichkeit von staatlicher Intervention und von Staatsmonopolen in die Argumentation eingefügt sind. Den vollkommenen Rückzug des Staates aus der Wirtschaft fordert Smith jedoch nicht. Vielmehr sieht er den Staat als einen wesentlichen Akteur, der zur Entstehung und Sicherung einer freien Marktordnung beiträgt.

Die Veröffentlichung von *Wealth of Nations* gilt als die erste und bedeutendste Begründung der Nationalökonomie. Trotz seiner unzweifelhaften Bedeutung für die Ökonomie ist das Werk jedoch nicht unumstritten. Vor allem das Modell einer »Leistungsgesellschaft« von Egoisten wurde immer wieder heftig attackiert. Einige Kritiker behaupteten, Smith widerspreche mit *Wealth of Nations* der *Theory of Moral Sentiments*. Für Malthus, Ricardo und James Mill war Smith' Schrift Ausgangs- und Referenzpunkt, selbst wenn sie Teile seiner Argumentation kritisierten. Auch Marx setzte sich sorgfältig mit dem Werk von Smith auseinander. Christian Jakob Kraus, ein enger Freund Immanuel Kants, schrieb: »Ein wichtigeres Buch als das von Adam Smith hat die Welt noch nicht gesehen; gewiß hat seit den Zeiten des Neuen Testaments keine Schrift wohltätigere Folgen gehabt, als diese haben wird, wenn sie erst in Aller Köpfe, die mit Staatswirtschaftssachen zu tun haben, mehr verbreitet und tiefer eingedrungen seyn wird.«

Lit.: J. Evensky: *Adam Smith's Moral Philosophy*, Cambridge, UK: Cambridge UP, 2005; S. Fleischacker: *On Adam Smith's* Wealth of Nations. *A Philosophical Companion*, Princeton, NJ: Princeton UP, 2004; D. Herz: »Ein grandioses Mißverständnis: Ehrenrettung eines großen Ökonomen: Adam Smiths Theorie der freien Marktwirtschaft und des wahren Liberalismus«, in: Süddeutsche Zeitung, 29./30.8.1998, S.I; R. Manstetten: *Das Menschenbild der Ökonomie. Der* homo oeconomicus *und die Anthropologie von Adam Smith*, Freiburg i.Br.: Alber, 2000; J. Peil: *Adam Smith and Economic Science. A Methodological Reinterpretation*, Cheltenham: E. Elgar, 1999; A. S. Skinner: *Adam Smith. A Historical Perspective on the* Wealth of Nations, Glasgow: Department of Economics, 2000.

Dietmar Herz

Sombart, Werner

Werner Sombart wurde am 19.1.1863 in Ermsleben geboren. Er studierte Ökonomie, Geschichte, Philosophie und Jura, war Schüler von Adolph Wagner und promovierte 1888 bei Schmoller, dem Haupt der Jüngeren Historischen Schule. Sombart begann seine Universitätslaufbahn 1890 als außerordentlicher Professor in Breslau, 1906 wurde er ordentlicher Professor an der Handelshochschule Berlin, 1917 übernahm er den Lehrstuhl für Wirtschaftliche Staatswissenschaften an der Friedrich-Wilhelm-Universität Berlin. Sombart wurde 1930 emeritiert und starb am 19. Mai 1941 in Berlin. Er ist als der letzte wichtige Vertreter der (Jüngeren) Historischen Schule anzusehen – obwohl er nicht alle ihrer Positionen (z. B. im Werturteilsstreit) teilte (vgl. Söllner 2001).

Fritz Söllner

Der Moderne Kapitalismus

EA: Bd. I und II, München-Berlin: Duncker & Humblot, 1902; ^{2}1916; Bd. III, München-Berlin: Duncker & Humblot, 1927. **AA:** 3 Bde., München: dtv, 1987.

Werner Sombart nimmt für sich in Anspruch, den Ausdruck »Kapitalismus« als wissenschaftlichen Begriff geprägt zu haben (Sombart 1930). Ausgehend von dem Verständnis, dass es neben dem kapitalistischen Wirtschaftssystem auch andere gibt, begründete Sombart den Wirtschaftssystemvergleich als wissenschaftliche volkswirtschaftliche Teildisziplin. Die Begründung erfolgt mit dem dreibändigen Werk *Der Moderne Kapitalismus*. Dabei unterscheiden sich die erste und die zweite Auflage der ersten beiden Bände grundsätzlich voneinander. Den drei Teilen des Buches entsprechend unterscheidet Sombart drei Epochen des modernen Kapitalismus: Vorkapitalismus, Frühkapitalismus und Hochkapitalismus. Sombart verwendet den gesamten Bestand der volkswirtschaftlichen Theorie seiner Zeit und geht methodisch sogar noch weit darüber hinaus. Jede Phase und jede Erscheinung wird im Hinblick auf drei Aspekte untersucht. Zum einen wird der *Geist* betrachtet, von dem die Akteure beseelt sind, des Weiteren die rechtlichen und gesellschaftlichen *Formen*, in denen ihr Handeln Gestalt gewinnt, und schließlich die *Techniken*, die den Handelnden zur Verfügung stehen. Damit greift Sombart beträchtlich über den ökonomischen Erklärungsrahmen hinaus, er ergänzt ihn um eine systematische wirtschaftssoziologische Dimension. Als Datenmaterial nutzt er sowohl klassische Quellen als auch Ungewöhnliches, wie z. B. architektonische Beschreibungen,

Stadtpläne, Konstruktionspläne für Maschinen, Logbücher, Tagebücher oder Kochbücher. Aus den vielfältigen Quellen ergibt sich eine Sprachvielfalt, die zum Teil auch in den Zitaten wiederkehrt: Neben den klassischen Sprachen Latein, Griechisch und Hebräisch finden wir neben den verschiedenen deutschen Varianten auch Englisch, Französisch, Italienisch, Spanisch sowie Flämisch-Niederländisch. Betrachten wir lediglich das erste Buch des ersten Bandes, so folgt auf die Klärung der Grundbegriffe und der Methode zunächst die Darstellung der Motivation, gefolgt von den Formen und den Techniken. Als idealtypische Form einer autarken, abgeschlossenen Wirtschaft wird hierbei die Fronwirtschaft angeführt. Auch zeigt Sombart, weshalb aus den Gründen technischer Restriktion der Handel in der vorkapitalistischen Gesellschaft wie ein Handwerk, und deshalb nicht Gewinn maximierend betrieben wurde. Die von Sombart scharf beobachteten Phänomene lassen sich mit modernen rechtsökonomischen und versicherungsökonomischen Mitteln schlüssig erklären (Backhaus 1989). Darüber hinaus geht Sombart auf unterschiedliche Unternehmertypen ein, wobei er in den Kapiteln über Ketzer und Juden insbesondere auf die religiöse Motivation Bezug nimmt. Bei der Vermögensbildung greift Sombart gleichfalls weit über den üblichen wirtschaftlichen Rahmen hinaus und behandelt neben der Akkumulation städtischer Grundrenten auch Betrug, Diebstahl, Unterschlagung, Raub und den Zwangshandel, womit die Praktiken der Ostindischen Kompanie gemeint sind. Beim zweiten Band ist besonders darauf hinzuweisen, dass Sombart ausdrücklich keinem historischen Determinismus folgt: Am Ende des Bandes werden Hemmungen der kapitalistischen Entwicklung erläutert, was letztendlich in der Beschreibung des drohenden Endes des Kapitalismus im ausgehenden 18. Jh. gipfelt, der im Raubbau an natürlichen Ressourcen begründet war. Es ist die auf wissenschaftlicher Forschung und Lehre beruhende technologische Entwicklung, die diese Krise überwindet und so den Hochkapitalismus möglich macht. Diese Periode endet mit dem Ausbruch des Ersten Weltkriegs. Sombart wagt einen Blick in die Zukunft und sagt damals bereits korrekt die Entwicklung zum modernen Wohlfahrtsstaat voraus, der die Risiken des Lebens – aber auch des Wirtschaftens – durch extensive Regelgebung abfedert, damit die Konjunkturzyklen dämpft, aber gleichzeitig auch das Wirtschaftswachstum bremst.

Obwohl dieses Kapitel heute wohl recht allgemein erscheint, wurde es in der damaligen Zeit der Weltwirtschaftskrise als bahnbrechend verstanden. Es gelang Sombart übrigens auf dieser Grundlage, sehr konkrete Vorschläge zur Überwindung der Weltwirtschaftskrise zu machen, die weitgehend mit den Vorschlägen der Brauns-Kommission und der Arbeit Wilhelm Lautenbachs im Reichswirtschaftsministerium übereinstimmten. Diese Maßnahmen wurden dann bekanntlich 1932 von den Reichsregierungen unter Franz von Papen und Kurt von Schleicher praktisch umgesetzt und von den Nationalsozialisten fortgeführt. Die Theorie des wirtschaftlichen Systemvergleichs war, geprägt durch Sombarts Kapitalismusbegriff, an dem Gegensatz zwischen Kapitalismus und

Kommunismus orientiert. Sombart hatte viele Wirtschaftsysteme angesprochen, aber nur den Kapitalismus wirklich ausgearbeitet. Als die staatssozialistischen Systeme zusammenbrachen, mutierte die Unterdisziplin zur Transformationsökonomie. Die Frage war, wie man aus einer bankrotten Staatswirtschaft zur demokratischen Marktwirtschaft gelangen könne, aber es gab keine kohärente Theorie der Transformation. Sombarts *Der Moderne Kapitalismus* gibt uns nicht nur eine Theorie eines funktionierenden kapitalistischen Systems. Da er die historische Methode wählt, kann er wenigstens einige bekannte Transformationswege angeben. Die Analyse ist aber theoriegeleitet, so dass die Einzelkriterien, die er herausarbeitet, noch heute gültig sind. Die bleibende Aktualität des Werkes lässt sich auch daran erkennen, dass es seit seinem Erscheinen im Druck geblieben ist.

Lit.: J. Backhaus, »Transactional Approach to Explaining Historical Contract Structures«, in: *International Review of Law and Economics*, 9, 1989, S. 223–226; ders.: »Zins/Kredit und Produktion«, in: H. Schmidt/E. Ketzel/S. Prigge (Hg.): *Wolfgang Stützel – Moderne Konzepte für Finanzmärkte, Beschäftigungs und Wirtschaftsverfassung*, Tübingen: Mohr Siebeck, 2001, S. 387–408; ders. (Hg.): *Systemwandel und Reform in östlichen Wirtschaften*, Marburg: Metropolis, 1991; E. Salin: »Hochkapitalismus – Eine Studie über Werner Sombart, die deutsche Volkswirtschaftslehre und das Wirtschaftssystem der Gegenwart«, in: *Weltwirtschaftliches Archiv*, 25, 1927, S. 314–334; W. Sombart: »Capitalism«, in: *Encyclopedia of the Social Sciences*, New York: Macmillan, 1930.

Jürgen G. Backhaus

Sraffa, Piero

Piero Sraffa wurde am 5. August 1898 in Turin geboren. Nach einigen Jahren als Wirtschaftsdozent an den Universitäten Perugia und Cagliari wich der Marxist Sraffa, der mit dem kommunistischen Führer Antonio Gramsci befreundet war, vor dem erstarkenden faschistischen Regime in Italien nach Großbritannien aus, wo Keynes ihm eine Dozentenstelle an der Universität in Cambridge angeboten hatte. Nach einigen Jahren schuf Keynes für den schüchternen Bücherliebhaber Sraffa dort eine Stelle als Bibliothekar. Sraffa wurde Teil der sogenannten »caféteria group«, der auch Ludwig Wittgenstein angehörte und in der unter anderem die Theorien von Keynes und Hayek diskutiert wurden. Sraffa starb am 3. September 1983 in Cambridge. Neben *Warenproduktion mittels Waren* gehören zwei gefeierte Artikel aus den Jahren 1925 und 1926, die Marshalls Theorie der Firma kritisieren, zu Sraffas wichtigsten Schriften, zudem eine kritische Ausgabe von David Ricardos *Works and Correspondence* (10 Bände), für die er 1961 die Goldmedaille der Schwedischen Akademie der Wissenschaften erhielt, den Vorläufer des erst seit 1969 vergebenen Wirtschaftsnobelpreises.

Production of Commodities by Means of Commodities

Prelude to a Critique of Economic Theory

EA: Cambridge: Cambridge UP, 1960. **DA:** *Warenproduktion mittels Waren. Einleitung zu einer Kritik der ökonomischen Theorie*, Berlin: Akademie-Vlg., 1968.

Production of Commodities by Means of Commodities erschien 1960, doch bemerkt Sraffa im Vorwort, dass er seine Eingangsthesen bereits 1928 Keynes vorgelegt habe. Dem englischen Text folgte noch im selben Jahr eine italienische Ausgabe mit dem Titel *Produzione di merci a mezzo di merci*. Das revolutionäre kleine Buch analysiert den Zusammenhang zwischen relativen Preisen und der Einkommensverteilung. Sraffa löst das klassische Problem des Wertes durch eine Theorie »technischer Kosten«, die sowohl relative Preise als auch eine der Verteilungsvariablen – Lohn- oder Profitrate – festsetzt. Dabei werden die andere Verteilungsvariable, die Technologie und die Produktionsniveaus als gegeben vorausgesetzt. Sraffas Analyse umfasst die Darstellung einer Wirtschaft, die auf Arbeitsteilung basiert, bei der Produktion und Tausch sich wiederholen und die relativen Preise die »Reproduktion« der Wirtschaft garantieren. So kann jeder Sektor seine Existenz sichern, die notwendigen Mittel für die Produktion und sein Fortbestehen erwerben und eine Gewinnmarge erreichen, die der aller anderen Sektoren gleich ist (das klassische Wettbewerbstheorem). Diese Tauschverhältnisse werden innerhalb eines »Reproduzierbarkeitsansatzes« bestimmt, der dem Knappheitsansatz gegenübergestellt wird. Der Knappheitsansatz definiert Preise als Indikatoren von Mangel, während klassische Ökonomen und Sraffa Preise als Indikatoren für die relative Schwierigkeit der Produktion sehen. Zudem bildet Sraffas Untersuchung die Basis für eine Kritik der neoklassischen (Grenznutzen-) Werttheorie, insbesondere deren Wertung von Verteilungsvariablen als »Mangelpreise« der Produktionsfaktoren.

Wir sind somit mit einer »Sraffaschen Revolution« konfrontiert, die nach einer Abkehr vom heute vorherrschenden neoklassischen (Grenznutzen-) Ansatz ruft und für die Wiederentdeckung des klassischen (Überschuss-) Ansatzes spricht. Zahlreiche Forschungszentren auf der ganzen Welt haben ihre Arbeit heute in diese Richtung orientiert.

Lit.: G. de Vivo: »Sraffa's Path to *Commodities by Means of Commodities*. An Interpretation«, in: *Contributions to Political Economy*, 22, 2003, S. 1–25; A. Roncaglia: *Piero Sraffa; His Life, Thought and Cultural Heritage*, London: Routledge, 2000.

Allesandro Roncaglia

Aus dem Englischen von Josephine Hage

Stackelberg, Heinrich Freiherr von

Der als Sohn eines aus Estland stammenden Deutschbalten geborene Heinrich von Stackelberg (31.10.1905 bis 12.10.1946) verbrachte seine ersten 18 Lebensjahre in Russland. Nach der Flucht vor der Revolution bildete er sich in Köln 12 Jahre zum Ökonomen aus (Diplom 1927, Promotion 1930, Habilitation 1935). Insgesamt 11 Jahre lehrte er an den Universitäten Berlin (1935 bis 1941), Bonn (1941 bis 1944) und Madrid (1944 bis 1946).

Marktform und Gleichgewicht

EA: Wien-Berlin: Springer, 1934. **AA:** in: *Gesamte wirtschaftswissenschaftliche Abhandlungen in zwei Bänden*, Bd. 1, Regensburg: Transfer, 1992, S. 187–332 (Nachdr.); Düsseldorf: Verlag Wirtschaft und Finanzen, 1993 (Faks. d. EA).

Stackelbergs Werk zur mathematischen Wirtschaftstheorie führte mit dem weniger anderer deutscher Ökonomen die angelsächsischen, neoklassischen Mainstream-Economics in Deutschland wieder ein. *Marktform und Gleichgewicht* entstand 1933 als Habilitationsschrift und damit zeitgleich mit den eng verwandten, aber weniger formalen preistheoretischen Schriften wie Robinsons *The Economics of Imperfect Competition* in England und Chamberlins *The Theory of Monopolistic Competition* in den USA. *Marktform und Gleichgewicht* zeigt spieltheoretisch die Auswirkung unterschiedlicher Verhaltensweisen auf das Marktgleichgewicht im Oligopol. Übernimmt ein Unternehmen im Dyopol die Führungsrolle, indem es seine Entscheidung unabhängig von der des Konkurrenten trifft (der sich adaptiv verhält), so entsteht eine asymmetrische, heute als »Stackelberg-Dyopol« bekannte Lösung. Diese ist in der Regel nicht stabil. Versuchen beide Anbieter, die vorteilhafte Führungsposition einzunehmen, entsteht das »Bowley-Dyopol«, in der sich beide schlechter stellen als im adaptiven »Cournot-Dyopol«. Die Marktform des Oligopols lässt sich deshalb als »gleichgewichtsloses, [...] im Grunde chaotisches Bild« beschreiben.

Methodisch führte das Werk die deutsche Wirtschaftswissenschaft auf dem Weg zur Formalisierung wesentlich voran. Inhaltlich prägte es die Preis- und Oligopoltheorie über den deutschen Sprachraum hinaus maßgeblich. In der heutigen Oligopoltheorie ist die asymmetrische »Stackelberg-Lösung« Grundlage für die Entwicklung zweistufiger Modelle: »Stackelberg leadership is the granddaddy of two-stage models« (Shapiro 1989).

Lit.: N. Kloten/H. Möller (Hg.): *Heinrich Freiherr von Stackelberg. Gesamte wirtschaftswissenschaftliche Abhandlungen in zwei Bänden*, Regensburg: Transfer Verlag, 1992; D. Neuberger: »Das Stackelberg-Gleichgewicht im Oligopol. Spieltheoretische Interpretationen und Weiterentwicklungen«, in: *Wirtschaftswissenschaftliches Studium*, 12, 1993, S. 617–623; C. Shapiro: »Theories of Oligopoly Behavior«, in: R. Schmalensee/R.D. Willig (Hg.): *Handbook of Industrial Organization*, Bd. 1, Amsterdam et al.: North-Holland, 1989; J. Tirole: *The Theory of Industrial Organization*, Cambridge, MA-London: MIT Pr., [6]1993 (dt.: *Industrieökonomik*, München-Wien: Oldenbourg, [2]1999).

Doris Neuberger

Stone, John Richard

John Richard Stone wurde am 30.8.1913 in London geboren, studierte von 1931 bis 1935 Recht und Ökonomie in Cambridge und trat bei Kriegsausbruch in den Dienst des Kriegskabinetts. Hier entwickelte er zusammen mit James Meade die Volkswirtschaftliche Gesamtrechnung weiter und bereitete entsprechende Daten, insbesondere für das Vereinigte Königreich, auf. Aus dieser Tätigkeit entstand *National Income and Expenditure*. Die entscheidende Neuerung von Stone und Meade bestand darin, dass sie ein in sich konsistentes System von Kontenrahmen in die nationale Buchhaltung einführten. *National Income and Expenditure* diente dem Zweck, diese Idee zu popularisieren. Das Buch wendet sich also nicht in erster Linie an Fachkollegen, sondern an Laien und Studierende. Stone erhielt 1984 den Nobelpreis für Wirtschaftswissenschaften. Er starb am 6.12.1991 in Cambridge, England.

National Income and Expenditure

EA: Cambridge: Oxford UP, 1944. **AA:** London: Bowes & Bowes, ^{10}1977 (Koautor für die ersten 4 Auflagen war James Meade; Koautorin für die folgenden 6 Auflagen war Giovanna Croft-Murray, Stones dritte Ehefrau).

Im 1. Kapitel von *National Income and Expenditure* werden verschiedene volkswirtschaftliche Einkommensbegriffe eingeführt. Das 2. Kapitel umfasst den Hauptteil der Arbeit. Hier wird dargestellt, wie sich die gesamte ökonomische Aktivität einer Volkswirtschaft in vier Konten komprimiert erfassen lässt. Es sind dies ein Produktionskonto, ein Konto für den Konsum, ein Konto für die Kapitalbildung sowie ein Konto für alles Übrige. Im 3. Kapitel geht es um den zeitlichen Vergleich der Einkommensströme, insbesondere also um das Problem der angemessenen Deflationierung. Das 4. Kapitel beschäftigt sich mit dem räumlichen Vergleich von Einkommensdaten, also mit der Messung von Kaufkraftparitäten, im 5. Kapitel wird kurz auf mögliche Erweiterungen und Ergänzungen des Kontensystems aus dem 2. Kapitel eingegangen.

Dieses Buch ist in gewisser Hinsicht die populärste Arbeit Stones, was schon daraus hervorgeht, dass zehn Auflagen erschienen sind. Wirkungsmächtiger aber war Stones Tätigkeit in Gremien und Konferenzen sowie seine in diesem Zusammenhang geschriebenen Memoranden. Zu nennen ist insbesondere eine Studiengruppe, die nach dem

Zweiten Weltkrieg auf Initiative der OEEC (heute OECD) eingesetzt wurde und unter Leitung von Stone die erste Version des Standardized System of National Accounts (SNA) erarbeitete.

Lit.: R. Stone: »The Accounts of Society«, in: *Journal of Applied Econometrics*,1, 1986, S. 5–28; ders.: Interview, in: *Econometric Theory*, 7, 1991, S. 85–123.

Gunter Lorenzen

Thünen, Johann Heinrich von

Johann Heinrich von Thünen (24.6.1783 bis 22.9.1850) hatte die Landwirtschaftsschule von Groß- Flottbek bei Hamburg besucht sowie Agrarwissenschaften und Ökonomie studiert. In Tellow bei Rostock errichtete er einen landwirtschaftlichen Musterbetrieb. Mehr als zehn Jahre führte er dort die Bücher – um die »Data aus der Wirklichkeit« zu erheben, die er zur Überprüfung der theoretisch hergeleiteten und in Differentialrechnung entwickelten Gesetze aus dem *Isolierten Staat* benötigte.

Der isolirte Staat in Beziehung auf Landwirthschaft und Nationalökonomie

oder Untersuchungen über den Einfluß, den die Getreidepreise, der Reichthum des Bodens und die Abgaben auf den Ackerbau ausüben

EA: Hamburg: Perthes, 1826 [= Teil I]; Teil II/1: *Der naturgemäße Arbeitslohn und dessen Verhältniß zum Zinsfuß und zur Landrente*, Rostock: Leopold, 1850; Teil II.2 und III: *Grundsätze zur Bestimmung der Bodenrente* etc., Rostock: Leopold, 1863 (posthum). **AA:** *Der isolierte Staat in Beziehung auf Landwirtschaft und Nationalökonomie*, Berlin: Wiegandt, Hempel & Parey, 1975 (Nachdr., Darmstadt: Wiss. Buchges., 1966).

Johann Heinrich von Thünens Werk *Der isolierte Staat*, das Mark Blaug als eines der kompliziertesten Werke der Dogmengeschichte bezeichnet, gilt als Durchbruch in der Nationalökonomie. Seine Untersuchung des Einflusses der Entfernung von einem zentralen Absatzort auf die Art der Bodenbewirtschaftung wird als erstes logisch geschlossenes System der Marginalanalyse gerühmt, als frühe, schlüssige Formulierung der Grenzproduktivitätstheorie und – was lange im Vordergrund der Rezeption stand – als Grundpfeiler der modernen Standortlehre. In diesem Werk führt Thünen das damals noch nicht gebräuchliche Verfahren der pointierenden Abstraktion oder Isolation ein, das heute als *Ceteris-Paribus*-Analyse selbstverständlich ist: Um Gesetzmäßigkeiten herauszufinden, konstruiert man ein Modell mit verschiedenen voneinander abhängigen Parametern und vereinfachenden Annahmen. Auf dieser Basis kann man betrachten, wie sich die Änderung eines oder mehrerer Parameter auf die anderen Variablen auswirkt. Thünens Annahmen sind die folgenden: Der Boden ist homogen, die Produktionskosten und technischen Faktoreinsatzverhältnisse sind überall gleich und auch die Transportkosten sind in allen Richtungen gleich hoch und proportional zur Entfernung. Die Absatzpreise in der zentralen Stadt setzt er als exogen gegeben und konstant voraus. Im ersten Teil fragt Thünen nach dem maximalen Kapitalertrag und nach der sich daraus ergebenden Entlohnung der Produktionsfaktoren. Dieses Maximierungskalkül erweitert er jedoch um die Dimension des Raumes, den es zum Absatz der Produkte zu überwinden gilt. Er entwickelt eine Bietrentenfunktion, die den Preis angibt, der für den Faktor Boden in Abhängigkeit von der Bewirtschaftungsintensität und von der Entfernung vom Absatzmarkt (den Transportkosten) gezahlt werden kann. Dabei erkennt er, dass die reine Bodenrente eine Residualgröße ist, die letztlich aus Transportkostenersparnissen besteht. Es ergibt sich, dass in der Nähe der Stadt solche Produkte angebaut werden müssen, die im Verhältnis zu ihrem Wert ein großes Gewicht haben oder einen großen Raum einnehmen und deren Transportkosten damit so hoch sind, dass sie aus entfernten Gegenden nicht mehr geliefert werden können. Der stadtnahe Boden wird also intensiv bewirtschaftet. Mit größerer Entfernung von der Stadt jedoch können dann zunehmend in extensiver Bewirtschaftung solche Produkte angebaut werden, die im Verhältnis zu ihrem Wert geringere Transportkosten verursachen. Diese Produkte sind dann zunehmend nur auf den Boden und kaum auf zusätzliche, durch Arbeit oder/und Kapital ermöglichte Wertschöpfung angewiesen. Daraus ergibt sich wegen der annahmegemäßen Homogenität des Raums eine konzentrische Struktur der Flächennutzung – die Thünenschen Ringe. Im zweiten Teil des *Isolirten Staats* befasst sich der stark sozialpolitisch engagierte Thünen im Rahmen einer komplizierten kapitaltheoretischen Analyse mit der Frage nach dem »natürlichen Arbeitslohn«. Hier entwirft er ein Modell, in dem sich Arbeiter einen Kapitalstock aufbauen, der einen marktgerechten Zins abwerfen soll. Mit Hilfe der Differentialrechnung maximiert Thünen den erwirtschafteten Gewinn – mit dem Ergebnis, dass der Arbeitslohn nach der berühmten Lohnformel zu bilden ist.

An Thünens vorbildlich fundierten und mathematisch ausgereiften Modellen haben sich die nachfolgenden Nationalökonomen förmlich die Zähne ausgebissen. Erst vor kurzem gelang der Nachweis, dass seine Rechnungen tatsächlich korrekt sind. Der amerikanische Nobelpreisträger Samuelson sieht den mecklenburgischen Junker Thünen dementsprechend noch heute »auf einem der ersten Plätze der Rangliste der Ökonomen«.

Lit.: H. Schumacher: *Johann Heinrich von Thünen. Ein Forscherleben*, Rostock: Leopold, 1868; ders.: *Über Johann Heinrich von Thünens Gesetz vom naturgemäßen Arbeitslohne und die Bedeutung dieses Gesetzes für die Wirklichkeit*, Rostock: Leopold, 1869; R. Dorfman: »Comment: P.A. Samuelson, Thünen at Two Hundred«, in: *Journal of Economic Literature*, 24, 1986, S. 1773–1776; P.A. Samuelson: »Thünen at Two Hundred«, in: *Journal of Economic Literature*, 21, 1983, S. 1468–1488; ders.: »Yes to Robert Dorfman's Vindication of Thünen's Natural Wage Derivation«, in: *Journal of Economic Literature*, 24, 1986, S. 1777–1785; E. Carell: »Die Lagerente«, in: *Zeitschrift für die gesamte Staatswissenschaft*, 106, 1950, S. 473–491; H.C. Recktenwald: *Vademecum zu einem frühen Klassiker der ökonomischen Wissenschaft*, Düsseldorf: Verlag Wirtschaft und Finanzen, 1986; U. van Suntum: »Die Thünenschen Ringe«, in: *Wirtschaftswissenschaftliches Studium*, 9, 1988, S. 381–383.

Karen I. Horn

Tinbergen, Jan

Jan Tinbergen wurde am 12.4.1903 in Den Haag (Niederlande) geboren und verstarb am 9.6.1994 ebenda. Er erhielt zusammen mit Ragnar Frisch im Jahre 1969 den ersten Nobelpreis für das Fach Wirtschaftswissenschaft. Der Preis wurde für die Entwicklung und Anwendung dynamischer Modelle zur Analyse ökonomischer Prozesse verliehen. Tinbergen trug mit seinen Arbeiten grundlegend zur Entwicklung der Theorie der quantitativen Wirtschaftspolitik bei. Er formulierte den Lehrsatz, dass für jedes Ziel der Wirtschaftspolitik ein gesondertes wirtschaftspolitisches Instrument eingesetzt werden muss.

Economic Policy

Principles and Design

EA: Amsterdam: North-Holland Publ., 1956; 4. rev. Aufl. 1967. **AA:** Amsterdam: North-Holland Publ., 5. rev. Aufl., 1978. **DA:** *Wirtschaftspolitik*, Freiburg i.Br.: Rombach, 1969.

Das Buch basiert u. a. auf den Erfahrungen, die Tinbergen im Rahmen seiner Tätigkeit als Leiter des Zentralen Büros für Wirtschaftsplanung in Den Haag von 1945 bis 1955 gewonnen hat. Im Prinzip handelt es sich bei *Economic Policy* um eine erweiterte Fassung zweier zuvor erschienener Bände zur Wirtschaftspolitik (*On the Theory of Economic Policy*, 1952 und *Centralization and Decentralization in Economic Policy*, 1954). *Economic Policy* beginnt mit einer kurzen Darstellung und Erörterung wirtschaftspolitischer Ziele. Dieser Zieldiskussion kommt allerdings keine besondere Bedeutung im weiteren Verlauf zu; sie dient eher als Prolog für die folgenden Abschnitte. Die Grobstruktur des Hauptteils ergibt sich aus der Aufteilung des wirtschaftspolitischen Handelns in drei Politikbereiche, die Tinbergen vornimmt. Er unterteilt in die quantitative Politik, die qualitative Politik sowie die Politik der Reformen, d. h. eine Politik, die grundlegende Veränderungen der gesellschaftlichen Organisation anstrebt. In diesem Teil bietet das Buch eine ausführliche Systematisierung der wirtschaftspolitischen Instrumente und eine detaillierte Erläuterung der Wirkungen von quantitativen Instrumentenvariablen auf der Basis von relativ einfach gehaltenen Modellen. Das Schwergewicht des Buches liegt auf der Darstellung der ökonometrischen Modelle. Dabei unterscheidet Tinbergen sechs Modelltypen: Makro- und Mikromodelle jeweils für geschlossene und offene Volkswirtschaften sowie statische und dynamische Modelle. Den Schwerpunkt bilden dabei, auch aufgrund der Ausrichtung des empirischen Teils des Buches, die statischen Modelle. Tinbergen betont die Notwendigkeit, die wechselseitigen Zusammenhänge des wirtschaftlichen Geschehens zu berücksichtigen. Eine simultane Betrachtung aller Ziele und Instrumente sowie ihrer quantitativen Beziehungen sollten erwogen werden. Aus heutiger Sicht ist insbesondere diese Betonung der ganzheitlichen Sichtweise hervorzuheben.

Erich Schneider bezeichnete dieses Buch 1958 als den wichtigsten Beitrag zur Theorie der Wirtschaftspolitik nach dem Zweiten Weltkrieg. Es ist in zahlreichen Auflagen erschienen und zudem in mehrere Sprachen übersetzt worden. Das Buch war sowohl für den Universitätsgebrauch vorgesehen als auch für Praktiker, z. B. für Planungsfachleute in Regierungsstellen. Es galt über mehr als zwei Jahrzehnte als ein Standardwerk der Wirtschaftspolitik und dürfte mehrere Generationen von Ökonomen in der Anwendung der ökonomischen Theorie auf die quantitative Wirtschaftspolitik geprägt haben.

Lit.: K.J. Arrow: »Tinbergen on Economic Policy«, in: *Journal of the American Statistical Association*, 53, S. 89–97; *De Economist. Tinbergen Centennial Issue*, 152/2, Juni 2004; D. F. Henry/M.S. Morgan: »Obituary: Jan Tinbergen, 1903–94«, in: *Journal of the Royal Statistical Society*, Series A (Statistics in Society), 159, 1996, S. 614–616; L.R. Klein: »Carrying Forward the Tinbergen Initiative in Macroeconometrics«, in: *Review of Social Economy*, 46, 1988, S. 231–251; E. Schneider: »Zur Theorie der Wirtschaftspolitik. Zu J. Tinbergens Buch ›Economic Policy. Principles and Design‹«, in: *Weltwirtschaftliches Archiv*, 80, 1958; P. de Wolff/J.T.J.M. van der Linden: »Jan Tinbergen: A Quantitative Economist«, in: *Review of Social Economy*, 46, 1988, S. 312–325.

Uwe Fachinger

Veblen, Thorstein Bunde

Thorstein Bunde Veblen wurde am 30.6.1857 als Sohn norwegischer Einwanderer in Wisconsin (USA) geboren. 1884 promovierte er in Philosophie an der Yale University. Bevor er sich den Untersuchungen des Sozial- und Wirtschaftslebens widmete, hatte er sich mit philosophischen Fragestellungen auseinandergesetzt, wobei Kant, Comte und Spencer zu seinen Bezugsgrößen gehörten. Von 1892 bis 1906 lehrte er politische Ökonomie an der Universität Chicago, anschließend unterrichtete er in Stanford (1906–1909) Allgemeine Wirtschaftswissenschaften. Von 1911 bis 1918 gehörte er der Universität Missouri an und war schließlich von 1919 bis zu seiner Emeritierung im Jahre 1926 an der New School for Social Research in New York tätig. Veblen gilt als Vordenker der Institutionenökonomie, insbesondere mit seinen Hauptwerken *The Theory of the Leisure Class* (1899) und *The Theory of Business Enterprise* (1904). Wie die anderen Institutionalisten wendet er sich gegen die »reine« ökonomische Theorie neoklassischer Prägung, in deren Zentrum die allgemeine Gleichgewichtstheorie steht. Ihren idealisierten und vereinfachenden Annahmen über das menschliche Verhalten stellt Veblen die Bedeutung der menschlichen Instinkte gegenüber, unter denen der »Werk- oder Leistungsinstinkt« zentral ist. Er starb am 3.8.1929 im kalifornischen Menlo Park.

The Theory of the Leisure Class

An Economic Study in the Evolution of Institutions

EA: New York-London: Macmillan, 1899. **AA:** New York: Dover, 1994 (Nachdr.); Düsseldorf: Verlag Wirtschaft und Finanzen, 2000 (Faks. d. EA). **DA:** *Theorie der feinen Leute*, Köln: Kiepenheuer & Witsch, 1958.

The Theory of the Leisure Class ist von den sieben Büchern, die Veblen vorgelegt hat, das erste und gleichzeitig bekannteste Werk. Häufig wird es im deutschsprachigen Kontext heute vorrangig als soziologischer Titel klassifiziert. Darin kommt zum Ausdruck, dass Veblen aus gegenwärtiger Sicht als Klassiker sowohl in der Ökonomik als auch in der Soziologie firmiert. So muss man ihn federführend zu dem Genre von Fachgelehrten zählen, die heute als Sozialökonomen bezeichnet werden. Die *Theory* liest sich wie ein langer und gelegentlich satirischer Essay; das Buch hat so gut wie keine Literaturverweise und weicht von klassischen akademischen Abhandlungen in mancherlei Form ab. Aus diesem Grunde war auch die Erstveröffentlichung lange in Frage gestellt, denn der Verleger hielt den Autor Veblen mehrere Male zu Überarbeitungen und Revisionen an, ehe er sich überhaupt zur Publikation durchringen konnte. Veblen prägt in seinem Werk den Begriff der »conspicious consumption«, also des »auffälligen« oder »demonstrativen« Konsums. Nach Veblen gibt es einen steten gesellschaftlichen Konflikt zwischen Geschäftsleuten (»businessmen«) und Technikern. Die Fokussierung auf das Materielle in der Gesellschaft verbinde auf der einen Seite die mit dem Geldwesen befassten Personen (Banker, Broker), Rechtsanwälte und Manager, während auf der anderen Seite die Techniker und Ingenieure zusammen mit den Arbeitern stehen, die letztendlich allesamt der Rationalität der Maschinen unterworfen sind, die es zu beaufsichtigen gilt. Die erstgenannte »Klasse« fungiert bei Veblen als die »Leisure Class«, also als Klasse von Müßiggängern, die eine parasitäre Rolle in der Gesellschaft innehaben. Ihre Mitglieder sind primär von dem Motiv getrieben, »Geld zu vermehren« und ihren Reichtum in sichtbarem Konsum zur Schau zu stellen. Ausdrücklich schloss Veblen die Aristokratie in seine Betrachtung mit ein. Damit hatte er in dem Buch teilweise auch die sozialpsychologische Basis wichtiger amerikanischer Institutionen thematisiert, weshalb er heute auch zu den Begründern des ökonomischen Institutionalismus gezählt wird. Veblen hatte auch in arrivierten Fachzeitschriften wie *The Quarterly Journal of Economics* (1898, 1906), *The American Journal of Sociology* (1898) oder *The Journal of Political Economy* (1909) publiziert, in denen er sich beispielsweise mit Fragen des ökonomischen Wandels oder der Grenznutzenschule auseinandersetzte. In der *Theory* geriet ihm das Thema eher zur essayistischen Abhandlung: Warum ist es nicht so, dass mit steigendem Preis der Waren die Nachfrage kontinuierlich zurückgeht? Vielmehr beginnt die Nachfrage für einige Produkte erst dort zu steigen, wo die meisten Menschen diese Güter nicht mehr erwerben. Veblen sagt – konträr zur Schulmeinung –, dass genau darin bereits die Begründung liegt.

Es wird häufig gesagt, dass Veblen zu seiner Zeit aus akademischen wie persönlichen Gründen eher eine Randfigur des wirtschaftswissenschaftlichen Geschehens gewesen sei. In seiner Geschichte der Wirtschaftswissenschaften schreibt Joseph Dorfman gar, Veblen sei »halfway out of society« (Dorfman 1949) gewesen. Andererseits wissen wir auch, dass Veblen selbst Korrespondenz mit deutschen Ökonomen wie Schmoller und Sombart pflegte. Sombart und Veblen rezensierten wechselseitig ihre Bücher (Loader und Tilman 1995), und Max Weber zitierte die *Theory* bereits kurz nach ihrem Erscheinen in Amerika, was uns zeigt, dass eine Wahrnehmung Veblens als einem Gelehrtem ohne große Wirkung zu Lebzeiten, wie sie sich in manchen Lehrbüchern findet, vielleicht doch zu schematisch ausfällt. Es gibt heute eine internationale »Thorstein B. Veblen Society«, die regelmäßig Workshops und Konferenzen veranstaltet. In den letzten drei Jahrzehnten hat sich Veblen mit seinem Werk einen festen Platz im Kanon der »großen Ökonomen des 20. Jahrhunderts« erworben. Und auch in der Soziologie der Sozialstruktur, in der es seit zwei Jahrzehnten eine verstärkte Hinwendung auch zu kultursoziologischen Fragestellungen gibt, nimmt Veblen mit seiner *Theory* inzwischen einen Klassikerstatus ein. So fungiert Veblen gerade mit dieser Arbeit als ein positives Beispiel dessen, was heute unter dem Begriff der Sozialökonomik populär geworden ist.

Lit.: J. Dorfman: *The Economic Mind in American Civilization*, 5 Bde., New York: Viking Press, 1946–1959; C. Loader/R. Tilman: »Thorstein Veblen's Analysis of German Intellectualism. Institutionalism as a Forecasting Method«, in: *American Journal of Economics and Sociology*, 54, 1995, S. 339–355.

Dieter Bögenhold

Viner, Jacob

Jacob Viner wurde am 3.5.1892 als Sohn osteuropäischer Einwanderer in Montreal (Kanada) geboren. Er studierte bis 1914 Ökonomie an der McGill Universität in Montreal und wechselte dann nach Harvard, wo er 1922 bei Frank W. Taussig promovierte. Bereits ab 1916 unterrichtete er an der Universität Chicago, an der er 1925, gerade 32-jährig, zum ordentlichen Professor ernannt wurde. In Chicago gehörte er zu einer Gruppe von Ökonomen, die später als *Chicago School* und aufgrund ihrer Betonung der Rolle des Geldes in der ökonomischen Theorie als Monetaristen bezeichnet wurden. Viner, der sich nicht nur der Ökonomie, sondern darüber hinaus der Philosophie, Literatur und Theologie widmete, wird zwar der *Chicago School* zugeordnet, gilt aber nicht als typischer Vertreter und verwahrte sich selbst gegen diese Sicht. Seine Arbeiten lassen sich nicht einem ökonomischen Dogma oder einer politischen Ideologie zuordnen. Eine besondere Rolle spielt in seinem Schaffen die Kritik an Keynes und der so genannten »Keynesianischen Revolution«. Im Gegensatz zu Knight kritisiert Viner aber auch Hayek und die Österreichische Schule. Zusammen mit Knight war er langjähriger Herausgeber des renommierten *Journal of Political Economy*. Daneben arbeitete er regelmäßig als politischer Berater. Von 1939 bis 1940 war er Präsident der American Economic Association. Im Jahre 1946 ging Viner an die Princeton University, wo er bis zu seiner Emeritierung 1960 blieb. Unter anderen gehörte auch Milton Friedman zu seinen Studenten, der einen bei Viner besuchten Kurs als »unquestionably the greatest intellectual experience of my life« beschrieb. Viner starb am 12.9.1970.

International Economics

Studies by Jacob Viner

EA: Glencoe, **IL:** The Free Press, 1951.

Die Verbindung aus Dogmengeschichte, Wirtschaftsgeschichte und Analyse aktueller Probleme der Währungs- und Handelspolitik zieht sich durch *International Economics*. In den 25 Beiträgen aus den vorangegangenen drei Jahrzehnten diskutiert er Probleme des internationalen Handels, beschreibt Institutionen der Währungs- und Außenhandelspolitik und erläutert historische Hintergründe. Viner hebt hervor, dass aus nationaler Perspektive, im Gegensatz zur kosmopolitischen, die ökonomischen Bedingungen für die Einführung freien Handels fehlen, da ein protektionistisches Skelett aus staatlicher Regulierung, Zentralverwaltungswirtschaften, privaten Monopolen, Subventionen, Rationierungen und anderen Preisrigiditäten besteht. Weltweite Institutionen wie der

Internationale Währungsfonds, die Weltbank und das Allgemeine Zoll- und Handelsabkommen (GATT) entstanden erst nach dem Zweiten Weltkrieg, allerdings noch bevor Viner die bereits früher erschienenen Aufsätze für *International Economics* zusammentrug. Diese historisch einmaligen Ereignisse müssen ihn dazu bewogen haben, die Berücksichtigung der historischen Bedingungen zur Zeit der Entstehung dieser Arbeiten in der Einleitung ausdrücklich vom Leser einzufordern. Das Buch enthält unter anderem Aufsätze zu den Themen: Theorie der Protektion, Theorien des internationalen Handels, internationale Finanzdiplomatie, australische Zollpolitik, Goldstandard, Bretton-Woods-Abkommen, internationaler Handel und internationale Finanzen nach dem Zweiten Weltkrieg, deutsche Reparationen und Dollar-Diplomatie. Den Abschluss bildet ein Beitrag zur ökonomischen Begründung internationaler Institutionen.

Viners Einzelstudien haben zwar nicht nachgewirkt, doch seine Analyse der handelsschaffenden und handelsverzerrenden Effekte ist noch heute wesentlicher Bestandteil jedes Lehrbuches zur Außenhandelstheorie.

Lit.: W.J. Baumol/E. Viner Seiler: »Viner, Jacob«, in: D.L. Sills (Hg.), *International Encyclopedia of the Social Sciences*, Biographical Supplement, Bd. 18, New York-London: The Free Press-Macmillan, 1979, S. 783–787; F. Machlup/P.A. Samuelson/W.J. Baumol: »In Memoriam, Jacob Viner (1892–1970)«, in: *Journal of Political Economy*, 80, 1972, S. 1–15; L. Robbins: *Jacob Viner: A Tribute*, Princeton: Princeton UP, 1970; K. Rose/K. Sauernheimer: *Theorie der Außenwirtschaft*, München: Vahlen, [12]1995; H.W. Spiegel: »Viner, Jacob (1892–1970)«, in: J. Eatwell et al. (Hg.), *The New Palgrave. A Dictionary of Economics*, Bd. 4, London et al.: Macmillan, 1987, S. 812–814.

Enrico Schöbel

Walras, Léon

Der auf den Namen Marie Esprit Léon getaufte Walras (16.12.1834 bis 5.1.1910) war ein französischer Ökonom, der von 1870 bis 1892 an der Akademie (heute Universität) von Lausanne unterrichtete. Seine Werke wurden beeinflusst von Antoine Augustin Cournot, von den Klassikern in Allgemeinen und wahrscheinlich von Achylle-Nicolas Isnard. Isnard entwickelte ein System simultaner Gleichungen, um die Abhängigkeit jedes Gutes von den Werten der anderen Güter und Elemente zu zeigen. Dieses Modell findet sich stark verfeinert bei Walras wieder. Der Mathematiker Louis Poinsot hatte in seinen *Eléments de statique* (1803) die gegenseitige Abhängigkeit vieler physikalischer Größen und die Entstehung eines Gleichgewichts als Folge von dynamischen Kräften in einem physikalischen System gezeigt. Walras eiferte Poinsot mit dem ersten kompletten Modell des allgemeinen ökonomischen Gleichgewichts nach, das die Abhängigkeit von Größen in einem Markt mit vollkommenem Wettbewerb zeigte. Neben den *Eléments* schrieb Walras zahlreiche Aufsätze zur volkswirtschaftlichen Theorie, zum Thema der normativen Schemata von sozioökonomischen Reorganisationen und zur Anwendung seiner Theorien auf reale ökonomische Probleme. Er gilt als einer der Begründer der Neoklassik. Während seiner gesamten Lebenszeit litt Walras unter Krankheiten, die ihn 1892 schließlich in den vorzeitigen Ruhestand zwangen.

Eléments d'économie politique pure

ou Théorie de la richesse sociale

EA: 2 Teile, Lausanne: L. Corbaz/Paris: Guillaumin/Basel: H. George, Teil 1: 1874, Teil 2: 1877; **AA:** Düsseldorf: Verlag Wirtschaft und Finanzen, 1988 (Faks. d. EA).

Im Vergleich zu den späteren Auflagen der *Eléments* war die Strukturierung der Abschnitte in der 1. Auflage eindeutiger und besser durchdacht, die Inhalte jedoch waren weniger ausgereift. Die Analyse der Dynamik und des Gleichgewichts des Handels mit festen Aktien in Tauschmodellen und monetären Modellen bildet den Anfang der 1. Auflage, gefolgt von der marginalen Nutzentheorie der Konsumentennachfrage und einem konstruierten umfassenden monetären Modell des wirtschaftlichen Wachstums, in dem Kapital, Produktionsgüter, Gebrauchs- und Verbrauchsgüter produziert und verbraucht werden und das Sozialprodukt wächst. Dieses Modell zeigt den Unternehmer, der Inputs kauft und Outputs verkauft und zur Allokation der Ressourcen beiträgt, als Bindeglied beider Marktseiten. Walras konstruierte algebraische Gleichungen zu Konsumentengleichgewichten von Handel in mehreren Märkten, zu Produktion und Kapitalbildung, sowie zur Preisbildung von Kapitalgütern. In den folgenden Auflagen verbesserte Walras diese Gleichungen durch Anwendung von Differential- und Integralrechnung.

Walras' große Leistung war der mathematische Nachweis, dass eine dezentrale Marktwirtschaft, in der sich eine optimale Güterversorgung selbsttätig einstellt, automatisch zum Gleichgewicht und zur besten Versorgung tendiert. Mit seiner Ausarbeitung des statischen Gleichgewichts schuf Walras eine Grundlage der modernen Ökonomie. Die *Eléments* hatten enorme Auswirkungen auf die Volkswirtschaftslehre. Als führender Verfechter der mathematischen Volkswirtschaftslehre bestimmte Walras den Großteil der theoretischen Forschung in den ersten 75 Jahren des 20. Jhs., insbesondere bezüglich der Gleichgewichtsexistenz und der Frage, ob in dem Modell dynamische Kräfte existieren, die zu einem Gleichgewicht hin konvergieren. Walras' Ideen wurden weiterentwickelt von Vilfredo Pareto, Knut Wicksell, Karl Schlesinger, Carl Gustav Cassel, Abraham Wald, John von Neumann und John Richard Hicks. In neuerer Zeit lässt sich sein Einfluss in den Arbeiten von Kenneth Arrow, Gérard Debreu, Frank H. Hahn, Takashi Negishi, Michio Morishima und anderen Gleichgewichtstheoretikern finden.

Lit.: M. Blaug (Hg.): *Léon Walras (1834–1910)*, Aldershot, UK-Brookfield, VT: E. Elgar, 1992; D.A. Walker: *Walras's Market Models*, Cambridge-New York-Melbourne: Cambridge UP, 1996; D.A. Walker (Hg.): *The Legacy of Léon Walras*, 2 Bde., Aldershot, UK-Brookfield, VT: E. Elgar, 2000.

Donald A. Walker

Wicksell, Knut

Knut Wicksell wurde am 20.12.1851 in Stockholm geboren und starb am 3.5.1926 in Mörby bei Stockholm. Bemerkenswert am Lebensweg dieses bis heute größten Nationalökonomen Schwedens und bedeutenden Neoklassikers ist, dass er sich erst mit 34 Jahren der Volkswirtschaftslehre zuwandte und mit 41 Jahren seinen ersten wissenschaftlichen Aufsatz publizierte. An der Nationalökonomie hatte ihn die marginalanalytische Formulierung der »neuen Theorie des Wertes« der aufstrebenden Neoklassik als Mathematiker gereizt. Zwischen 1893 und 1898 erschienen von Wicksell drei Bücher mit epochalen Erkenntnissen: für die Kapitaltheorie *Über Wert, Kapital und Rente* (1893), für die Integration von Besteuerung und Werttheorie *Finanztheoretische Untersuchungen* (1896) und für die Makroökonomik *Geldzins und Güterpreise* (1898). Von 1901 bis 1916 war Wicksell Professor für Nationalökonomie und Steuerrecht an der Universität Lund.

Geldzins und Güterpreise

Eine Studie über die den Tauschwert des Geldes bestimmenden Ursachen

EA: Jena: G. Fischer, 1898. **AA:** Düsseldorf: Verlag Wirtschaft und Finanzen, 1997 (Faks. d. EA). **EEA:** *Interest and Prices. A Study of the Causes Regulating the Value of Money*, London: Macmillan, 1936 (Nachdr., New York: A.M. Kelley, 1965).

Während Wicksell in *Über Wert, Kapital und Rente* die neoklassische Werttheorie weiterentwickelte, unterwirft er sie in *Geldzins und Güterpreise* einer fundamentalen Kritik (Kap. 1–5): Als Theorie der relativen Preise habe sie nichts zur Erklärung der Geld- oder absoluten Preise beigetragen. Die Neoklassik habe vielmehr (i) zu einer Dichotomie der ökonomischen Theorie mit völlig unterschiedlichen Gesetzen für die Werte von Gütern und Geld geführt und (ii) mit der Quantitätstheorie die behauptete Bestimmung der Geldpreise durch die Geldmenge nicht erklären können. In Kapitel 6 erklärt Wicksell dieses Versagen: In ihrer Werttheorie habe die Neoklassik fälschlicherweise Geld wie ein Gut behandelt und in ihrer Quantitätstheorie sei sie von der unzulässigen Annahme einer konstanten Umlaufgeschwindigkeit des Geldes ausgegangen, die bei Berücksichtigung von Kredit eine Variable sei und daher keine exakte Beziehung zwischen Geldmenge und Preisniveau erlaube. Wicksell entwickelt stattdessen das Modell einer »reinen Kreditwirtschaft« (Kap. 7), in dem nur eine einzige Bank existiert, die sogenannte Idealbank, über deren Konten Zahlungen abgewickelt werden, so dass überhaupt kein Geld zirkuliert. Mit diesem Kunstgriff wird die Geldmenge als Bestimmungsfaktor des Preisniveaus ausgeschaltet und der Weg für eine alternative Erklärung freigemacht, in der statt der Geldmenge der Geldzins mit dem Preisniveau verknüpft und der Geldzins dem durch die Grenzproduktivität des Kapitals determinierten sogenannten »natürlichen« oder »realen« Kapitalzins gegenübergestellt wird. Eine Abweichung beider Zinssätze führe zu einer Expansion bzw. Kontraktion des Kredits mit der Folge einer entsprechenden Erhöhung und Senkung der Investitionen, die unter der Annahme eines gegebenen Outputs inflationäre bzw. deflationäre Bewegungen des Preisniveaus bewirkten: Dies ist Wicksells berühmter »kumulativer Prozess« (Erik Lindahl). Kumulativ bedeutet, dass keine Kräfte hin zu einem »monetären Gleichgewicht« (Gunnar Myrdal) existieren. Ein Gleichgewicht könne allein durch den Geldzins wiederhergestellt werden (»die normale Zinsrate«), der mit dem Kapitalzins steigt und fällt. Unter der realistischeren Voraussetzung einer gemischten Bargeld-/ Kreditwirtschaft (Kap. 8) würden die absoluten Preise als »Bindeglied zwischen Geldmarkt und Gütermarkt« die Zentralbank zu diesem Zinssatz zwingen: bei Inflation, um die Reserven der Geschäftsbanken zu schützen, bei Deflation, um diese nicht anschwellen zu lassen. Wicksell vertieft seine Analyse durch Berücksichtigung der Erwartungen der Investoren und zeigt in einem dynamischen Modell, wie durch Inflation Extragewinne entstehen bzw. bei Deflation entsprechende Verluste folgen (Kap. 9). Darüber hinaus erweitert er sein für eine geschlossene Volkswirtschaft entwickeltes Modell auf das einer offenen (Kap. 10), überprüft es anhand der tatsächlichen Preisbewegungen (Kap. 11) und erörtert praktische Vorschläge zur Stabilisierung des Geldwertes (Kap. 12).

Den Erfolg, der *Geldzins und Güterpreise* als erstem makroökonomischem Ansatz in der Geschichte der Nationalökonomie beschieden war, erlebte Wicksell nicht mehr, obwohl er das Werk im zweiten Band seiner *Vorlesungen* (1906) in zwei Punkten entscheidend verbessert hatte: (i) die Ersetzung des natürlichen Kapitalzinses mit der erwarteten monetären Profitrate und (ii) die Analyse des kumulativen Prozesses im Rahmen des Verhältnisses von monetärer Gesamtnachfrage zum monetären Gesamtangebot. In Schweden hatte sich lediglich David Davidson (1916) für Wicksells Theorie interessiert und gezeigt, dass der damals völlig vergessene Henry Thornton bereits 1802 in *Paper Credit of Great Britain* die Analyse der Beziehung zwischen Geld- und Kapitalzins vorweggenommen hatte. Doch bereits kurz nach Wicksells Tod wurde die Bedeutung von *Geldzins und Güterpreise* im Ausland erkannt, vor allem in England von Dennis H. Robertson (*Banking Policy and the Price Level*, 1926) und Keynes (*A Treatise on Money*, 1930) sowie in Österreich von Ludwig von Mises (*Geldwertstabilisierung und Konjunkturpolitik*, 1928) und Hayek (*Geldtheorie und Konjunkturtheorie*, 1929, *Preise und Produktion*, 1931). Eine Weiterentwicklung des Wicksellschen Ansatzes im Rahmen der Stockholmer Schule gelang Lindahl (*Penningpolitikens medel*, 1930), Myrdal (*Monetary Equilibrium*, 1931, 1933 und 1939) und Ohlin (*Penningpolitik*, 1934).

Lit.: D. Davidson: »Henry Thornton, om penningränta och varupriser« (»Henry Thornton über Geldzins und Güterpreise«), in: *Ekonomisk Tidskrift*, 18/12, 1916, S. 391–393; P.A. Samuelson:

»Wicksell and Neoclassical Economics«, in: *The New Palgrave. A Dictionary of Economics*, London: Macmillan, 1987, Bd. 4, Sp. 908a-910b; B. Schefold (Hg.): *Vademecum zu einem Klassiker der Geld- und Preistheorie. Begleitband mit Beiträgen von B.A. Hansson, H.-J. Krupp, A. Leijonhufvud und B. Schefold zum Nachdruck von Knut Wicksell, »Geldzins und Güterpreise«* (1898), Düsseldorf: Verlag Wirtschaft und Finanzen, 1997; H.-J. Stadermann/O. Steiger: *Allgemeine Theorie der Wirtschaft.* 1. Bd.: *Schulökonomik*, Tübingen: J.C.B. Mohr (Siebeck), 2001; C.G. Uhr: *Economic Doctrines of Knut Wicksell*, Berkeley- Los Angeles: U of California Pr., 1960; K. Wicksell: *Föreläsningar i nationalekonomi. Teoretisk nationalekonomi*, Häft. 2: *Om peningar och kredit*, Stockholm: Fritzes Bokhandel, 1906; ders.: *Vorlesungen über Nationalökonomie auf Grundlage des Marginalprinzips. Theoretischer Teil*, 2. Bd.: *Geld und Kredit*, Jena: G. Fischer, 1922, (Nachdr., Aalen: Scientia, 1969); ders.: *Lectures on Political Economy.* 2. Bd.: *Money*, London: Routledge & Kegan Paul, 1935.

Otto Steiger

Williamson, Oliver Eaton

Oliver E. Williamson, geboren am 27. September 1932 in Superior, Wisconsin, studierte am MIT (S.B. 1955), an der Universität Stanford (M.B.A. 1960) und der Carnegie-Mellon University in Pittsburgh (Ph.D. 1963). Von 1988 bis 2004 war er Edgar F. Kaiser Professor of Business Administration, Professor of Economics und von 1998 bis 2004 war er Professor of Law an der University of California in Berkeley.

The Economic Institutions of Capitalism

EA: New York: Free Pr., 1985. **DA:** *Die ökonomischen Institutionen des Kapitalismus*, Tübingen: J.C.B. Mohr (Siebeck), 1990.

Williamson gelang mit seiner Doktorarbeit, für die er 1963 den Preis der Ford Foundation erhielt, ein erster Beleg dafür, dass das Verhalten ökonomischer Akteure nicht unbedingt auf Profitmaximierung, sondern vielmehr auf individuelle Nutzenmaximierung abzielt. Vermutlich angeregt durch seine Tätigkeit in der Monopolkommission 1966/67, begann Williamson die Auswirkungen nutzenmaximierenden Verhaltens auf die Gestaltung von Vertragsbeziehungen zwischen Unternehmen zu untersuchen. Ausgangspunkt seiner Forschungsarbeit bildete die 1960 von Ronald Coase gestellte Frage »Warum existieren Unternehmen?«. Zwar vermutete bereits Coase, dass die Antwort in unterschiedlich hohen Kosten bei der Abwicklung von Transaktionen über den Markt bzw. innerhalb der Hierarchie zu suchen ist, doch gelang erst Williamson eine Operationalisierung dieser Idee. Dargestellt ist sie u. a. in seinem Werk *Markets and Hierarchies. Analysis and Antitrust Implications* (1975), das als Grundstein aller späteren Arbeiten auf dem Gebiet der Transaktionskosten-Theorie und als Vorläufer für *The Economic Institutions of Capitalism* gilt. Das Buch beginnt mit einer umfassenden Darstellung des transaktionskostentheoretischen Instrumentariums. Die Grundlage bilden Verhaltensannahmen über die ökonomischen Akteure sowie eine Betrachtung der Rahmenbedingungen, unter denen Transaktionen stattfinden. Nach Williamson handeln ökonomische Akteure aufgrund ihrer begrenzten Möglichkeiten zur Informationsbeschaffung und -verarbeitung nur beschränkt rational. Zudem nehmen sie für den eigenen Vorteil eine Schädigung Dritter billigend in Kauf. Dies geschieht umso eher, je spezifischer und komplexer eine Austauschbeziehung zwischen den Akteuren ausfällt. Daher gilt es jeweils jene Koordinationsform zu finden, die Spielräume für opportunistisches Verhalten begrenzt und so Transaktionskosten minimiert. Vor diesem Hintergrund trägt Williamson – aus transaktionskosten-theoretischer Sicht – zur Erklärung institutioneller Ordnungsmuster bei und gibt Empfehlungen für die Koordination wirtschaftlicher Austauschbeziehungen auf gesamt-, branchen- oder einzelwirtschaftlicher Ebene. Wie bereits in früheren Arbeiten ist den Bedingungen, unter denen eine vertikale Integration vorteilhaft ist, breiter Raum gewidmet. Daneben überträgt Williamson das transaktionskostentheoretische Instrumentarium konsequent auf weiterführende Fragen wie die der optimalen Unternehmensgröße, der Gestaltung von Arbeitsbeziehungen und der Vorteilhaftigkeit unterschiedlicher Systeme der Unternehmensverfassung.

Im Jahre 1992 führten *Markets and Hierarchies sowie The Economic Institutions of Capitalism* erstmals den *Social-Science*-Index, der am häufigsten zitierten Werke an. Williamson gilt damit nicht nur als einer der Begründer der Transaktionskosten-Theorie, sondern auch als ihr bekanntester Vertreter. Trotz der oftmals geäußerten Kritik an der mangelnden Quantifizierbarkeit von Transaktionskosten wurden Williamsons Hypothesen bereits in den frühen 1980er Jahren empirisch getestet; wenige Jahre später wurden seine Ideen in modelltheoretische Ansätzen führender Autoren wie Oliver D. Hart, Bengt Holmström und Sanford J. Grossman integriert. Der weitreichende Einfluss von Williamson erstreckt sich über wirtschaftswissenschaftliche Fragen hinaus auf die Gebiete der Rechtswissenschaft, Politikwissenschaft und Soziologie. Dies beruht zum einen auf der leichten Zugänglichkeit der wenig formalisierten Transaktionskosten-Theorie, zum anderen auf Williamsons Bereitschaft zum offenen und bisweilen kritischen Dialog mit Wissenschaftlern dieser Gebiete.

Lit.: G.R. Carroll/D.J. Teece: *Firms, Markets and Hierarchies. The Transaction Cost Economics Perspective*, New York: Oxford UP, 1999; S.J. Grossman/O.D. Hart: »The Cost and Benefit of Ownership. A Theory of Vertical and Lateral Integration«, in: *Journal of Political Economy*, 94/4, 1986, S. 691–719; O.D. Hart/B. Holmström: »The Theory of Contracts«, in: T.F. Bewley (Hg.): *Advances in Economic Theory. Fifth World Congress*, Cambridge et al.: Cambridge UP, 1987, S. 71–155; O.E. Williamson: *Markets and Hierarchies. Analysis and Antitrust Implications*, New York: Free Press, 1975.

Anja Tuschke

Die Autoren

Richard Arnott ist Wirtschaftsprofessor mit Schwerpunkt Stadtökonomie an der University of California, Riverside.

Jürgen Georg Backhaus hatte von 2000 bis 2015 die Alfried-Krupp-von-Bohlen-und-Halbach-Stiftungsprofessur für Finanzwissenschaft und Finanzsoziologie an der Universität Erfurt inne.

Ursula Backhaus ist Dozentin an der Fachhochschule Nordhausen und der Apollon Hochschule der Gesundheitswirtschaft.

Christos P. Baloglou arbeitet seit Mai 1997 bei Hellenic Telecommunications in Athen. Sein Forschungsgebiet ist Wirtschafts- und Dogmengeschichte.

Franz Baltzarek ist außerordentlicher Professor im Ruhestand am Institut für Volkswirtschaftslehre der Universität Wien.

Hans H. Bass ist Vizedirektor des Institute for Transport and Development der Hochschule Bremen und Leiter des Internationalen Studiengangs Volkswirtschaftslehre.

Daniele Besomi forscht freiberuflich auf dem Gebiet der Geschichte des ökonomischen Denkens, insbesondere zu formaler dynamischer Wirtschaftstheorie.

Jürgen E. Blank ist Geschäftsführer am Fachbereich Wirtschaftswissenschaften der Technischen Universität Kaiserslautern.

Ulrich Blum ist Inhaber des Lehrstuhls für Wirtschaftspolitik und Wirtschaftsforschung an der Universität Halle-Wittenberg.

Dieter Bögenhold ist Professor und Vorstand des Instituts für Soziologie an der Universität Klagenfurt.

Gennady G. Bogomazov ist der Leiter des Bereichs Wirtschaftsgeschichte an der Wirtschaftswissenschaftlichen Fakultät der Staatlichen Universität St. Petersburg.

Hildegard Breig ist seit 2002 als Professorin für Wirtschaftswissenschaften an der Fachhochschule Schmalkalden tätig.

Arnd Busche war Büroleiter von Dr. Ralf Brauksiepe, MdB.

Horst Volker Caspari lehrt seit 1995 Volkswirtschaftslehre (Wirtschaftstheorie) an der TU Darmstadt.

Markus Diehl ist Executive Director (Credit Risk Management) bei der Ersten Abwicklungsanstalt, Düsseldorf.

Alexander Dilger ist Professor für Betriebswirtschaftslehre und Direktor des Instituts für Organisationsökonomik an der Westfälischen Wilhelms-Universität Münster.

Rüdiger Dragendorf ist emeritierter Professor an der Brandenburgischen Technischen Universität.

Natalia P. Drozdova lehrt und forscht als Professorin an der Graduate School of Management der Staatlichen Universität St. Petersburg.

Bernhard Duijm ist apl. Professor an der Universität Tübingen und Professor für Volkswirtschaftslehre mit Schwerpunkt Wirtschaftspolitik an der VWA Hochschule in Stuttgart.

Uwe Dulleck ist Professor an der Queensland University of Technology Business School, Economics and Finance.

Veronika V. Eberharter ist seit 2001 Assistenz-Professorin am Institut für Wirtschaftstheorie, -politik und -geschichte an der LFU Innsbruck.

Klaus Eberl ist als wissenschaftlicher Mitarbeiter am Lehrstuhl für Wirtschaftstheorie an der Katholischen Universität Eichstätt-Ingolstadt tätig.

Alexander Ebner ist Inhaber der Professur für Politische Ökonomie und Wirtschaftssoziologie an der Johann-Wolfgang-Goethe-Universität Frankfurt am Main.

Carsten Eckel ist Lehrstuhlinhaber am Seminar für Außenwirtschaftstheorie und -politik der Ludwig-Maximilians-Universität München.

Detlev Ehrig war wissenschaftlicher Mitarbeiter im Fachbereich Wirtschaftswissenschaft der Universität Bremen.

Wolfgang Eibner lehrt und forscht als Professor für Volkswirtschaftslehre und Wirtschaftspolitik an der Ernst Abbe Hochschule Jena.

Daniel Eissrich ist Bundesbankdirektor im Zentralbereich IT der Deutschen Bundesbank in Frankfurt am Main.

Uwe Fachinger ist Professor für Ökonomie und demographischen Wandel an der Fakultät I – Bildungs- und Gesellschaftswissenschaften der Universität Vechta.

Ulrich Fehl war bis Oktober 2004 Professor für Volkswirtschaftslehre und Wirtschaftstheorie an der Philipps-Universität Marburg sowie Direktor des dortigen Instituts für Genossenschaftswesen.

Sven Flakowski ist bei der RWE Supply & Trading GmbH tätig.

B. Cornelia Friedrich (Lehmann-Waffenschmidt) arbeitete im BMBF-Förderschwerpunkt »Wirtschaftswissenschaften für Nachhaltigkeit« an der Entwicklung und Analyse von Simulationsmodellen im industrieökonomischen Bereich zur Analyse von Marktentwicklungen.

Wulf Gaertner ist emeritierter Professor für Mikroökonomische Theorie an der Universität Osnabrück.

Thomas Hart ist Consultant und Freiberufler in Beijing, China.

Wolfgang Hecker ist seit 1971 Wissenschaftlicher Mitarbeiter am Institut für Politikwissenschaft der Philipps-Universität Marburg.

Hans Jörg Hennecke ist Geschäftsführer der Handwerkskammer Düsseldorf.

Dietmar Herz (1958–2018) war Inhaber des Lehrstuhls für Vergleichende Regierungslehre an der Universität Erfurt.

Helge Hesse ist Publizist und freier Berater im gesamten Prozess strategischer Marketingplanung.

Karen Ilse Horn lebt als freie Wissenschaftlerin und Publizistin in Zürich. Sie lehrt ökonomische Ideengeschichte an der Humboldt-Universität zu Berlin sowie an den Universitäten Erfurt und Siegen.

Gerhard Huber lehrte und forschte bis zu seiner Emeritierung 2001 als Professor an der Freien Universität Berlin.

Hanns-D. Jacobsen ist Akademischer Direktor des Studienforum Berlin e.V.

Stefan Jäggi arbeitet bei FINAPORT, einer schweizerischen Vermögensverwaltung.

Claude Jessua lehrte und forschte bis zu seiner Emeritierung als Professor an der Universität Panthéon-Assas, Paris, in den Bereichen Finanzwissenschaft und Ökonomische Ideengeschichte.

Karl Heinrich Kaufhold lehrte und forschte bis zu seiner Emeritierung 1999 als Professor am Lehrstuhl für Wirtschafts- und Sozialgeschichte an der Universität Göttingen.

Wolfgang Kerber ist Professor für Wirtschaftspolitik an der Philipps-Universität Marburg.

Charles P. Kindleberger (1910–2003) war nach dem Zweiten Weltkrieg einer der führenden Berater der US-Regierung für die deutschen Reparationsleistungen und kam 1948 zum Massachusetts Institute of Technology (MIT), welchem er 33 Jahre angehörte. Er forschte u. a. zum Devisenkurs, zum zwischenstaatlichen Handel sowie den multinationalen Konzernen und der Finanz- und Wirtschaftsgeschichte. 1985 war er Präsident der American Economic Association.

Stephan Klasen ist Professor für Volkswirtschaftslehre, insbesondere Entwicklungsökonomik an der Universität Göttingen.

Wim Kösters ist emeritierter Professor und assoziierter Wissenschaftler am RWI. Er war Inhaber des Lehrstuhls für Theoretische Volkswirtschaftslehre I an der Ruhr-Universität Bochum.

Werner Lachmann hatte den Lehrstuhl für Wirtschafts- und Entwicklungspolitik an der Friedrich-Alexander-Universität Erlangen-Nürnberg inne.

Claudia Gregor-Lawrenz arbeitet seit 2014 bei der Bundesanstalt für Finanzdienstleistungsaufsicht.

Hans-Joachim Lenz ist emeritierter Professor am Institut für Produktion, Wirtschaftsinformatik und OR an der Freien Universität Berlin.

Gunter Lorenzen lehrte und forschte bis zu seiner Emeritierung als Professor an der Universität Hamburg, Fachbereich Ökonometrie. Lorenzen starb 2002.

Karl Milford ist Professor im Ruhestand am Institut für Volkswirtschaftslehre der Universität Wien.

Johannes Moenius ist Professor an der University of Redlands School of Business in Kalifornien.

Marc-Andreas Mündler ist Professor für Volkswirtschaftslehre an der University of California, San Diego.

Markus Neimke ist im Bundesministerium für Finanzen, Referat für Internationale Finanz- und Währungsfragen, tätig.

Doris Neuberger hat seit 1993 den Lehrstuhl für Volkswirtschaftslehre – Geld und Kredit – an der Universität Rostock inne.

Carsten Pallas arbeitet als Risk Controller bei der HSH Nordbank.

Arvind Panagariya ist Jagdish Bhagwati Professor für Indische Politische Ökonomie sowie Professor für Ökonomie an der Columbia University, New York.

Cosimo Perrotta ist emeritierter Professor für die Geschichte ökonomischen Denkens an der Universität Lecce, Italien.

Helge Peukert ist apl. Professor der Forschungsstelle Plurale Ökonomik an der Universität Siegen.

Thomas Pfahler lehrt und forscht seit 2004 als Professor für Volkswirtschaftslehre in Hamburg.

Nikolaus Piper ist New-York-Korrespondent der Süddeutschen Zeitung.

Clemens Puppe ist Inhaber des Lehrstuhls für Wirtschaftstheorie am Institut für Volkswirtschaftslehre (ECON) an der Universität Karlsruhe.

Munir Quddus ist Dekan des College of Business der Prairie View A&M University of Texas, USA.

Udo H. Raab ist Leiter des Geschäftsbereichs Standortpolitik und Unternehmensförderung und Leiter des Referats Wirtschaftsentwicklung und Fachkräftesicherung der Industrie- und Handelskammer Nürnberg für Mittelfranken.

Tiziano Raffaelli (1950–2016) lehrte und forschte seit 2002 als Professor für die Geschichte ökonomischen Denkens an der Universität Pisa, Italien.

Jörg Ramel arbeitete für das Centrum für Angewandte Politikforschung in München.

Salim Rashid ist emeritierter Professor für Wirtschaftswissenschaften an der University of Illinois, USA.

Alessandro Roncaglia lehrt und forscht seit 1981 als Professor für Wirtschaftswissenschaften an der Universität »La Sapienza« in Rom.

Karlhans Sauernheimer ist ehemaliger Lehrstuhlinhaber der Professur für Volkswirtschaftslehre, insb. Volkswirtschaftstheorie, an der Johannes-Gutenberg-Universität Mainz.

Roberto Scazzieri ist Professor am Fachbereich Wirtschaftswissenschaften der Universität Bologna, Italien.

Karl-Heinz Schmidt war bis zu seiner Emeritierung als Professor für Volkswirtschaftslehre, insbesondere Verteilungs- und Sozialpolitik, an der Universität Paderborn tätig.

Gunther Schnabl ist Direktor des Instituts für Wirtschaftspolitik an der Universität Leipzig.

Enrico Schöbel ist hauptberuflicher Dozent an der Staatlichen Studienakademie Plauen (Sachsen).

Gerhard Schwödiauer ist Inhaber des Lehrstuhls für Volkswirtschaftslehre, insbesondere Angewandte Wirtschaftsforschung, an der Universität Magdeburg.

Christian Seidl war Lehrstuhlinhaber am Institut für Volkswirtschaftslehre, Abteilung Finanzwissenschaft und Sozialpolitik, der Universität Kiel.

Friedrich L. Sell lehrt seit 1998 als ordentlicher Professor für Volkswirtschaftslehre, insbesondere Makroökonomik und Wirtschaftspolitik, an der Universität der Bundeswehr in München.

Fritz Söllner hat seit 1998 die Professur für Volkswirtschaftslehre, insbesondere Finanzwissenschaft, an der TU Ilmenau inne.

Hans-Joachim Stadermann war bis 2007 Professor an der Hochschule für Wirtschaft und Recht, Berlin.

Otto Steiger (1938–2008) war Professor für Allgemeine ökonomische Theorie mit dem Schwerpunkt Geldtheorie und Makroökonomik an der Universität Bremen.

Anja Tuschke ist Professorin für Betriebswirtschaftslehre und Leiterin des Zentrums für Organisationstheoretische Grundlagenforschung an der Ludwigs-Maximilians-Universität München.

Viktor J. Vanberg ist ehemaliger Professor für Wirtschaftspolitik an der Universität Freiburg und Mitglied im Vorstand des Walter Eucken Instituts, Freiburg.

Hans-Jürgen Wagener war bis 2006 Inhaber des Lehrstuhls für Volkswirtschaftslehre an der Europa-Universität Viadrina in Frankfurt/Oder.

Donald A. Walker lehrte und forschte bis zu seiner Emeritierung als Professor am Economics Department der Indiana University of Pennsylvania, USA.

Michael Welling ist Professor an der University of Applied Sciences Europe und Direktor Marketing & Vertrieb beim 1. FSV Mainz 05.

Michael Wohlgemuth ist Direktor der Open Europe Berlin gGmbH.

Kiichiro Yagi ist Professor am Fachbereich Wirtschaftswissenschaften der Setsunan University in Osaka, Japan.